יהודי

犹太人3000年

张倩红　张少华　著

北京大学出版社
PEKING UNIVERSITY PRESS

图书在版编目（CIP）数据

犹太人3000年/张倩红，张少华著.—北京：北京大学出版社，2020.7
ISBN 978-7-301-30773-1

Ⅰ.①犹… Ⅱ.①张… ②张… Ⅲ.①犹太人–民族历史 Ⅳ.①K18

中国版本图书馆CIP数据核字(2020)第088593号

书　　　名	犹太人3000年 YOUTAIREN 3000 NIAN
著作责任者	张倩红　张少华　著
策划编辑	王林冲
责任编辑	闵艳芸
标准书号	ISBN 978-7-301-30773-1
出版发行	北京大学出版社
地　　　址	北京市海淀区成府路205号　100871
网　　　址	http://www.pup.cn　　新浪微博:@北京大学出版社
电子信箱	minyanyun@163.com
电　　　话	邮购部 010-62752015　发行部 010-62750672　编辑部 010-62752824
印　刷　者	北京中科印刷有限公司
经　销　者	新华书店
	880毫米×1230毫米　32开本　13.25印张　269千字 2020年7月第1版　2020年12月第4次印刷
定　　　价	88.00元

未经许可，不得以任何方式复制或抄袭本书之部分或全部内容。
版权所有，侵权必究
举报电话: 010-62752024　电子信箱: fd@pup.pku.edu.cn
图书如有印装质量问题，请与出版部联系，电话: 010-62756370

目录

第一章　走进"早熟的民族"　*1*

　　"契约之民"　*3*

　　摩西出埃及　*13*

　　王国的兴衰沉浮　*23*

　　为公义呐喊的先知　*38*

　　与异质文明的交往　*45*

　　"马萨达精神"　*57*

第二章　世界性大流散　*71*

　　拉比犹太教的由来　*73*

　　亚伯拉罕的精神遗产　*81*

　　以智慧立天的民族　*94*

　　"黄金时代"　*100*

　　基督教世界的悲惨遭遇　*108*

　　犹太人的教育理念　*117*

　　天造地设的商业民族　*125*

第三章　适应现代化　*133*

　　犹太启蒙之父门德尔松　*135*

　　哈斯卡拉的兴起　*142*

　　　　寻求解放之路　　**148**
　　　　"迷途的羔羊"　　**154**
　　　　犹太教的改革与调整　　**160**
　　　　影响世界的犹太精英　　**165**

第四章　**追逐美国梦**　　*175*
　　　　踏上北美大地　　*177*
　　　　思想裂变与心理适应　　*181*
　　　　犹太教在美国的多元化发展　　*184*
　　　　美国犹太人的成功之路　　*190*
　　　　认同与同化的张力　　*199*

第五章　**空前的民族浩劫**　　*205*
　　　　希特勒的犹太观　　*207*
　　　　被驱往奥斯威辛之路　　*213*
　　　　"冷漠的高墙"　　*227*
　　　　愤怒的抗争　　*235*
　　　　反思大屠杀　　*244*
　　　　纪念的蜡烛　　*256*

第六章　重返故土锡安　*267*

　　复国先驱　*269*
　　西奥多·赫茨尔　*274*
　　《贝尔福宣言》　*283*
　　"伊休夫"的发展壮大　*289*
　　决裂英帝国　*301*
　　联合国181号决议　*315*

第七章　久经磨砺的斑斓国度　*327*

　　地中海岸的"民主孤岛"　*329*
　　沙漠中的经济奇迹　*335*
　　万花筒般的社会　*344*
　　枕戈待旦的现代斯巴达　*355*
　　为和平献身的勇士　*373*
　　困惑与动荡依旧　*394*

结　语　不断追梦的务实民族　*403*

主要参考书目　*411*
后记　*415*

第一章

走进"早熟的民族"

以色列的历史在晨昏蒙影中开始。其中，史实与传说彼此交融，难以分辨。传说已经成为我们经验的一个重要部分，好像是真正存在过的事情一样。那些人们确信在中东发生的事情，比我们所知道的真正发生的事情更能影响世界历史的进程。

——阿巴·埃班《犹太史》

当尼罗河文明和两河文明像两颗璀璨的明珠在早期历史舞台上闪耀时，犹太人的始祖——希伯来人在人类的视野中出现了。作为活跃在广袤中东大地上的新兴力量，他们曾游牧于阿拉伯半岛，辗转于大河文明之间，最后定居于应许之地——迦南。在不断的迁徙过程中，希伯来人创造了最古老的一神教，形成了民族统一体，完善了独特的文化体系，因而被马克思称作是"早熟的民族"。《希伯来圣经》不仅记载了希伯来人的历史流变，见证了他们的辗转经历，浓缩了他们的永久记忆，也作为世界文化的永恒基因传承后世、滋养百代，与人类一起经历了长达数千年的文明之旅。让我们怀着敬畏的心情，翻开这部辉煌灿烂的文化圣典，去细细解读"圣书之民"的若干足迹，去捕捉那段在晨昏蒙影之中闪现而出的历史灵光……

"契约之民"

民族的起源大多弥漫着扑朔迷离的神话色彩，犹太人也不例外。《希伯来圣经》是记载犹太民族早期历史的唯一文本，其中贯穿着一条割舍不断的思想主线，即上帝给人类的启示、上帝与犹太人之间的契约关系。

《希伯来圣经》开篇即记载了世界与人类的起源。上帝用了5天时间分别创造了白昼与黑夜、水和土地、花草树木、太阳和月亮、飞禽走兽等。当上帝完成了这一系列创造后，觉得这些造物需要加以管理，于是就在第6天按照自己的形象造了人，让人来管理世间万物。6天后，上帝认为万物齐备，就歇息了。于是犹太传统将第7日定为安息日，这一天人们要停止劳作，以纪念上帝的造物伟绩。

关于上帝造人的传说，浓缩了犹太人的许多理念：首先，人来源于上帝，女人依附于男人。《圣经·创世记》描述道：上帝用地上的尘土造了人之后，在他的鼻孔内吹了一口气，人便有了灵气，这个人就是亚当。亚当出现之后，为了让他摆脱孤单之苦，上帝就从亚当的体内取出了一根肋骨，造了一个女人，取名叫夏娃，并对亚当说："这是你骨中的骨、肉中的肉"。寓意夫妻两人本为一体。

其次，人因诱惑而犯罪并受到上帝的惩罚。亚当和夏娃原本生活在上帝为他们所造的伊甸园中，过着无忧无虑的生活，遍地的宝物和各种珍稀美味享用不尽。上帝告诉亚当和夏娃，伊甸园里什么都可以吃，唯独园子中央那棵智慧之树上的果子不能吃。有一天，蛇诱惑亚当、夏娃偷吃了智慧果，他们的眼睛忽然变得明亮起来，看到自己赤身裸体感到非常羞耻，便用无花果的叶子编成衣服遮盖住身体。当上帝在园中行走的时候，看到亚当夏娃穿着衣服，立刻便明白他们犯了戒律，于是十分生气并决心降下惩罚，让唆使他们的蛇用身体行走并终生以泥土为食，夏娃遭受生育之痛且受到丈夫的管辖，亚当必须劳作受苦才能养家糊口；并将亚当和夏娃赶出了伊甸园，这一幕通常被称为"失乐园"。

亚当和夏娃被视为是人类的始祖，他们的后代繁衍不断，其中也不乏行为败坏、作恶之人。按照《圣经·创世记》记载，上帝恼怒世人的奸诈，决定用洪水毁灭世上的一切罪恶。他让义人挪亚造方舟，挑选出能够配对的生灵上方舟躲避洪水，在灾难之后重造世

亚当和夏娃被逐出伊甸园
（马萨乔 1426）

界。大水过后,世界又恢复了平静,这就是"挪亚方舟"的故事。挪亚有三个儿子——闪、含、雅弗。挪亚喜爱闪,时常为闪祈祷祝福,闪的后代越来越多,最终形成了自己的部落——闪族,这是当时中东地区最大的部落之一,犹太人和阿拉伯人都是闪族的后裔。

亚伯拉罕作为闪族的一员,他生活在两河流域南部的吾珥城。当时的两河流域盛行多神崇拜,每个城邦都有自己的神。当地居民发现,河水泛滥与日月星辰的周期变化密切相关,因此占星术在这里非常盛行。月亮神、河神、雨神、战神等等成为多个城邦的保护神,一些农业发达的城邦敬拜雨神或河神,崇尚武力掠夺的城邦则更多地敬拜战神。两河流域不仅流行多神崇拜,还为神树立雕像,将崇拜物偶像化,多神崇拜和偶像崇拜的结合是这一区域居民信仰的最大特征,而亚伯拉罕通过脱离多神信仰开创了一神崇拜的先河,这在宗教史上具有划时代的意义。

犹太人中一直流传着这样一个故事:亚伯拉罕的父亲他拉是多神崇拜的支持者,家中有许多神的陶像、石像和木像,但亚伯拉罕却反对多神崇拜,他认为只有一个统管世间万物的神,这个神看不见摸不着,但却神力广大并掌管众神。有一天,亚伯拉罕趁父亲不在家的时候,用斧头把屋里的神像统统砸碎。

> 他拉回来的时候问亚伯拉罕:"为什么要这样?"
> 亚伯拉罕回答道:"是那个神将他们打碎的,要不信的话你可以问他。"
> 他拉说:"你撒谎,难道这些神像会动吗?"
> 亚伯拉罕反问道:"既然他们连自己都保护不了,你的崇拜还有什么用呢?"

亚伯拉罕破除偶像崇拜的行为，为后来上帝与亚伯拉罕的立约埋下了伏笔。据《圣经·创世记》记载，一天，上帝对亚伯拉罕说："你要离开本地、本族、父家，往我所要指示你的地去。我必叫你成为大国。"亚伯拉罕便按照神的意思，带着家族和财产开始向迦南（今天的巴勒斯坦地区）迁移，这是上帝与亚伯拉罕的约定。大约在公元前18世纪汉谟拉比王统治时期，亚伯拉罕从吾珥出发，渡过幼发拉底河，进入广阔的巴比伦平原，沿着底格里斯河和幼发拉底河之间的商道继续向西北方向迁移，经过城市哈兰后辗转于叙利亚地区，最后来到迦南人居住的地区——迦南地，开始了半农半牧的生活。

对于迦南人来说，亚伯拉罕部落属于外来者，在迦南的土著语中称他们为"希伯来人"（意思是"渡河［幼发拉底河］而来的人"），这一称呼被延续下来。亚伯拉罕部落看似平常的一次迁徙，却拉开了犹太人早期历史的序幕，其特殊性不仅在于这个民族有了新的称谓，更重要的是这次迁移被赋予了深刻的文化内涵。

犹太传统认为，迁移象征着亚伯拉罕与偶像崇拜的彻底决裂，走上了信仰独一神的道路，而这正是犹太一神教的起源。亚伯拉罕所要去的迦南也因此被赋予了神圣意义，这是上帝赐给犹太人世世代代居住的地方，即"应许之地"。

根据《圣经·创世记》记载，在亚伯拉罕99岁的时候，神再次向他显现，并与他立约，与上次的口头立约不同，这次立约有了标志。神对亚伯拉罕说：

> 我是全能的神，你当在我面前做完全的人，我与你立约，使你的后裔极其繁多。你要做多国的父。从此以后你的名不再

亚伯拉罕进入迦南

叫亚伯兰,要叫亚伯拉罕,因为我已立你做多国的父。我必使你的后裔极其繁多,国度从你而立,君王从你而出。

作为得到祝福、保佑的条件,神也对亚伯拉罕提出了要求:

我要与你并你世世代代的后裔坚立我的约,作永远的约,是要作你和你后裔的神。你和你的后裔必世世代代遵守我的约。你们所有的男子都要受割礼,这就是我与你,并你的后裔所立的约,是你们所当遵守的。你们都要受割礼,这就是我与你们立约的证据。

这次立约在犹太传统上被赋予了极为重要的意义，亚伯拉罕的改名意义重大，预示着他会得到更多的恩宠，将成为"多国之父"；另一方面，这次立约具有凭证，上帝要求希伯来人行割礼，让信徒在肉体上有了统一的标记。亚伯拉罕的改名和割礼的实施，表明神与人双方关系的正式确立，这种双向选择的"契约"形式，象征着神与人是一种互利互助的关系。契约是神与亚伯拉罕之间的一个互有约束的纽带，从此希伯来民族成为上帝的"契约之民"。

契约对立约双方有相互的约束力，《圣经》中"以撒献祭"的典故充分证明了契约的效力。相传，亚伯拉罕在99岁的时候还没有儿子，而他的妻子撒拉此时已经断了月经，无法再生育了。亚伯拉罕遂向神祷告，祈求得到一个儿子，于是神显神迹，让撒拉怀孕生子，起名叫以撒。神为了考验亚伯拉罕对他是否忠诚，决定让亚伯拉罕把以撒作为燔祭（即用火将祭品焚烧以向神献祭）献给他。亚伯拉罕接到神的旨意后，毅然选择履行约定。《圣经·创世记》对这一故事描述得绘声绘色：

> 神要试验亚伯拉罕，就呼叫他说："亚伯拉罕。"他说："我在这里。"神说："你带着你的儿子，就是你独生的儿子，你所爱的以撒，往摩利亚地去，在我所指示你的山上，把他献为燔祭。"亚伯拉罕清早起来，备上驴，带着两个仆人和他儿子以撒，也劈好了燔祭的柴，就起身往神所指示的地方去了……正当亚伯拉罕伸手拿刀要杀他儿子的时候，天使呼叫他道："亚伯拉罕！亚伯拉罕！你不可在这童子身上下手，一点不可害他！现在我知道你是敬畏神的了，因为你没有将你的儿子，就是你的独生子留下不给我。"亚伯拉罕举目观看，不远

亚伯拉罕向上帝献祭以撒（Laurent De La Hire）

处有一只公羊,两角被扣在稠密的小树中身体动弹不得,亚伯拉罕就用那只羊代替了以撒为上帝献上了燔祭。

这就是"替罪羊"一词的来历。在"以撒献祭"这个故事中,亚伯拉罕不仅通过了考验,还得到了上帝更多的祝福。

在犹太人的历史记忆中,先祖亚伯拉罕被视为完美精神与卓越品质的象征,他仁慈亲善、恭顺虔诚。亚伯拉罕被誉为旧时代的终结者与新时代的开创者。从亚伯拉罕开始,神从偶像实物抽象为无形无状,多神崇拜升华为全能的一神崇拜,这是宗教信仰上的一次飞跃,更是一次革命。从亚伯拉罕开始,世界一神教的雏形已现端倪。同时,神与人之间是一种契约的关系,双方互有约束,这为犹太人播下了"独一神信仰"这颗种子,这颗种子在历史长河中逐渐成长壮大,最终演化成为完备的信仰体系,从而对犹太文化以及世界文明的发展都产生了至关重要的影响。

从《圣经》的记载来说,犹太教的礼仪和律法成型于摩西,但却植根于亚伯拉罕,因为亚伯拉罕是绝对服从和绝对信仰上帝的,这成就了他崇高的个人魅力,为犹太人遵从上帝做出了榜样。希腊化时期的大哲学家斐洛说:"亚伯拉罕本人就是一部律法,一部不成文的律法",以此来赞誉他的高尚品质。

亚伯拉罕死后,以撒担任族长,继续信奉上帝,践行约定。以撒有两个儿子——以扫和雅各,《圣经》记载了两兄弟争夺继承权的故事:

> 两人虽是孪生兄弟,但却性格迥异,以扫"善于打猎,常在田野",而雅各则"为人安静,常住在帐篷里"。父亲以撒

喜欢以扫，而母亲利百加却偏爱雅各。两兄弟因种种原因不能和睦相处。以撒随着年纪的增长，眼睛已经昏花，决定传位于以扫。他告诉以扫说："我如今老了，不知道哪一天死。现在拿你的器械，就是箭囊和弓，往田野去为我打猎，照我所爱的做成美味，拿来给我吃，使我在未死之前先给你祝福。"

以撒对以扫所说的话被利百加听到了，以扫出去之后，利百加让雅各杀了两只山羊羔，为以撒准备好了晚餐，并让雅各穿上以扫的衣服。因为以扫浑身多毛，雅各还特意将羊羔皮包在胳膊上，让以撒摸到羊毛时误以为是以扫。当雅各端着食物送给父亲的时候，以撒听出了是雅各的声音，可是当他摸到雅各手上的羊毛时，便说道："声音是雅各的声音，手却是以扫的手。"便认为此人即是以扫，于是，以撒便祝福雅各，使他获得了长子继承权，成为希伯来人的族长。雅各刚刚离开，以扫便打猎归来，痛哭着求父亲为他祝福，以撒无奈地回答说："你兄弟已用诡计来将你的福分夺去了。"

雅各威武神勇，曾与天神在雅博渡口角力，由于天神打不过雅各，就在摔跤时向雅各大腿窝的筋上"摸"了一把，雅各的腿因此

犹太人历史上族长时期的陶器

而受了伤，走起路来很不方便，所以犹太人在饮食禁忌上就规定，不能吃动物的筋，宰杀牛羊等动物时必须要把其大腿上的筋挑出来。天神祝福雅各，并赐名"以色列"（意为"与神摔跤者"）。因此，在随后的年代里，希伯来人也被称作"以色列人"。亚伯拉罕、以撒、雅各三代人所生活的时期是犹太史上的"族长时期"。

雅各有12个儿子：流便、西缅、利未、犹大、西布伦、以萨迦、但、迦得、亚设、拿弗他利、约瑟、便雅悯，这12人的后代逐渐发展成为以色列人的12个支派*。

摩西出埃及

雅各在众多儿子中最喜爱约瑟，其他儿子们对此非常嫉妒，这为约瑟带来了灾难。兄弟们骗他出去想要杀了他，正要动手时碰巧过来了一个商人，遂将约瑟卖给了他，约瑟被带到了埃及。兄弟们回家后害怕雅各知道实情而责罚他们，于是便编谎言说约瑟被野兽吃了。约瑟被带到埃及，因受人陷害被判入狱。由于约瑟非常聪明，很快就展示出他的过人之处，在监狱中获得了一个职位，协助监狱长管理犯人。

据《圣经·出埃及记》记载，埃及法老做了一个非常奇怪的梦，梦见有7头又肥又壮的母牛在河边享用丰盛的水草，不一会儿又来了7头又瘦又丑的母牛，后面这7头牛一会儿就把草吃光了。法老惊醒了。一会儿他又做了第二个梦，有一颗麦子长了7颗麦

---

* 犹太历史上的12支派并不完全与雅各12个儿子的名字相吻合，因为利未的后人成为祭司阶层，不参与土地分封，不作为一个独立的支派而存在，但是约瑟的两个儿子玛拿西与以法莲参与了分封，成为以色列支派的始祖，所以总数仍为12支派。

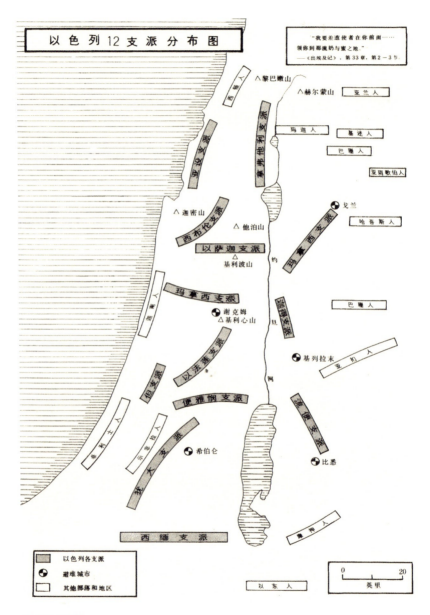

12支派分布图

穗，又大又饱满，一会它又长了7颗麦穗，却又小又干瘪，这7颗小的麦穗将那7颗大的麦穗给吃了。法老感到这梦不祥，有大臣说约瑟能够释梦，于是法老就派人将他带到了宫殿。约瑟说，7头肥牛、7颗饱满的麦穗和7头瘦牛、7颗干瘪的麦穗是一种比喻，暗示埃及将有7个丰收之年，但紧接着就会有7个灾荒之年，灾荒足以消耗前7年的收成。法老之所以连续做了两个这样的梦，是因为神在暗示一定要提前做好准备，将丰收之年的粮食存起来以备灾年之需。法老听约瑟说得非常有道理，于是就将他任命为宰相，让其治理国家。

7年之后，中东地区果然发生了大的灾荒，由于约瑟准备充分，"唯独埃及有粮"。生活在迦南的雅各一家也被迫到埃及找粮食，在一些机缘巧合的事件之后，雅各与约瑟父子相认，约瑟也与兄弟们摒弃前嫌。随着时间的推移，希伯来人在埃及的势力越来越大，连埃及法老都担心希伯来人会威胁他的统治，于是广散言论说：希伯来人比我们还多，比我们还强盛，终有一天他们会攻击我们。法老决定对希伯来人实行残酷政策，强迫他们做工，并规定凡希伯来女人生的男婴都要扔到河中淹死，只许女孩存活下来。

迫于法老的政策，一对父母将刚出生的婴儿放在一个箱子里，任其在河中漂流。正巧法老的女儿来河边洗澡，看到了这个箱子，就从水中拉上来并收养了这个孩子，给他取名为"摩西"（意为"从水里拉出来的"）。虽然摩西在法老宫中长大，但他非常痛恨埃及人对希伯来人的压迫。有一天，摩西看到一个埃及人在打骂一个希伯来人，他怒不可遏，冲上前去便将那个埃及人打死，并将尸体藏在沙土里。不久，这件事被法老知道了，为躲避追捕，摩西逃亡到米甸。

据《圣经·出埃及记》记载，在逃亡途中，上帝向摩西启示说：

我是你父亲的神，亚伯拉罕的神，以撒的神，雅各的神，我已经听到了希伯来人的哀声，我将继续履行与你先祖的约定，我要将他们从埃及的困苦压迫中解救出来。于是神将摩西选作使者并赐予法力，让他去解救希伯来人，并带领他们重返"流着奶与蜜"的迦南地。

相传，摩西在得到神谕后，便返回了埃及，向希伯来人展示神的启示，很快大家就表示愿意服从上帝、追随摩西离开埃及返回故土。但是法老依旧想让希伯来人做工，不愿意放他们离去。上帝决定惩罚法老，逼迫他放行。于是埃及先后发生了河水变血之灾、蛙灾、虱灾、蝇灾、畜疫之灾、毒疮灾、雹灾、蝗灾、黑暗之灾九种灾难，使埃及上下受到了巨大的打击，百姓哀声载道，但是法老十分顽固，仍不肯放希伯来人离开。无奈之下，上帝只好降下第十灾，也是最凶狠的灾难——击杀上至法老下至仆人即所有埃及人的长子和一切头生的牲畜。

为了避免错杀希伯来人，上帝让摩西告诉大家，在十四日那天，把羊血涂在每家的门框和门楣上，以为标记。当天夜里，上帝巡行埃及全地，击杀了埃及人的长子和一切头生的牲畜。上帝看到凡是门上有羊血的人家就知道是希伯来人，便"逾越"过去，这样希伯来人就安然无恙。第二天，埃及上下哀鸿遍野，连法老的长子也被杀死，迫于压力法老准许希伯来人离去。由于害怕法老违约，希伯来人出发前的准备非常仓促，他们将还未发酵的面做成饼，在长途跋涉之中靠无酵饼和苦菜来充饥。

当希伯来人离开没多久，法老便心生悔意，于是便亲率兵马追捕，终于在红海边上追上了希伯来人。在前有大海、后有追兵的危急关头，上帝施展神迹，海水向两边分开，展现出了一条新的道路。希伯来人就在海底行走，法老的军队见状也随之追赶而来，但当埃

摩西雕像（米开朗基罗）

被淹没在海水中的法老和军队

及人来到海底时,海水忽然间合二为一,将埃及追兵淹没在水中,而希伯来人却顺着海底,跨过红海,抵达西奈半岛。

为纪念"出埃及"这一历史,后世的犹太人每年都要过"逾越节"。逾越节是犹太人最古老、最重要的节日之一。犹太传统中有句名言:"每一代犹太人都要认为自己也出走过埃及。"逾越节是犹太人的狂欢节,这一天会举行盛大的庆祝仪式。一些家庭在家里的地板上泼水,然后从上面走过,寓意为"过红海"。犹太人还会在门上抹羊血,以此来纪念上帝的拯救之恩。在逾越节晚宴前,犹太人要诵读经文,讲解在埃及的苦难历史,通常还会提4个问题:

犹太人逾越节的传统食品——无酵饼

在平常的晚上，我们可以既吃有酵的面饼，也可以吃无酵的面饼，为什么今晚只吃无酵饼？

在平常的晚上，我们可以吃各种各样的蔬菜，为什么今晚要吃苦菜？

在平常的晚上，我们连一次都不用蘸盐水，为什么今晚要蘸两次？

在平常的晚上，我们既可以坐着吃，也可以倚着吃，为什么今晚我们大家都倚着吃？

希伯来人从尼罗河三角洲的东北端起程，跨越红海，进入西奈旷野，在沙漠中颠沛流离了40年，这期间许多人开始抱怨，并对前程失去了信心，不满的情绪愈来愈高涨。根据《圣经·出埃及记》记载，当希伯来人来到西奈山下的时候，摩西按照上帝的旨意在山上住了整整40天，上帝将他的律法启示给摩西，要求希伯来人一一照做。当摩西带着法板下山的时候，看到希伯来人铸了一个牛犊并对它进行祭拜，这违背了上帝的律法。摩西非常生气，为了凝聚人心、统一思想，他杀死了数千人，以警示希伯来人要服从律法。摩西向他们颁布了"十诫"，内容是：

一、不可叩拜别的神；

二、不可雕刻偶像；

三、不可妄称上帝之名*；

四、当守安息日为圣日；

五、当孝敬父母；

六、不可杀人；

七、不可奸淫；

八、不可偷盗；

九、不可作假见证陷害人；

---

* 上帝之名在《希伯来圣经》中以4个辅音字母 יהוה/YHWH 来表示，读音为"雅卫"，意为"我是"（I Am）。由于"不可妄称上帝之名"，希伯来人遇到上帝之名不直接读出，而是读作"阿东乃"（Adonai，意为"吾主"）。古典犹太教时期，只有大祭司在赎罪日祈祷中才能说出上帝的名字。圣殿被毁后，犹太人更加忌讳读出上帝的名字。公元6、7世纪以后，犹太学者创造出希伯来文元音字母，因此，便把 Y、H、V、H 4个辅音字母后标注上元音字母 e、o、a，于是出现了 Yahweh、Yahve 等新名词，该词若不避讳地读出，仍为"雅卫"。基督教将《希伯来圣经》称之为《旧约》，把上帝的名字读为"耶和华"（Jehovah），现代新版的基督教《圣经》已逐渐用"主"取代了"耶和华"的称谓。为尊重犹太传统，本书凡涉及上帝之名一律采用"雅卫"译法。

英国BBC电视台历史频道所拍摄的圣经故事中的"摩西十诫"

十、不可贪婪别人的妻子、房屋、田地、仆婢、牛驴等其他东西。

摩西十诫是犹太教信仰的纲领,前四条强调的是宗教信仰的唯一性,后六条侧重社会伦理方面,重在协调人与人之间的关系。

在犹太历史上，摩西在西奈山上接受神启被描述成一场具有重大意义的宗教革命，它不只标志着犹太一神教的产生，表明希伯来人已开始摆脱宿命论的束缚，而且在很大程度上促成了希伯来民族统一体的形成。亚伯拉罕时期的上帝崇拜，涉及范围相对较小，通常指家族的神，如经常提到的"亚伯拉罕的神，以撒的神，雅各的神"；但到摩西时期，雅卫演变为整个以色列民族的神，因为他把以色列人带出了令他们饱受苦难的为奴之地埃及，让他们重新成为一个自由的民族，神人关系与族长时期相比，完成了巨大的转变。在多神信仰普遍流行的远古时代，希伯来人创立了世界上最古老的一神教，而且是最彻底的一神教，他们通过使自己的民族神唯一化而否定了其他神祇的神圣性与合法性。

相传摩西活了120岁，死在摩押地，并葬在那里，摩西在临终之前选中约书亚做他的继承人，继续向迦南挺进。从《圣经》的一些零星记载来看，他们先经过外约旦，而后逐步占领撒玛利亚、上加利利和下加利利等地。在米伦湖滨（今胡拉湖）战胜迦南名将夏琐王的战斗具有转折性意义，此后又在迦南平原战胜了其他一些部落，最终入主迦南，重返上帝应许的"流奶与蜜之地"。约书亚将领土分给了以色列的十二个支派，他凭借着自己的勇敢、机智及敏锐的洞察力战胜了对手，完成了摩西未竟的事业，带领着希伯来人重返"应许之地"，开辟了犹太历史的新篇章。以色列前总统哈伊姆·赫尔佐克称约书亚为"天才的军事指挥家、鼓舞人心的领袖，一位有着坚定信念和想象力丰富的人"。

逃出埃及重返"应许之地"，为希伯来人树立了战胜困难、返回家园的坚定信念，也对希伯来民族统一体的形成起到十分重要的作用。"出埃及"这一历史事件不仅在犹太民族史上留下了不可磨灭的印记，而且成为人类摆脱奴役、走向光明的一种象征。

正如阿巴·埃班在其《犹太史》中所说的那样：

> 许多人将出埃及看做是民族和社会获得解放的标志，例如亨利·乔治曾经写道："在笨重的人头狮身石像的前爪之间竖立着人类自由的维护神。迁出埃及的号角挑战性地宣布了人类的权利。"在美国讨论未来的美利坚合众国的国徽时，本杰明·富兰克林和托马斯·杰斐逊曾建议将以色列的子孙越过红海奔向自由的场景刻入美国的国玺并且写上"反抗暴君就是服从上帝"。法国大革命时期，国民议会中的民众领袖自命是"新迦南"的继承人。不论是为了摆脱外来的压迫，还是为了从贫困和屈辱中解脱出来，人们总是用摩西出埃及的壮丽场景象征一种可能的变化，即"从奴役到自由，从黑暗到光明"的变化。所以，迁出埃及——这一以色列历史上的决定性篇章，逐渐变成了推动社会前进的神话。在许多历史时期、在遥远的土地上，它都可以激发革命的激情。

王国的兴衰沉浮

公元前13世纪到公元前11世纪希伯来王国建立前的这段时间，通常被称为"士师时代"。"士师"在希伯来文中意为"审判者"或"拯救者"，被视为是上帝所选定的融先知、军事统帅与部落酋长为一体的角色。士师负有双重职责：平时管理民事，战时率兵驰骋疆场。士师时代被认为是犹太历史上的军事民主制时期，用《圣经·士师记》上的话来说："那时以色列没有国王，每个人按照自己的判断行事",士师统治的无序状态实际上为君主制的出现奠定了基础。

公元前11世纪前后,来自爱琴海诸岛和小亚细亚沿岸的"海上民族"非利士人征服了迦南沿岸的多个城市,控制着巴勒斯坦的海岸线,并不断进攻希伯来人,夺走他们的土地。非利士人是西亚地区较早掌握冶铁技术并广泛使用铁制武器的民族,作战骁勇,具有很强的战斗力。希伯来人在与非利士人的交锋中屡战屡败,特别是公元前1050年的亚弗一战,非利士人甚至缴获了希伯来人的"约柜"[*]。

在士师时代,希伯来人各支派独自为政,并非是一个紧密团结的群体。为了抵御非利士人的侵扰,凝聚民族精神,希伯来人必须联合起来,这一客观要求促进了统一王权的出现与国家的形成。士师时代末期,具有远见卓识的先知撒母耳从便雅悯支派中挑选俊美、勇敢的青年扫罗,为他行膏油浇头的仪式,立他为全以色列的领袖,扫罗成为希伯来王国的第一代君王。

扫罗执政(约前1030—前1009)以后,选择了他的故乡便雅悯支派的基比亚作为都城。扫罗具有杰出的军事才能,并在与异族的征战中屡立战功。他把以色列的12支派联合起来,组成一支劲旅与非利士人交战。扫罗因受恶魔扰乱,身体时常感到不适,于是就派人找一个会弹琴的人来给他驱赶恶魔。大卫是一个牧羊人,模样俊美又善于弹琴,被推荐入宫来到扫罗身边。当恶魔扰乱扫罗时,大

---

[*] 据《圣经》记载,约柜是一个装饰华丽的镀金木柜,内存上帝与摩西在西奈山立约时的两块法板,上面刻着摩西十诫。它是希伯来人与上帝特殊关系的象征。希伯来人在逃出埃及、辗转西奈、征服迦南的过程中,约柜都被利未人随身携带,被尊为希伯来人的宗教圣物。相传,当非利士人夺得约柜后,上帝让他们中的很多人得病,非利士人感到害怕,最终将约柜还给了希伯来人。

卫的琴声很快就可以将恶魔赶走，扫罗非常喜欢大卫，就让他服侍在身边，出征时为自己扛兵器。

在一次战斗中，非利士人的大将歌利亚在阵前叫骂，由于此人长得凶悍威猛，希伯来人无人敢上前迎战。这时，大卫走上前去，歌利亚根本没把他放在眼里。只见大卫射出的石子正中歌利亚的额头，歌利亚随即死亡。希伯来人趁机进攻，非利士人大败。大卫用石子击杀歌利亚的事迹很快传遍了12个支派，当大卫跟扫罗回城的时候，街上的女子们纷纷说："扫罗杀死千千、大卫杀死万万"。扫罗听后十分嫉妒，说："将万万归大卫，千千归我，只剩下王位没有给他了"。大卫精明能干，很快就在军队中被委以重任，经常率兵打仗、屡立战功。扫罗因此更加嫉妒他，决心将大卫置于死地，大卫察觉后便趁机逃跑了。

在一次与非利士人的交战中，扫罗带领长子约拿单和另外两个儿子顽强抗击，不幸战败，扫罗中箭受伤，而后拔剑自刎，三个儿子也都牺牲了。大卫为扫罗及其三个儿子的英勇事迹谱写了一首非常感人的哀歌——《弓歌》，歌中写道：

> 以色列啊，你尊荣者在山上被杀。
> 大英雄何竟死亡！
> 不要在迦特报告，
> 不要在亚实基伦（即阿什克伦）街上传扬，
> 免得非利士的女子欢乐，
> 免得未受割礼之人的女子矜夸
> ……
> 扫罗和约拿单，

大卫雕像（米开朗基罗）

活时相悦相爱，死时也不分离。

他们比鹰更快，比狮子还强。

以色列的女子啊，当为扫罗哭号。

他曾使你们穿朱红色的美衣，

使你们衣服有黄金的妆饰。

英雄何竟在阵上仆倒！

约拿单何竟在山上被杀！

我兄约拿单哪，

我为你悲伤！

我甚喜悦你！

你向我发的爱情奇妙非常，

过于妇女的爱情。

英雄何竟仆倒！

战具何竟灭没！

　　扫罗是士师时代向君主政体转变的过渡性人物，他在位时，王权仅在首都周围发挥作用。扫罗死后，大卫久经波折，先成为犹大部落之王，然后征服了北方的部落，各部落派长老去希伯伦为大卫加冕，大卫成为希伯来王国的第二代国王。

　　大卫王是一位出色的军事统帅和政治家，非利士人对他的登基甚为恐惧，趁大卫尚未稳固统治便提前发起进攻。起初非利士人的进攻颇为得手，很快就攻入犹大地区，并直逼首都希伯伦。这时，大卫王退居亚杜兰，加紧补充兵力，整顿军队，待做好充分准备之后，便发起了大规模进攻。在大卫的领导下，非利士人节节败退，很快就被赶出王国的版图之外。随着非利士人的战败和国内局势的

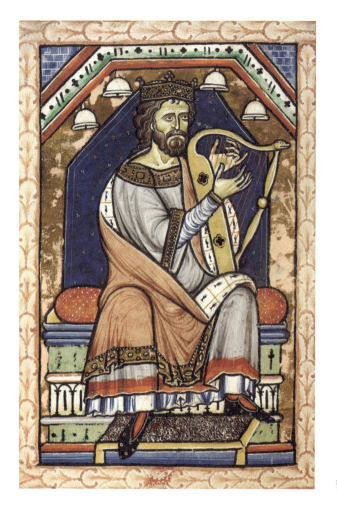

弹琴的大卫王

稳定,大卫便开始对外征服扩张,先后战败了阿蒙人、摩押人、亚玛力人等等,几乎使整个地中海东岸都成为向希伯来王国称臣纳贡的藩属。

大卫王国的疆域北起黎巴嫩山,南至埃及边界,西到地中海东岸,东达约旦河。大卫以联姻、结盟的方式保护自己的占领地,他还建立了一支名为"基伯尔"的常备军,直属国王指挥。20世纪

90年代，考古学家曾在以色列北部发现了一个古碑残片，碑文中有"以色列王""大卫之屋""马拉战车"和"数千名骑兵"等字样，从而成为大卫王朝确实在巴勒斯坦地区存在过的有力证据。

大卫为耶路撒冷的建设做出了巨大贡献。公元前1000年左右，大卫王率军攻占耶布斯，夺取了这座连接王国南北且易守难攻的战略要塞。由于当时的首都希伯伦是个比较封闭的南部城镇，为了加强对北方部落的控制，大卫决定迁都于此，并将耶布斯命名为耶路撒冷，意为"和平之城"，又名"大卫之城"。从那时起，耶路撒冷就成了犹太民族的圣城。

大卫王是以色列历史上一位出类拔萃的政治家，他抓住了中东大国埃及与亚述走向衰落的历史机遇，充分发挥自己的才能，把以色列各部落真正统一起来，建立了一整套行政体制，并组织了一支强悍的部队，此外还大力扶植犹太教来凝聚人心，因此大卫作为国家的真正缔造者与出色的军事统帅而载入史册。大卫王国成为近东地区不可忽视的力量，也成为犹太史上最为辉煌的时期。为纪念大

刻有"大卫之屋"字迹的古碑残片

犹太教的标志：大卫星

卫王,以色列建国后将大卫盾设计为国旗图案。

然而,在《圣经》编纂者的笔下,大卫同样有人性上的卑劣之处。《圣经·撒母耳记》绘声绘色地描述了这样一个故事:

> 一天晚上,大卫王在宫殿屋顶上散步,远远看见一个容貌甚美的妇人正在沐浴,于是派人打听妇人的身份,得知此人名叫拔示巴,她的丈夫是国王的一个军事首领、赫梯人乌利亚。大卫召见了拔示巴,"她投入了王的怀里",并怀了孕。国王命令他的指挥官约押将乌利亚从约旦战场上召回。乌利亚回来后,大卫命令他回家"洗脚",以掩饰他妻子怀孕的事实。但是,乌利亚拒绝从命,理由是他的士兵正激战前线,他不能回家安息。于是大卫就命令约押:"把乌利亚安排到战斗最激烈的地方……以使他有可能被杀。"结果是乌利亚战死沙场,拔示巴成了大卫王最宠爱的妻子。

这件事情发生以后,先知拿单来到国王面前,给他讲了一个故事:一个拥有一切的富人偷走了穷人家里唯一的一只羊。大卫王极为谴责这个富人的做法,并说:"做下这种事的人理应去死!"拿单答道:"可那个人就是你。"国王这才意识到自己犯下了可怕的罪恶。

大卫王晚年立他最小的儿子所罗门为继承人。相传所罗门在继位之初,曾虔诚地向上帝祈祷,希望上帝能赐予他当一个好国王所必需的东西——智慧,以便判别是非。上帝见所罗门并不贪取"长寿""财富""复仇",就非常喜悦,于是便赐给了他智慧和尊荣,所罗门又被誉为"智慧之王"。

所罗门断案

　　《圣经·列王纪》中记载了这样一则故事来证明所罗门的智慧：有两个女人为争夺孩子来请所罗门断案，两人都声称是孩子的母亲，双方争执不下，所罗门王就吩咐侍卫将这个孩子劈为两半，两个女人一人一半，这时候孩子的亲生母亲哀呼不已，请求把孩子送给另一个女人，以便保住孩子的性命，所罗门便据此将孩子判给了这个母亲。

　　所罗门为了巩固犹太教的地位，从遥远的地方运来了建筑材料，从腓尼基请来了建筑师，按照他父亲大卫王的遗愿，费时七载，于公元前956年前后在耶路撒冷的摩利亚山上修建了一座金碧辉煌、雄伟壮观的圣殿，史称"所罗门圣殿"，也叫"第一圣殿"。《圣经·列王纪》中对圣殿的规模、结构与建造过程有着非常详细的描述。圣殿的基底由大石头奠定，主体部分由大理石构造，殿长60肘

（计量单位，指人小臂到中指指尖的长度，约为55—65厘米）、宽20肘，两层高度；殿前有一长廊，把30个房间联结在一起；殿顶由香柏木建成，墙的空隙也用香柏木填补，并贴上金子覆盖。随着圣殿的落成，耶路撒冷由此成为犹太教最重要的圣地和犹太民族的精神中心，圣殿中并没有供奉任何神像，只将约柜作为圣物放在其中，圣殿被誉为"上帝宝座之地"。

圣殿完工之后，所罗门开始为自己建造宫殿，整个工程持续了13年。宫殿也是用大理石、香柏木与金银做原料，其中有一个专门用于宴会与盛典的大厅，所有器皿都以金子制成。他还把邻近诸王送给他的礼物装饰在宫殿里。所罗门王还在耶路撒冷周围的城墙上修建了城楼，用黑色的石子铺平通往城市中心的道路。所罗门为自己的业绩深感自豪，他常常坐上气派的马车，穿上洁白高雅的服装，悠然自得地前往他最喜欢的地方——艾但，聆听那潺潺流水之声，陶醉于奇特的园林景观。

所罗门圣殿建造伊始的宏伟景象

所罗门晚年变得骄傲自大,奢侈腐化,挥金如土。据《圣经·列王纪》记载,所罗门用象牙为自己制作宝座,他在耶路撒冷的银子多如石头,一切饮器都是金子做的。由于挥霍无度,所罗门曾一度陷于拮据之中,为了120他连得(计量单位)的黄金,他竟然把加利利的20座城市割让给了他的盟友推罗王。所罗门后宫拥有千名妃嫔,其中许多是外族女子,如摩押女子、亚扪女子、以东女子等,这些人把外来宗教带入了希伯来王国,以巴力神、腓尼基神为代表的外族信仰迅速流传,全国各地都在为这些神灵修建庙宇与祭坛,犹太教的正统地位遭到威胁。这一切为王国埋下了由盛转衰的因子。

公元前1030—前930年的统一王国时期,是希伯来民族发展史上的重要阶段,希伯来人不仅成功入主迦南,而且建立了一个连接美索不达米亚平原和埃及的小型帝国,国内政治稳定、商贸繁荣,一度成为西亚北非地区最有实力的王国之一。大卫王的军事征服,所罗门的光荣富足,一直是犹太人回忆王国历史的关键词。统一王国时期也是犹太教历史上最为重要的时期,特别是当犹太人亡国后流散于世界各地的时候,对统一王国时期的荣耀倍感怀念。大卫的后裔更是"拯救"的象征,犹太人认为"弥赛亚"(救世主)出自大卫王的后裔,他将犹太人从苦难中解脱出来,从这也可以看出希伯来王国对犹太历史的深远影响。

希伯来王国在所罗门统治后期危机四伏。公元前930年,所罗门去世后,其子罗波安继位(约前930—前913)。北方10个支派请求国王减轻所罗门时期的赋税与徭役,使人民能够休养生息,罗波安王的强硬态度使困苦不堪的百姓们极为失望,他们决定背叛国王。经过征战,北部10个支派宣布独立,建立以色列王国(前930—前722),定都撒玛利亚。南部犹大和便雅悯两个支派组成南部联盟,建立犹大王国(前930—前586),仍定都耶路撒冷。

以色列王国版图较大,经济相对发达,存在了200余年,经历了19位国王。由于连续多年的对外征战、内部的王位争夺斗争、国王骄奢淫逸的腐化生活等原因,以色列王国内部日益动荡,纷争四起,国力不断衰弱。公元前722年,亚述王萨尔贡二世率军攻占撒玛利亚,以色列亡国。以色列国王及其臣民约2.7万人被押往亚述,亚述王把他们送到帝国的边远地带,居住在亚述新征服的土地上,这些人很有可能被当地人所同化,从此再也没有了他们的消息,因此被称为"遗失的以色列十个部落"。残留下来的部分以色列人居住在撒玛利亚等城市,被称为撒玛利亚人,他们始终未再建立自己的国家,长期与其他民族混居在一起,逐渐地被同化,少数人虽然信奉《托拉》*,但是在宗教传统和文化上与南部的犹太人已有了较大的差别。

随着犹太教的不断发展,"遗失的以色列十个部落"的象征意义不断加强:一方面,由于他们离弃上帝,而被惩罚遭受流亡之苦;另一方面,在末日来临时,上帝将派遣弥赛亚拯救他们,让他们重返故土。因此,寻找"遗失的以色列十个部落"成为人们非常感兴趣的话题。当新大陆被发现时,有人认为美洲人是"遗失的以色列十个部落"的后裔。17世纪时,开封犹太人的发现震惊了世界,一些欧洲人欢欣地断定他们找到了"遗失的以色列十个部落"。

犹大王国版图较小,人口较少,但内部比较团结,并占据有利

---

* 《托拉》又称《摩西五经》,意为"教导""指引",包括《创世记》《出埃及记》《利未记》《民数记》《申命记》。犹太人认为《希伯来圣经》包括三部分,《托拉》《先知书》《圣文集》,《托拉》规定了犹太教的种种戒律,这些是犹太教最核心的内容,在《希伯来圣经》中占有最重要的地位。

以色列国王耶户向亚述国王进贡

于防守的地形,因此比以色列王国多存在了100多年。犹大王国一共经历了20位国王,大都政绩暗淡。特别是以色列王国灭亡之后,犹大王国"就像一棵枝叶枯萎的树木",在亚述、新巴比伦以及埃及帝国的夹缝中艰难求生。

约西亚(约前640—前609)统治时期,西亚地区的国际势力重新组合,亚述衰落,但犹大王国的命运并没有好转,遭遇到埃及人的进攻,约西亚战败身亡。公元前605年,巴比伦军队在卡尔美什战败埃及军队之后,长驱直入,攻入犹大版图,虽然犹大军民顽强抵抗,但还是被新巴比伦征服。此后10年,犹大王西底家(约前597—前586)成了新巴比伦王国的傀儡,他曾经发动了一次起义,但被血腥镇压。公元前586年,在经过18个月的围困之后,耶路撒冷被新巴比伦王尼布甲尼撒二世攻破。

根据《圣经·列王纪》记载：

> 巴比伦王将雅卫殿和王宫里的宝物都拿去了，将以色列王所罗门所造雅卫殿里的金器都毁坏了。又将耶路撒冷的民众和众首领，并所有大能的勇士共一万人，连一切木匠、铁匠都掳了去，除了国中极贫穷的人以外，没有剩下的。并将约雅斤和王母、后妃、太监，与国中的大官，都从耶路撒冷掳到巴比伦去了。又将一切勇士七千人和木匠、铁匠一千人，都是能上阵的勇士，全掳到巴比伦去了。西底家王弃城逃跑，迦勒底的军队追赶王，在耶利哥的平原上追上他。他的全军都离开他四散了。迦勒底人就拿住王，带他到巴比伦王那里审判他。在西底家眼前杀了他的众子，并且剜了西底家的眼睛，用铜链锁住他，带他到巴比伦去……（巴比伦人）用火焚烧雅卫殿和王宫，又焚烧耶路撒冷的房屋，拆耶路撒冷四周的城墙。

这一事件史称"巴比伦之囚"，是犹太历史上极其悲惨的一页，宣告了犹大王国的终结，也标志着第一圣殿时代的结束。

犹大王国灭亡及第一圣殿被毁在犹太民族的历史上产生了重要的影响，巨大的伤痛长久烙刻在犹太民族的记忆之中。圣殿被毁后有一首著名的哀歌——《耶利米哀歌》被传唱至今，在阿布月九日即第一圣殿被毁的纪念日中，许多犹太人吟诵《耶利米哀歌》中的章节：

> 先前满有人民的城，现在何竟独坐；先前在列国中为大的，现在竟如寡妇；先前在诸省中为王后的，现在成为进贡的。她夜间痛哭、泪流满腮……她的城门凄凉、她的祭司叹息、

耶路撒冷被新巴比伦军队攻破后犹太人瘫坐在城墙边的悲凉场景

她的处女受艰难、自己也愁苦。……她的孩童被敌人掳去……锡安城的威荣全都失去……

为公义呐喊的先知

公元前8世纪至公元前6世纪是犹太民族风云变幻、动荡不安的时期,内外矛盾特别尖锐。一方面,迦南地处埃及、亚述、巴比伦等大国争霸的前沿地带,国际环境复杂多变,北部的以色列和南部的犹大王国都十分羸弱,经常被卷入到地区冲突的漩涡之中,只能在大国强权纵横捭阖的夹缝中苦苦挣扎,苟延残喘地维护着自身统治;另一方面,王国内部贫富分化加剧,社会矛盾突出,国王、贵族、祭司阶层过着醉生梦死般的生活,而生活在权力金字塔最底层的人们承受着重重的压力,苦不堪言。在民族内忧外患的非常时期,一批被称为"先知"的爱国志士登上了历史舞台,一场轰轰烈烈且影响深远的社会文化运动拉开了序幕,史称"先知运动"。塞西尔·罗斯曾这样评价犹太先知:犹太历史与其他中断的文明古国(如埃及、巴比伦、亚述等)的历史并没有太大的区别,所不同的就是希伯来先知的存在,是先知让犹太历史得以延续。希伯来先知被誉为是"世界的良心",他们为犹太历史创造了一种新的道德理想和社会正义的准则。

在希伯来语中,先知意为"代言人",指接受上帝委派、具有神圣的启示天赋和超凡魅力的智者。公元前8世纪中叶以后,犹太历史上涌现出一批宗教思想家和社会活动家,其代表人物有阿摩司、何西阿、以赛亚、弥迦、西番雅、那鸿、哈巴谷、耶利米、以西结、俄巴底亚、哈该、撒迦利亚、约珥、玛拉基、第二以赛亚等,这些人被称作"经典先知"。

不同的时代孕育不同的社会文化。希伯来王国的建立,标志着希伯来民族已经初步实现了从游牧社会向农耕社会的转变。在这一转型过程中,希伯来人所信守的传统观念遭到了巨大的冲击,摩西犹太教已很难满足希伯来人的精神需求,许多希伯来人越来越远离摩西的戒律。其实,这种现象早在所罗门时期就曾出现过。希伯来王国分裂后,北方以色列王国的第一任国王耶罗波安,不仅接受了一些迦南人对巴力神的膜拜仪式,而且还铸造了两个颇具埃及宗教特色的"金牛犊",并为其建造了殿宇。当然,耶罗波安的本意可能是"为了强化独立国家的意识,阻止百姓去耶路撒冷敬拜异邦神,从而削弱耶路撒冷和约柜在以色列王国的影响",但这种行为严重违反了"摩西十诫"中禁止崇拜外邦神和偶像崇拜的规定,因此遭到了先知们的谴责与批评。

巴力神和牛都是农业文明的代表,对农业神推崇说明犹太人对迦南文化的认同,也体现了希伯来文明转型时价值观念的转变。摩西犹太教是以游牧社会为基础的,当希伯来人在迦南定居并成为农耕民族之后,越来越发现犹太教中的某些规定脱离生活,很难解决一些实际问题,对宗教信条的茫然与无所适从势必会削弱摩西犹太教的传统权威,宗教改革的需求呼之欲出。

与此同时,政治腐败与道德沦丧,促发了改革现状的强烈愿望,先知思想反映了社会改革的呼声。希伯来王国建立以后,随着国际贸易的发展和国内经济的繁荣,希伯来人的价值取向发生了变化,为追求利润不择手段的现象普遍存在,各种违背契约的行为如失信、欺诈等迅速泛滥。从所罗门时代开始,社会分化严重,贫富悬殊加大,社会动荡不安。统治阶层利用手中的权力对百姓进行经济剥削和人身控制,再加上挥霍财富、贪婪腐化,整个社会陷入了道德低下、规范缺失的混乱状态。在这种情况下,下层民众迫切希望改革现状,重建平等、公正的社会。先知们响应了民众的心声,表现出极强的政治参与意识,以及改变现状的使命感与责任感,他们以上帝的代言人和改革家的身份出现,为社会改革制造舆论。作为希伯来人的精神导师,先知们痛感潜在的亡国危机,出于对统一王国时代的美好怀念,感愤于危机四伏的困难处境,表现出了"先天下之忧而忧"的高尚品质与浓厚的爱国情怀。

先知思想的核心观念是"上帝中心论",开启了"背弃—惩罚—救赎"的模式。先知的作品跨度达 300 年,尽管他们生活在不同的时代,身份也不尽相同,但他们都坚信雅卫的唯一性,坚信只有上帝才能使以色列社会再现希望之光。先知们极力传达这样的信息:上帝是"唯一的神、唯一的最高意志",以色列所遭受的一切是上帝的安排,因为雅卫曾说,"以色列啊,我必兴起一国攻击你们;他们必欺压你们"。而这源于上帝对世人贪图享乐、背弃律法的憎恶,雅卫曾言:"我憎恶雅各的荣华,厌弃他的宫殿;因此我必须将城和城中所有的都

先知撒母耳

交付敌人"。既然灾难的本原在于希伯来人自己,那么只有通过赎罪才可获得上帝的佑护。

经典先知猛烈抨击荒淫奢侈、腐败堕落的统治阶层,呼唤廉洁奉公与政治清明的风气。先知们认为,以色列人之所以激怒上帝,与统治阶层的罪恶是分不开的。先知阿摩司就曾犀利地揭露王公贵族的荒淫生活:

> 你们躺卧在象牙床上,
> 舒身在榻上,
> 吃群中的羊羔、棚里的牛犊。
> 弹琴鼓瑟唱消闲的歌曲,
> 为自己制作乐器,如同大卫所造的。
> 以大碗喝酒,用上等的油抹身,
> 却不为约瑟的苦恼担忧。

阿摩司认为,正是这些人破坏了日常的社会道德:

> 他们为银子卖了义人,为一双鞋卖了穷人。他们见穷人头上所蒙的灰,也都垂涎;阻碍谦卑人的道路;父子同一个女子行淫。

比阿摩司稍晚的先知弥迦,对撒玛利亚与耶路撒冷的腐败与邪恶深恶痛绝。他说:

> 你们厌善好恶,从人身上剥皮,从骨头上剔肉。吃我民的肉,剥他们的皮,打折他们的骨头,分成块子像要下锅,又像

釜中的肉……所以因你们的缘故，锡安必被耕种像一块田，耶路撒冷必变为乱堆，这殿的山必像丛林的高处。

为了挽救以色列，他发誓：

我必须大声哀号，赤脚露体而行；又要呼号如野狗，哀鸣如鸵鸟。

先知们还强烈谴责社会道德沦丧，追求人间正义。以赛亚诅咒这污浊肮脏的世界是非颠倒：

称恶为善，以暗为光，以光为暗，以苦为甜，以甜为苦。

他号召人们：

洗濯、自洁、除掉恶行、学习行善，寻求公平。

阿摩司则呼喊道：

唯愿公平如大水滚滚，使公义如江河滔滔！

此外，经典先知们还反对穷兵黩武，讴歌和平——

把刀打成犁头，把枪打成镰刀，这国不举刀攻击那国，他们也不再学习战事。

先知弥迦

在抨击社会问题的同时,多位先知还预测了犹太人必会得救,重建统一的希伯来王国。阿摩司曾预言:

> 到那日,我必建立大卫倒塌的帐幕,堵住其中的破口;把那破坏的建立起来,重新建造,像古时一样……我必使我民以色列被掳的归国,他们必修荒废的城邑居住。

俄巴底亚也预言,被掳到巴比伦的犹太人也总有一天会重回耶路撒冷,重建王国。弥迦还预测,在末日的时候,所有流散各地的犹太人都会聚集到锡安山,听候上帝的审判,重建耶路撒冷的辉煌。这些预言对犹太人的历史产生了非常重大的影响,成为犹太人回归故土与复国的精神依靠。

先知运动是一场披着神学外衣,以"上帝中心论"为前提,以提升犹太民族伦理道德水准、重建社会良知为目的的社会文化运动。希伯来先知是一批思想敏锐的社会活动家,他们与同时代的伟大哲人们——苏格拉底、释迦牟尼、孔子等人一起领导了世界文化的潮流。先知思想深刻地影响了后来的犹太民族与犹太文化,先知们对

先知以赛亚

"公正""正义""悔悟""判断"等观念的理解与阐释,代表着社会的道德良知与正确的发展方向。

与异质文明的交往

"巴比伦之囚"对犹太历史产生了重大影响,虽然从国家实体上说,犹太人遭受深深的亡国之痛,但从精神层面上看,却迎来了一次难得的宗教复兴。犹太王国的灭亡,是继公元前722年以色列王国灭亡后犹太民族面临的又一次灾难性事件。当他们看到以色列的十个支派被隔离分散,许多人丢弃了民族传统,被异族文化所同化时,有先见的犹太人已经认识到只有通过宗教信仰才能维护民族的生存。

空前的民族危机,刺激了宗教意识的强化。在深刻的反省中,宗教在人们心目中的地位不断上升,律法与先知的思想也越来越多地被接受。同时,先知们也安抚民众,这次磨难仅仅是上帝对犹太民族的惩罚而不是灾难性的毁灭,号召犹太人真诚忏悔、正视先祖们的罪恶,强调只有遵行神的律法,犹太民族才能被早日拯救并返回故土。这一时期,宗教回归与故土怀念成为犹太思想界的主流话题,从当时的文学作品也可看出散居巴比伦的犹太人对于耶路撒冷的浓厚情怀,下面这首诗就是很好的例子:

> 我们曾在巴比伦的河边坐下,
> 一追想锡安就哭了。
> 我们把琴挂在那里的柳树上。
> 因为在那里,掳掠我们的要我们唱歌,

巴比伦河边的犹太人

　　抢夺我们的,要我们作乐,
　　说:"给我们唱一首锡安歌吧!"
　　我们怎能在外邦唱雅卫的歌呢?
　　耶路撒冷啊!我若忘记你,
　　情愿我的右手忘记技巧。
　　我若不纪念你,
　　若不看耶路撒冷过于我所喜乐的,
　　情愿我的舌头贴于上膛。
　　……

　　在巴比伦期间,犹太教迎来了全面的复兴。为了表达对故土和圣殿的思念、向往之情,犹太会堂应运而生,它不仅是巴比伦自由、宽容精神生活的一种体现,也是宗教复兴的一种象征,会堂成为犹太人追溯民族历史、学习神圣律法、讲解希伯来作品的场所。

居鲁士大帝

公元前538年，迅速兴起的波斯帝国攻陷了新巴比伦城，居鲁士大帝宣布释放一切被掳之民，允许犹太人回归故土并重建圣殿。在犹太早期历史上，居鲁士大帝是一个值得纪念的人物，因为在所有的异族国王中，他是最善待犹太人的。

当居鲁士允许巴比伦犹太人返回故土的时候，他们在这里已生活了半个世纪，大多数人适应了巴比伦优裕舒适的城市生活。他们分布在社会各个阶层，有的经商、务农、从事手工业；有的则潜心研究宗教；还有少数人跻身于统治阶层。所以当这个政策允许他们回归时，十几万犹太人选择继续留在巴比伦，仅有四万左右的巴比伦犹太人踏上了返回故土的征程，这些人多为神职人员、虔诚的教徒以及在巴比伦没有家业的穷人。

为了恢复心中的信仰，履行与上帝的约定，返回耶路撒冷的犹太人立即着手重建圣殿的工作，但进展并不顺利。因为，从巴比伦返回的犹太人只有几万人，且多数人并不富足。而没有被流放、一直生活在巴勒斯坦的犹太人政治、经济地位都非常低下，再加上定居在这里的非犹太人的反对和破坏，圣殿的修复工作延续了20多年之久，到公元前515年左右才完成。尽管新圣殿的规模与豪华程度都难以与第一圣殿相比，但在犹太人的心目中还是唤起了极大的宗教热情，当年的逾越节到来的时候，人们成群结队从城市的四面八方以及周围的村庄来到圣殿，大宴7天，尽显欢乐，他们相信"新圣殿的荣耀必大于先前的殿"。

尽管圣殿建成了，但是犹太人的信仰体系却没有伴着圣殿的重现而成型，耶路撒冷的社会风气和信仰依然混乱。在巴比伦的犹太大祭司以斯拉得知这样的消息后，于公元前457年返回耶路撒冷，决心重树犹太教的威严。

以斯拉发现，许多犹太人娶外族的女子为妻，他们违背上帝的律法，不守安息日，甚至遗忘了希伯来语。在得到当地犹太社团领袖的支持之后，以斯拉采取了两项措施：一是命令所有娶外族女子为妻的人必须休掉他们的妻子，丢弃混血的孩子，以此来净化民族血统，凝聚民族信仰和打击异教崇拜；二是向所有的人们宣读《律法书》，使他们回忆起犹太人与上帝的契约，重新遵守摩西的律法。

住棚节那天，在圣殿外聚集了许多倾听律法的人，当众人想起自己对律法的背叛时，不少人痛哭起来，与住棚节欢乐的气氛大相径庭。以斯拉是犹太教历史上极为重要的一个人物，他在以《托拉》为基础的犹太生活的重建方面起到了非常关键的作用。以斯拉死在耶路撒冷，百姓们为他举行了隆重的葬礼，以怀念这位伟大的先知，以斯拉被犹太人尊称为"第二律法赠予者"或"第二摩西"。

公元前444年，另一位非常重要的人物尼希米回到了耶路撒冷。尼希米曾在波斯王国里担任要职，巴勒斯坦犹太人的困难处境，使他毅然决定放弃在巴比伦的优越生活。尼希米回到耶路撒冷之后，

尼希米巡视耶路撒冷

巡视了全城，发现城墙损坏、城门缺失，决定立即加以修复，为加快工期并充分调动积极性，尼希米将工程分段到各家各户。工程进展得非常艰难，因为当地的外族人见犹太人修建城墙，害怕犹太人的势力增强之后压迫自己，便时不时地来骚扰破坏，犹太人只能在一手拿剑一手拿工具的情况下修建城墙。城墙修缮完毕，犹太人举行了盛大的庆祝仪式。为了加强城市的守卫，尼希米鼓励周围村庄的犹太人移居耶路撒冷，扩大人口比例，以保证能有效地防御异族人的侵犯。

尼希米继续贯彻以斯拉的宗教政策，用律法来重建犹太社会，积极在百姓中推广律法知识。他延续了以斯拉禁止异族通婚的规定，以维护种族的纯洁。这一举措，对维护犹太人的身份认同起到了重要的作用。

在第二圣殿时期，犹地亚（又称"耶路撒冷山地"，笼统指犹太人控制的地区）作为在波斯帝国统治下的一个小省份，度过了平静的岁月。波斯帝国的宽松政策，使他们保持了相对的自治权，民族意识与宗教思想都有很大的发展，尤其是在巴比伦犹太社团的帮助下，他们的宗教律法体系初步形成。

当犹太人还在波斯王朝的统治下过着平静生活的时候，年轻气盛的马其顿国王亚历山大按照他父亲腓力二世所设想的蓝图，开始了他席卷亚欧大陆的东征活动。公元前331年，亚历山大占领波斯，建立起地跨欧亚非三洲的亚历山大帝国。公元前323年，在巴比伦的一场盛宴之后，亚历山大大帝突然病倒。10天后，这位年仅33岁的铁腕人物结束了他的生命历程。虽然亚历山大帝国存在的时间很短，但通过前所未有的东征活动为近东与地中海地区埋下了希腊文明的因子，拉开了"希腊化时期"的序幕。

亚历山大大帝攻进第二圣殿

亚历山大死后,他的帝国被3位将军瓜分,安条克·古纳塔斯建立了安条克王朝,控制了希腊—马其顿本土;塞琉古·尼卡托建立了塞琉古王朝,控制了叙利亚等地;托勒密·索特建立了以亚历山大里亚城为中心的托勒密王朝,占领了埃及等地。

托勒密王朝统治巴勒斯坦时期,承袭了波斯帝国的宗教宽容政策,给犹太人以较大的文化自主权,从而使他们获得了充分的自由。在这时,犹太世界与非犹太世界有了广泛的接触,相互之间产生了深刻的影响,尤其是希腊文化对犹太文化产生了巨大的冲击力,希腊的语言、哲学、宗教、文学及风俗习惯已渗透到犹太人的日常生活之中,巴勒斯坦的犹太社会明显地分裂为两大阵营——亲希腊派与反希腊派，前者多为受过教育的社会上层与知识分子，后者多为坚守古老宗教传统的下层民众。

希腊化时期，托勒密王朝的首都亚历山大里亚城成为各种文化交融汇合之所。希伯来文明和希腊文明在这里相汇，碰撞出了激烈的火花，对古代哲学和基督教的发展产生了重要影响。

散居的犹太人，无法回避希腊思想的侵袭，希腊语成了他们的主要语言之一。在犹太文化史上，亚历山大里亚城最为引人注目的成就是完成了《七十子希腊译本》*的翻译。据说，托勒密王朝建了一个伟大的图书馆，号称要囊括天下的图书，于是国王派人拿着金子、宝石与信件，送给耶路撒冷的大祭司以利亚撒，希望他选派通晓律法、精通翻译的贤人到亚历山大里亚去，其任务是将犹太人的《托拉》翻译成希腊文，存放在图书馆里。于是，以利亚撒从各部落中精心挑选出72位贤人前往。据说他们两人一组，经过72天的努力，顺利完成了任务。

《七十子希腊译本》虽然在今天看来并非是十分完善的译本，但它却发挥了任何《圣经》版本都无法比拟的作用，它是希腊人了解早期希伯来思想的桥梁与工具，也是希伯来文化跨越民族界限影响西方世界的关键一步。后人常把希伯来文化与希腊文化比作现代西方文化的两大源头，而《七十子希腊译本》则是"两希"文化交汇的源头。早期基督教就是借助《七十子希腊译本》向希腊世界传播教义的。正如阿巴·埃班所说，希腊文本的《圣经》在基督教历史上是一件划时代的事情，如果没有《七十子希腊译本》，早期的

---

* 继《托拉》之后，《希伯来圣经》全书在之后的一段时间内陆续翻译成希腊文，被称之为《七十子希腊译本》。

基督教传教士就没有办法使讲希腊语的异教徒皈依，那么基督教就不会成为世界性宗教。

塞琉古王朝与托勒密王朝之间的战争打断了巴勒斯坦犹太人的安定生活，塞琉古国王想从托勒密王朝手中夺得对巴勒斯坦的控制权，经过反复较量，公元前198年巴勒斯坦易主。

塞琉古国王安条克四世是一个狂热的希腊文化推行者。他派人拆除了耶路撒冷城墙，抢劫了圣殿中的财物，并在圣殿附近驻扎了军队。圣殿里挤满了一群群希腊士兵和他们的情妇。为了削弱巴勒斯坦犹太人的凝聚力，安条克四世大力推行希腊习俗，把圣殿用来改拜希腊神，为了羞辱犹太人，猪肉被搬上了祭坛，国王还命令销毁《托拉》，凡是私藏经书者将遭受处罚，甚至处死，禁止犹太人行割礼、守安息日。

犹太人的起义终因宗教原因而爆发。公元前167年，塞琉古王朝的一名军官带着士兵来到耶路撒冷附近一个名叫摩丁的小村庄里，他们的任务是迫使犹太人打破自己的宗教戒律，用猪肉祭拜宙斯。当地的犹太人被聚集在一起，军官对犹太祭司马塔蒂亚说：

> 你是一位领袖，在这座城里，你很伟大，受人尊敬，又有儿子和兄弟的支持。来吧，带个头，按照过往的要求，祭拜宙斯吧，就像所有的非犹太人、所有的犹太王国的人们、所有留在耶路撒冷的人们那样。然后，你和你的儿子就可以成为塞琉古王国的朋友，得到金银珠宝，享受荣华富贵。

祭司马塔蒂亚答道：

> 我们不会随风左右摇摆,更不会背离我们的宗教而服从国王的命令。

马塔蒂亚带领他的5个儿子犹大、西门、约哈南、伊利阿撒尔、约拿单及众人赶走了军队,走上了武装起义的道路。马塔蒂亚号召犹太人参加斗争,呼吁:"所有热爱犹太律法、忠于《希伯来圣经》的人,跟我来呀!"很快就有许多坚信犹太教的民众团结在他的周围。公元前166年,马塔蒂亚不幸去世,其子犹大(绰号"马卡比",意为"挥锤者")继续领导起义,史称"马卡比起义"。

在斗争的关键时刻,一些犹太士兵对前景感到忧虑和渺茫,为了鼓舞士气,马卡比讲道:

> 进犯我们的敌人非常强大,他们要掠夺我们的财产,杀害我们的妻子和子女。我们是在为捍卫自己的生命与神圣的宗教而战斗!当我们发起进攻的时候,全能的上帝就会粉碎我们的敌人,因此用不着害怕他们。

深受鼓舞的士兵在马卡比的带领下,对敌军发起猛攻,他们利用有利地形,开展游击战争,多次重创安条克的军队。公元前164年,马卡比在控制了犹大地区之后,收复了耶路撒冷,清洁了圣殿,消除异教痕迹,重建犹太圣坛。"犹太人弯腰躬背,顶礼膜拜,赞美上帝赐给他们的胜利。"

犹太起义者将圣殿打扫得干干净净,恢复圣殿的神圣,庆祝活动持续了八天,这就是犹太传统节日——净殿节的来历。净殿节也被称为光明节、烛光节,在这一节日,犹太人会点燃"九枝灯台",

马卡比起义的场景

九枝灯台：马卡比精神的象征

其中一枝较高，先将其点燃，以供点燃其他灯盏，八盏灯依次点燃，到第八日时全部点燃完毕。"九枝灯台"是净殿节的圣物，也逐渐成为马卡比精神的象征，以色列建国后为弘扬"民族团结，共御外敌"的精神，经常在公共场所点燃"九枝灯台"。

公元前160年马卡比战死疆场，他的兄弟约拿单与西门继续领导抵抗运动，经过曲折与反复的抗争，终于建立了以耶路撒冷为中心的哈斯蒙尼王朝（前142—前63），又称马卡比王国。在希伯来王国灭亡之后，犹太民族又出现了一个短暂的中兴时期。哈斯蒙尼王朝艰难周旋于大国势力之间，并重修耶路撒冷城墙，建筑坚固的瞭望塔，重修了圣殿山，还修建了通向耶路撒冷的引水渠。

希腊化时期是犹太历史上非常重要的一个时期，一方面，马卡比起义掀开了第二圣殿时期犹太英雄主义史册的第一页；另一方面，希腊化时期为犹太文化的发展提供了一个新的平台。希腊帝国的巨大版图，加强了不同群体与文化间的交往，造就了一种包含多种因子的世界性文化，促进了文化的大交流、大发展，特别是哲学与神

希腊化—哈斯蒙尼时期的赤陶油灯

学取得了令人瞩目的成就。这一时期犹太教被各种思潮所影响,并产生了具有特色的犹太哲学。希腊化时期涌现出一些融合犹太文化与希腊文化的思想家,亚历山大里亚城的斐洛(前20—40)是两种文化的集大成者。斐洛在犹太一神教与希腊哲学之间建立起一座桥梁,用"逻各斯"思想将这两种文化结合在了一起。斐洛的思想被基督教学者广泛借鉴,为基督教在希腊化时代兴起、传播起到了积极的作用,因而斐洛被尊为早期基督教思想的奠基人之一。

"马萨达精神"

在希腊逐渐没落的同时,罗马在短期之内发展成为一个世界性帝国,逐渐将地中海变为自己的内湖。公元前63年,罗马统帅庞培率军兵临耶路撒冷城下,3个月后攻下了这座城市,并进行了血腥的屠杀,上千名犹太人被处死,一部分犹太人被俘虏到罗马沦为奴隶。

为了便于控制,罗马人任命哈斯蒙尼家族的赫尔卡诺斯(前63—前40)主持巴勒斯坦的事务。赫尔卡诺斯只是一个傀儡王,实际权力操纵在老臣安提帕特的手中。公元前40年,安提帕特的儿子希律被任命为犹地亚地区的王,希律与哈斯蒙尼家族争夺权力的斗争延续到公元前37年,最终以希律的胜利而告终。希律凶狠残暴,虽然与哈斯蒙尼家族的公主联姻,成为王室成员与合法继承人,但他仍然把哈斯蒙尼家族视作敌人。在确定王位之后,希律因担心王室背叛他,杀死了大祭司以及许多王室成员,包括他的岳母、妻子及两个亲生儿子。罗马皇帝奥古斯都曾说过这样一句话——"宁愿做希律的猪,也不做希律的儿子",希律的残忍由此可见一斑。

　　尽管希律残暴成性、独裁专横,但他在位30多年却政绩斐然。希律扩大了马卡比王国的领土,占领了一些沿海城市、戈兰高地以及南叙利亚的一些乡村。他在北部地区还建立了新的城市,模仿希腊人的风格,在城市中修建了极其豪华的建筑。希律还对耶路撒冷的发展做出了重大贡献,他重修了圣殿山和圣殿,扩大了耶路撒冷的范围,增修了第二城墙,并为自己建立了一座以金子与宝石装饰的宫殿。这些工程进一步巩固了耶路撒冷政治、经济与宗教中心的地位。当时曾流行一种说法:上苍赋予世界十分美,而耶路撒冷独占九分。

　　希律时代的圣经学院汇集了许多著名贤哲,希勒尔就是一位影响深远的代表人物。关于希勒尔曾经流传着许多故事与传说,拉比[*]作品中把他描绘成最伟大的犹太教首席拉比与哲学家,负责最重要

---

[*] "拉比"意为"老师",原为犹太人对师长的尊称,后指研究《圣经》《塔木德》,负责执行教规、律法及宗教仪式的人。

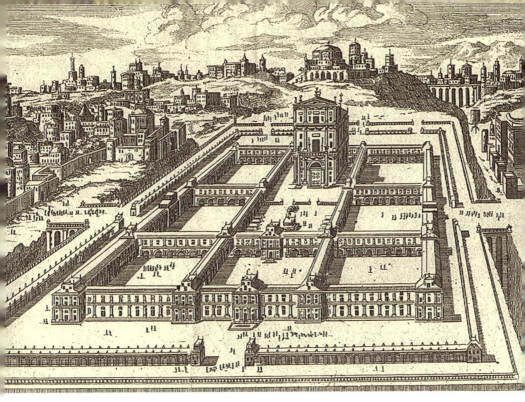

希律王重建后的圣殿

的律法裁决。据说，耶稣的许多言论也借鉴自希勒尔之口。

《塔木德》上讲了这样一个故事：有一天，一位异教徒来到希勒尔面前，带有挑衅性地要求希勒尔在他单脚站立的时间里把《托拉》的真谛告诉他。希勒尔这样回答道："有害于己的，勿施于同胞，这就是《托拉》的真谛，其余的皆为评注，去研读吧。""有害于己的，勿施于同胞"，以极其简洁的言辞阐明了犹太思想的精髓，希勒尔的名言与中国儒家学说崇尚的"己所不欲，勿施于人"的伦理信条不谋而合、如出一辙。

公元前4年，希律死后，罗马废除了犹地亚的君主政体，使之成为罗马统治下的一个行省，由总督主持政务。为了降低耶路撒冷的政治地位，罗马人把总督府设在地中海沿岸的恺撒利亚。尽管罗马方面为了节制总督的权势与贪欲,从不让他们的任期过长,但总督们还是极尽敲诈勒索之能事,他们比国王更为苛刻,一边极力搜刮民财,中饱私囊;一边严格推行罗马帝国的宗教歧视与压迫政策。犹太人中的一些上层人物为了自己的利益,与罗马统治者狼狈为奸,普通民众因此承受着罗马帝国和民族败类——部分祭司、贵族的双重压迫,矛盾逐渐升级,暴力冲突一触即发,终于酿成了反罗马的大起义,史称罗马—犹太战争。

犹太起义军很快就消灭了耶路撒冷的罗马军队,收复了一些城池。为了镇压犹太人的反抗,罗马皇帝尼禄派出最有才干的军事将领——韦斯巴芗担任统帅,出动了约6万人的装备精良的帝国军团。韦斯巴芗采取了由北向南的进攻路线,战争首先在加利利爆发,在该地区担当抵抗重任的犹太将领是提图斯·弗拉维奥·约瑟福斯,由于敌我力量悬殊,犹太人在战争一开始就处于极为不利的地位。韦斯巴芗封锁城市,固守工事,使四面被围的起义者由于缺乏武器和粮食而无力进行反击。

加利利的抵抗运动很快就失败了,约瑟福斯等一小部分人躲进山洞。大家决定用自杀的方式向敌人展示他们的尊严和骨气,通过抽签的方式决定谁先谁后,最终就剩下了约瑟福斯和另一个人。这时,约瑟福斯成功地说服了他放下武器,两人向罗马投降。后来,数学上有一个著名的命题即约瑟福斯问题,一些人围成一圈,隔一人杀一人,最后剩一个人能活,问这个人站在什么位置能活下来。投降后的约瑟福斯承受着巨大的精神压力,被苟且偷生的耻辱感所笼罩,或许是为了救赎自己,他历经多年写成了《犹太古史》和《犹太战争》,成为罗马时期著名的历史学家。

势如破竹的韦斯巴芗很快就兵临耶路撒冷城下。此时,罗马发生了动乱,尼禄皇帝被杀,掌握重兵的韦斯巴芗趁机登上了皇帝宝座。公元69年,韦斯巴芗的儿子提图斯在其父称帝后,接过了围攻耶路撒冷的任务。为了保住耶路撒冷,犹太人进行了英勇的反抗,最终由于武器、粮食紧缺,起义者失去了战斗力。公元70年,提图斯率兵攻入耶路撒冷,并放火焚毁了第二圣殿。约瑟福斯在他的《犹太战争》中做了这样的记述:

> 当圣殿仍在燃烧的时候,他们开始抢劫能够到手的一切物品,然后便大肆屠杀身边所有的犹太人,没有任何怜悯之心,无论年长年幼、无论地位尊卑、无论是平民百姓还是祭司,无人幸免。这场战争卷入了各种各样的人,结果导致了毁灭,那些乞求活命的人也是同样的下场……圣殿位于小山上,因为火势凶猛,好像整座城市都在燃烧,人们想象不出比这更巨大、更可怕的声音:胜利者的喊杀声、反叛者的号啕声混杂在一起,横七竖八的尸体覆盖了地面,罗马士兵必须越过尸体去追赶逃命的人群……

圣殿被毁以后,罗马军队继续追杀起义者,并很快占领了整个耶路撒冷,他们为自己的成就而骄傲。为了庆祝胜利,罗马人把自己的军旗插在城墙上,罗马士兵拥入街区,展开了疯狂的屠杀,杀死能见到的任何人,并烧毁住宅,烧死躲藏在里边的人。耶路撒冷血流成河,被淹没在火海之中,被钉死在十字架上的起义者不计其数,耶路撒冷出现了"无处不立十字架,无十字架不钉人"的惨状。

耶路撒冷陷落以后,一部分犹太起义者退守马萨达。马萨达位于死海西边的一座花岗岩山上,周围峡谷环绕,四面陡峭,东面的

约瑟福斯向罗马人投降

描述罗马征服耶路撒冷的浮雕

悬崖高达 400 余米,西面最低处也有 100 余米。马萨达顶部呈菱形,南北长约 600 米,东西宽约 300 米。山顶建有城堡,只有两条狭窄的小路通往堡垒。堡垒最初是由大祭司约拿单修建的,后来成了历代统治者的行宫,希律在要塞顶部修建了高墙、哨所、宫殿与蓄水池。马萨达是犹太人控制的最后一个据点,堡垒中有足够的粮食与物资供应。据记载,当时固守马萨达的起义者有 900 多人(包括一些妇女和儿童),而围攻要塞的罗马人达万人之多,在山下设立了 8 个兵营。罗马军队白天进攻,晚上则严加防守,不让犹太人逃走。犹太人在失去外援的情况下,击退了罗马人的一次次进攻。在要塞上面的围墙已经坍塌、罗马人即将攻入之际,英勇的起义者宁愿自杀也不甘沦为奴隶。起义领袖以利亚撒·本·亚尔决定带领起义者集体自杀,他先把最勇敢的战士召集起来,发表了震撼人心的演说:

勇敢的朋友们，我们就下决心，决不做罗马人的奴隶，除了人类真正的主宰上帝之外，我们不屈从于任何人！现在，把这一决心付诸行动的时刻到了，我们不能在这个时候因为自食其言而玷污了我们的英名。……我们是最先起来反抗罗马的，也是坚持到最后一刻的人。感谢上帝给了我们这个机会，当我们从容就义时，我们是自由人……明天拂晓，我们的抵抗将终止，不论敌人多么希望把我们生俘，但是他们没有办法阻止我们自由地选择与相爱的人一起去死。可惜！我们没有能打败他们。让我们的妻子不受蹂躏而死，孩子们不做奴隶而死吧……让我们把所有财物连同城堡一起烧毁，但是要留下各种供应，要告诉敌人：我们选择死并不是由于缺粮，而是自始至终，我们宁可为自由而死，不作奴隶而生……不要让罗马人为他们的胜利而欢乐，要让他们为我们勇敢的行为而震惊！

接着，壮烈的自杀行动开始了，每家的男子先杀死自己的妻子和儿女，再通过抽签的方式留下 10 名男子将其他男子杀死，最后一位在杀死其他 9 名男子之后，放火烧毁他们曾经战斗过的城堡，然后自杀。这一天是公元 73 年 4 月 15 日，即逾越节的前一天。当时只有两位妇女和 5 个孩子躲在地下水道里得以逃生。

第二天早晨，当罗马人攻上来时，可怕的寂静笼罩着整个要塞，罗马人大声喊叫，但并没有回应。过了一会，两位妇女走了出来，把这里所发生的一切描述给了罗马人，其中一位还清晰地复述出了以利亚撒·本·亚尔的演讲。当罗马人看到大批尸体的时候，他们相信了这一事实，他们不再欢呼，而是对死者充满了敬意。约瑟福斯把这震撼人心的一幕记在了他的《犹太战争》一书中，后人才得以了解马萨达战士的悲壮事迹。

从此以后，马萨达即成为宁死不屈、反抗强敌的象征。犹太起义者所表现出的那种追求自由、捍卫正义、英勇无畏、视死如归的精神，被称为"马萨达精神"。以色列建国后，还在马萨达城堡遗址上修建了马萨达国家公园，使之成为对国民进行传统教育的绝佳课堂。在以色列建国后的一段时期，马萨达城堡成为以色列军人入伍宣誓的场所，他们庄严宣誓——"马萨达永不再陷落！"为纪念马萨达威武不屈的精神，以色列的部分武器也以"马萨达"来命名。2001年，马萨达遗址被联合国教科文组织认定为世界文化遗产。

马萨达抵抗失败之后，犹太人对罗马帝国的怨恨与日俱增，斗争的决心也越来越坚定，时隔不久，更大规模的反罗马起义再度发生。哈德良皇帝执政时期（117—138），继续采取宗教压迫政策，如禁止犹太人行割礼，不许他们守安息日，处死收藏《托拉》的人等。这些行为极大地伤害了犹太人的宗教与民族感情，成为公元132—135年大起义的导火线。

这次起义的领导者是巴尔·科赫巴（意为"星辰之子"），起义爆发之初，有许许多多的志愿者前来追随，并成功地夺回了耶路撒冷，几乎把罗马人赶出了整个犹地亚地区。起义者还发行了铸有"拯救锡安""为了以色列的自由"等字样的钱币。

起义军势力的壮大，让哈德良感到恐慌，他从欧洲调集了7个军团的兵力，准备发起最后的进攻。公元134年夏天，在罗马军团凶猛的攻击下，耶路撒冷再度陷落。巴尔·科赫巴率领部队转移到耶路撒冷东南的贝塔尔要塞。不久，要塞陷落，敌人大批涌入，展开了大屠杀，巴尔·科赫巴壮烈牺牲。

马萨达鸟瞰

剩下的起义军退居到穆拉巴特河谷，困守在一个洞穴里，他们修好蓄水池，坚守防御工事，并在夜间成功地偷袭了罗马军营。由于坡高陡滑、易守难攻，罗马军队不得不改变策略，切断了起义军的水源，封锁了通往山上的通道，企图将起义者围困致死。大约在公元135年8月，起义者占据的山洞被罗马人攻陷了，罗马人进行了血腥的报复，"小孩们是用他们学习的课本——纸草抄本——围起来活活烧死的"。

残忍的罗马统治者为了从精神上彻底摧毁犹太人，以消除他们的抵抗意志，实行了惨无人道的焦土政策。据记载：当时有985个村庄遭到毁灭，50多个城镇化为焦土，58万百姓遭杀害。在犹太人的几次反罗马的斗争中，大约共有100多万人被杀，有几十万人被俘虏到罗马做奴隶或角斗士，大部分犹太人被驱逐出巴勒斯坦。

为了彻底毁灭犹太人的希望，哈德良皇帝下令摧毁所有的建筑，把耶路撒冷夷为平地，在城中扶犁翻耕。圣殿山的废墟上被撒满了盐，罗马人严加防守，不准犹太人前往祈祷。当年辉煌绝伦的圣殿所留下的唯一遗迹就是一堵西外墙，犹太人称之为"西墙"。哈德良严禁民众信仰犹太教，凡守安息日、割礼、授予拉比职位或者接受拉比头衔的人都要被处死。然而，仍有许多犹太人蔑视罗马皇帝的禁教令，心甘情愿地做犹太教的殉道者，许多有关犹太圣徒的传说由此产生。如关于"十圣贤的殉道"如今已成为赎罪日祈祷文的主要内容之一：

恐怖的国王
命令将这十个圣贤残酷地杀死，
啊！我年复一年，始终看到他们；

巴尔·科赫巴起义遗留的物品

巴尔·科赫巴书信残片

他们超越时代,他们走着,
他们不朽的灵魂渴望为上帝奉献。
两个最伟大的犹太人被带了上来,
大祭司伊斯梅尔和以色列王子
拉本·西蒙·本·格姆利尔,
他们将被杀死;
王子恳求道:"先杀死我吧,
以免我看到辅佐上帝的他被杀……"

巴尔·科赫巴起义失败之后,尽管巴勒斯坦的加利利等地区仍有一些犹太人居住,但犹太人作为一个民族定居在巴勒斯坦的历史已宣告结束,从此犹太历史进入了"大流散"时期。巴尔·科赫巴

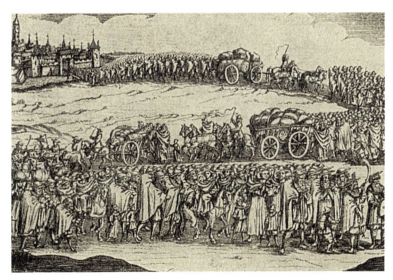

巴尔·科赫巴起义失败后,犹太人被罗马帝国当局驱逐,开始流散到世界各地(1670)

起义失败之后的几个世纪中，犹太历史上再也没有出现过能与第二圣殿时期相媲美的英雄人物，但这并不意味着犹太人已放弃了抗争而甘愿听从命运的摆布。面对着敌意多于友情的生存环境，犹太人的抗争首先体现于千方百计地抵御外界的诱惑，维护本民族的历史、宗教及文化传统。犹太教作为一种民族宗教已成为犹太人团结统一的象征和文化精神的支柱。愈是面临灭亡的威胁，犹太人愈是坚持民族的传统，犹太教是他们共同的财富。即使在中世纪，犹太英雄主义精神也并没有丧失，在经历外部势力疯狂的迫害之后仍能存活下来这一事实本身，就极大地证明了犹太人的意志和勇气。

第二章

世界性大流散

命运带给他们的长期压迫使犹太人成为一个英勇的民族、一个精明的民族、一个成功的民族。

——杰克·罗森
《犹太成功的秘密》

从公元 135 年开始，犹太历史进入了大流散时期。形形色色的反犹主义与基督教欧洲的排异性，一次次重创了犹太民族，经济上的压力、政治上的无助、文化上的迷惑，使犹太人沦为了典型的"边际性客民"。然而，来自主流社会的种种压迫反而强化了犹太人的民族意识，他们不断地在异质文化的夹缝中升华自我价值、塑造群体认同，并以其卓越的贡献在人类思想文化舞台上留下了闪亮的印记。因此，长达 1800 多年的犹太散居史既是一部充满歧视与迫害的血泪斑斑的苦难史，也是犹太人为维护生存权、信仰权的可歌可泣的抗争史，更是犹太民族走向世界舞台、融入现代化大潮的色彩斑斓的发展史。

拉比犹太教的由来

在人类文明的发展模式中，犹太文明独树一帜，特色鲜明。"（犹太民族之外）没有哪个民族能在几千年的流亡中如此顽强地维护自己民族和宗教的特性，从中汲取力量并重新站起来。"民族的共同地域空间消失后，处于散居状态下的犹太人依靠共同的精神生活维护着民族特性。犹太教是维系犹太人民族特性的精神纽带，处于散居状态之中的犹太人之所以创造了"流而不散、散而不亡"的历史神话，正是因为犹太教所树立的文化藩篱有效抵御了来自外部世界的种种冲击。宗教传统对犹太人至关重要，遵守圣典与律法是犹太人保持民族特性的原动力。正如阿巴·埃班所说：

> 他们（犹太人）被驱散到世界各个角落，没有自己的政治故乡，然而他们却生存下来了。他们继承了自己珍贵的文化和宗教遗产，即使在异乡的居住地他们也是一个精神共同体。这个共同体追求共同目标，虽然没有主权仍能屹立于世界。犹太人不是忠于某个世俗统治者，而是忠于一个理想、一种生活方式、一部圣书。

犹太教的发展变化与犹太民族的历史遭遇息息相关，透过早期犹太人多彩斑驳的历史画面，我们可以清晰地看出犹太宗教、民族与历史三者之间的互动关系。按照犹太传统，犹太教成型于摩西时期，摩西十诫及律法的制定是犹太教信仰体系形成的重要标志。公元前586年，第一圣殿被毁，犹太教的传承方式、崇拜场所发生了改变，犹太会堂应运而生。犹太人聚集在会堂里，通过学习律法、祈祷等方式来缅怀先祖，凝聚人心。公元前538年，居鲁士占领巴比伦后，宣布释放被掳的犹太人，犹太人得以重建圣殿，史称第二圣殿。在这一时期，以以斯拉为代表的祭司阶层将《托拉》等经书编撰成册并固定下来，树立律法的权威，强化了以宗教为主体的民族意识，祭司阶层的权力逐步增大。哈斯蒙尼王朝时期，战争与贫困使社会各阶层的矛盾凸显，生存危机、信仰危机等困扰着犹太人，再加上受强势的希腊文化的影响，犹太教内部发生了分化，形成了几大派别：以祭司、贵族等上层人士为主的撒都该派；以知识分子为主的法利赛派；以农民等贫困阶层为主的艾赛尼派。

撒都该派掌控着圣殿和王国的宗教大权，享有较高的地位，在对待宗教传统的态度上比较保守，主张严格遵循《托拉》本意行事，反对离经叛道。由于撒都该派的保守色彩，使其无法解决新形势下的宗教及社会所面临的突出难题。法利赛派以文士为主，主张从深层次解释《托拉》，而不是仅从字面意思来理解，倡导文化革新，不拘泥于传统，反对撒都该派所主张的圣殿才是唯一的崇拜场所。作为新形势下的改革派，法利赛派的影响力逐渐增强，支持者也越来越多。艾赛尼派来自社会底层，该派别的悲观色彩凝重，主张脱离喧哗、清贫修行，严格遵守律法传统，社会影响力较小。

公元66年，巴勒斯坦爆发了反罗马的大起义，面对强大的罗马军团，耶路撒冷城内的犹太起义者也发生了分化，形成了主战派和主和派。著名的鸽派领袖约哈南·本·撒凯认为，耶路撒冷很快就会被攻破，但即使国家灭亡了，犹太人只要保留文化传统就能凝聚在一起。约哈南心生妙计，他假装生病，随后让人散布其得病身亡的消息。于是有了如下故事：

> 约哈南的弟子们将他装进棺材里面，并将棺材运出城去。围困耶路撒冷的罗马守军要求开棺验尸，约哈南的弟子们纷纷求情，问道：
> "如果罗马的皇帝死了，你们也要以刀验尸吗？我们完全没有武装，又能做出什么危害帝国的事呢？"
> 最终送葬队伍躲过了守军的检查。约哈南认为他的逃离并不能拯救危在旦夕的犹太民族，他决定去见韦斯巴芗并和他谈判。约哈南见到韦斯巴芗后说道：
> "我对您和罗马皇帝怀有同样的敬意。"

韦斯巴芗十分不解,以为这是约哈南在故意羞辱他。约哈南解释道:

"您将很快成为罗马的皇帝,请相信我。"

韦斯巴芗很快就明白了约哈南的意思,并对他说:

"如要预言成真,你要什么回报?"

"只要能给我一个学校,能容纳十多个拉比,并永远不要破坏。"

韦斯巴芗表示同意。

不久,罗马帝国发生了动乱,尼禄皇帝被杀。通过一系列的权力斗争,韦斯巴芗登上了皇帝宝座,他也兑现了对约哈南的承诺,允许犹太人在雅布内建立一所宗教学院。这所学院聚集了许多有学识的宗教人士,成了犹太人的精神王国,为犹太教及犹太文明的存续留下了火种。

公元 70 年,圣城耶路撒冷被罗马攻陷,为彻底摧毁犹太人的民族精神与抵抗意志,罗马军队焚毁了第二圣殿。圣殿被毁,一方面导致犹太人的崇拜场所发生了改变;另一方面也沉重打击了祭司阶层,破坏了其赖以存在的物质基础,为文士阶层的发展扫清了障碍。在国家实体灭亡及圣殿被毁致使犹太民族生存危机凸显的历史时期,一大批以法利赛派为主的文士们深刻地认识到,唯有强化宗教信仰才能保持民族的凝聚力与同一性,从而避免被同化和灭亡的命运。他们聚集在雅布内学院里,将流传于世的宗教经书汇编成册,并最终完成了《希伯来圣经》全书的正典化过程,即制定出了《希伯来圣经》汇编的标准与规范,并最终圣化这些经卷,规定任何人不得增删、修改。

公元 70 年被毁的第二圣殿复原图

《希伯来圣经》正典化的完成，使犹太人成功地实现了从圣殿崇拜到圣书崇拜的转型，成为真正意义上的"圣书之民"。在犹太民族共同的地域空间消失后，分布在世界各地的犹太人在《希伯来圣经》文化藩篱的保护下坚守着民族的特性，在时常出现的迫害与苦难面前展现出巨大的勇气与韧性。宗教人士声称，犹太民族遭遇的一切灾难都是因为背弃上帝的律法所造成的，犹太人只有深刻地反省自身的错误，认真地赎罪并学习《托拉》，当他们的诚心感动上帝的时候，上帝就会派弥赛亚（救世主）来拯救他们。犹太教依靠其影响力，将这些价值观念牢固地植入到了民众思想之中。"《希伯来圣经》既为流亡的犹太民族提供了文化藩篱和虚构的最高领袖，又为他们提供了应付日常具体环境的技能的文化百科全书。"因此，对《希伯来圣经》的正典化完成及法利赛派文士地位的确立，有些学者称之为是"雅布内革命"。

在《希伯来圣经》正典化完成后，宗教人士便立刻着手编撰《塔木德》。按照犹太传统，上帝在西奈山上共颁给摩西两套律法：一套是成文律法，另一套是口传律法。成文律法即是《托拉》，它规范了犹太人生活的方方面面，但《托拉》所记载的内容言简意赅，对很多情况并没有完全解释清楚，例如律法规定每七天中有一天为安息日，犹太人应当守安息日，在这天不从事劳作，但律法并没有过多地解释安息日当天的习俗、礼仪与禁忌，如果当安息日与其他宗教节日是同一天的时候应该遵守什么习俗？同时，《托拉》正典化于公元前444年前后完成，有些律法是否适应当前社会，是否需要调整或增加新的内容，这些情况，都需要宗教人士对律法进行重新审视，对律法发展提供新的解释，以适应新形势的需求。

因此，为更好地教育民众，宗教人士决定将流行于世的口传律法汇编成书，作为对《托拉》的补充，它从各个方面尽最大可能地对律法进行分析阐释，这些口传律法被汇编成《塔木德》。《塔木德》也被称为是"口传托拉"，详细地规范了一个真正的犹太人必须做什么和不能做什么。

在《塔木德》编撰的过程中，出现了"拉比"这一职务。"拉比"本意是"老师"，指钻研并精通《托拉》的人，主要以法利赛派为主。拉比给自己编撰《塔木德》所定的标准是：

> "慎于判断；广树门生；设屏障以护《托拉》。""慎于判断"指的是对需要裁决的问题要谨慎，不盲目作决定。"广树

16 世纪早期的《塔木德》

门生"指的是要将《托拉》精神传播给更多的犹太人,并延续后世。"设屏障以护《托拉》"指,一方面要以《托拉》为核心,不违背《托拉》;另一方面延伸扩展《托拉》精神,制定出更加详细的条例,维护律法的神圣性。

《塔木德》分为《密释纳》和《革马拉》两部分,编撰于公元1世纪至5世纪,历时400年左右,主要是对《托拉》律法进行评注与阐释,涉及农事、赐福、祈祷、节日、庆典、婚姻、民事、刑事、赔偿、继承等方面的内容。《塔木德》被视为是犹太人的第二法典。

《塔木德》被称为是"犹太人的生活伴侣",它不仅是一部法典，更是一种文化传统，它规范了犹太人生活的方方面面。每个守教的犹太人都会在拉比的带领下学习《塔木德》，通过它来了解上帝、认识世界，并通过自己的忏悔来得到上帝的宽恕与恩泽。著名的拉比施坦泽兹曾说："如果说《希伯来圣经》是犹太教的基石，那么《塔木德》则是耸立在这座基石上支撑犹太教的中心支柱。"《塔木德》更是一部"智慧宝典"。《塔木德》行文风趣、简洁，收录了约2000名贤哲达士的言论，着力于讨论事情的多种可能性。《塔木德》收入了很多有争论的案例，各方据理力争，引经据典，互不相让，编撰者将多种有依据的结论都一一列举，让读者自己去思考评价。"每一场讨论都是各抒己见，众说纷纭，歧义迭出，但又毫不专断。每一页都在寻找矛盾，期盼读者的自由、创新和胆识。"这就凸显了《塔木德》的思辨性与开放性，它并不是一本枯燥呆板、充满说教的律法书，培养了犹太人善于思考、不迷信权威的民族精神气质，因此被誉为是犹太人的智慧之书。

《塔木德》的编撰完成标志着拉比犹太教的确立，犹太教也完成了从经典犹太教向拉比犹太教的过渡，奠定了拉比犹太教长达千年的辉煌历史。当圣殿被毁，犹太人向世界各地分散的时候，犹太人内部的凝聚力却逐渐加强，处于分散状态中的他们组建了很多社团，社团独立于散居地主体民族之外，外部环境的排异性迫使犹太人向社团内部聚集。社团内部生活带着强烈的宗教色彩，几乎每个犹太人都是犹太教徒，每周都要去会堂参加宗教活动。拉比掌管会堂，成为社团的宗教领袖和领导者，负责讲解宗教律法，执行宗教仪式、诉讼裁决等工作，具有较高的权威。

犹太人的历史是一部流散的历史，所以犹太民族身份的界定贯穿于犹太人生活之中。犹太人的散居是相对于民族主体集聚地或民族国家而言的，在分散的状态下为了弥补没有一个共同的民族集聚地所带来的缺陷，拉比在管理犹太社区日常生活过程中，不断地强化犹太教信仰，犹太人必须按照《希伯来圣经》和《塔木德》所规定的律法规范自己，这就促进了犹太民族认同感的强化。"犹太人被融为了一个整体，无论他们在哪里，被分成了多少政治派别，他们都已经无法分开了……他们已经有了区别于他人的明显印记。"

亚伯拉罕的精神遗产

现代学者把世界宗教分为三大体系，即亚伯拉罕系、儒释道体系、婆罗门系。这三大体系代表了世界几大主流文化，几乎覆盖了世界主要人口，对人类历史发展产生了重大影响。亚伯拉罕系三大宗教指的是犹太教、基督教和伊斯兰教，之所以用亚伯拉罕命名，是因为这三大宗教都承认亚伯拉罕的宗教地位，尊奉亚伯拉罕为先知。

犹太教是世界上最古老的一神教，一神教是亚伯拉罕系三大宗教的共有特征。从《圣经》的记载来看，亚伯拉罕与上帝关系的演变开创了一种新的宗教模式，即一神崇拜，之后经过几百年的发展，《托拉》的出现代表着犹太一神教走向了成熟。

基督教被称作是犹太教的女儿。公元1世纪前后，巴勒斯坦地区的政治环境非常恶劣，名义上主持巴勒斯坦事务的哈斯蒙尼家族与希律王争权夺利，再加上外部势力的介入，民不聊生，哀鸿遍野。现实生活的苦难使人们看不到希望，许多人开始将热情与期望寄托到宗教关怀上，期盼救世主尽快降临来拯救他们。在这样的背景下，耶稣应运而生。

耶稣出生于何时，《圣经》中没有确切的记载，后来基督教把耶稣降生的那一年定为公元元年，意为新纪元的开始。耶稣出生于耶路撒冷以南的伯利恒，母亲是玛利亚，父亲是木匠约瑟。相传玛利亚是约瑟的未婚妻，玛利亚因圣灵感孕，神曾托梦给约瑟说：你不要害怕，玛利亚所怀的孕是从圣灵来的，他要将百姓从罪恶中拯救出来。约瑟就迎娶了玛利亚，但没有与她同房，10个月后孩子出生了，起名字叫"耶稣"。

耶稣被称为基督，即救世主，被看做是道成肉身。《圣经》中有许多的例子暗示着耶稣的特殊身份。以赛亚先知曾预言说：神要给我们一个兆头，必有童女怀孕生子，神会差遣他的灵来拯救犹太人。耶稣的出生被视为是以赛亚预言得到了印证。耶稣12岁时，曾随他的父母到圣殿去守逾越节，他进了圣殿后就不愿离开，连回家都忘了。他母亲来找他，并责备他的行为让父母担心，他反问道："为什么找我呢？你们不知道我应在我父亲的家里吗？"

由于在下层社会环境中成长，耶稣心地善良，品德高尚，关心民间疾苦，许多人被他的人格所感化，因此耶稣得到社会多个阶层特别是下层人民的拥护。耶稣宣扬上帝是仁慈的，抨击富人对穷人的压迫，宣传人人平等、死后复生、精神在来世的延续、天国的幸福、天使和恶魔的存在、救世主的降临等理念，劝人悔过自新、弃恶从善。耶稣见解独特、善用比喻、长于辩论，讲解的东西很容易被人理解和接受，除此之外，他还用实际行动改革传统犹太教。

据《圣经·马可福音》记载，耶稣来到耶路撒冷，看到圣殿里乌烟瘴气，到处都是做买卖的人，这与圣殿的神圣性严重不符，于是耶稣就训斥掌管圣殿的祭司长和众人，因此这些人便怀恨在心，想要加害他。耶稣还诅咒伪善的宗教人士必遭上帝的惩罚，他还预

犹大用亲吻来指认耶稣，帮助士兵捉拿他（卡拉瓦乔《犹大之吻》）

言圣殿会再次被拆毁，连一块石头也不会被留下。这些言论遭到了犹太祭司的声讨，尤其是耶稣自称为救世主，这在当时引起巨大的震荡，因为这危害到了祭司集团的主导地位，对犹太神权政治构成了致命威胁。

相传，耶稣在逾越节的晚宴上预言有人会出卖他。于是，耶稣说："我实在地告诉你们，你们中间有一个人要卖我了"。

众人面面相觑，纷纷地问："是我吗？"

耶稣回答道："同我蘸手在盘子里的，就是要卖我的人。"

耶稣所指的人就是犹大。耶稣将饼分开递给他的门徒，说："你们拿着吃，这是我的身体"。

又拿着杯子倒上了葡萄汁，说："你们都喝这个，因为这是我立约的血，为多人流出来，使罪得赦"。

犹太祭司们以"假先知""煽动反叛情绪"等罪名在喀西马尼花园将耶稣抓捕，然后将其送到了罗马总督彼拉多那里。《圣经·马太福音》这样记述了耶稣受审的场景：

彼拉多问道："你是犹太人的王吗？"

耶稣回答："是。"

当彼拉多再问其他问题时，耶稣就闭口不答，以沉默来反击。按照当时的惯例，每到这一天时，就会恩释一个囚犯，当时有一个恶贯满盈的囚犯叫巴拉巴，彼拉多就问众人："你们要我释放哪一个给你们？是巴拉巴还是耶稣？"

彼拉多知道犹太祭司们是对耶稣充满仇恨的，所以他才故意这么问。

犹太长老、祭司们要求释放巴拉巴，彼拉多又问："那耶稣怎么办？"

众人回答道："把他钉在十字架上。"

彼拉多说："流这义人的血，罪不在我，你们承担吧。"

众人回答道："把他的血归到我们和我们的子孙身上。"

彼拉多害怕众人生乱，就下令将耶稣钉死在十字架上。

这一场景是由基督徒撰写并记录在《新约》上的，犹太人从此

耶稣复活后进入耶路撒冷

背上了杀害基督的千古罪名,"流这义人的血,罪不在我","把他的血归到我们和我们的子孙身上"。这一问一答,就构成了犹太人应遭受惩罚的证词,成为犹太人要世世代代背负弑主之罪的根源,也成了后世基督教会迫害犹太人的神学依据,这种"最长久的仇恨"延续了近2000年,一直到20世纪中期才发生了改变。

耶稣死后,信徒们开始宣传他的教义,其中最有名的是保罗,他被称为是"外邦人的使徒"。保罗深受希腊、罗马文化的熏陶,继承了耶稣的思想,把耶稣尊为"律法的化身""救世主弥赛亚""上帝与人类之间的中介"。保罗大力传播耶稣是为替世人赎罪而在十字架上蒙难的。随着基督教的发展,信徒也越来越多,耶路撒冷及西亚地区都建立了教会。保罗对基督教的贡献是巨大的,

保罗像

有人说:"是保罗让耶稣成为了教堂里的基督"。耶稣时期的基督教在本质上依然属于犹太教的一个派别,就如耶稣所说:"我奉差遣,不过是到以色列家迷失的羊那里去"。但在保罗之后,基督教与犹太教的界限更加明晰,成为一个独立的宗教。

保罗曾把犹太教比作橄榄树,把基督教比作嫁接在橄榄树上的野橄榄枝。这句话点明了基督教脱胎于犹太教,又暗示着两者的不同。罗素在其《西方哲学史》中将基督教里最强烈的犹太教色彩归纳为以下几点:第一,接受圣史。基督教接受《希伯来圣经》中所记载的自上帝创世以来的历史;第二,选民观的继承。认为有一部分人是上帝宠爱的对象;第三,律法。都遵从十诫等戒律;第四,弥赛亚和天国。都相信弥赛亚的救世和末日审判,善人将进入天国。

继承从某些方面来看也意味着变革和扬弃。随着时代的发展,基督教与犹太教的差异日渐明显。两种宗教最大的分歧在于是否认同耶稣即是弥赛亚。基督教认为耶稣虽然是血肉之躯,但却是上帝在尘世的化身,耶稣就是弥赛亚,他的肉身被钉在十字架上就是在为世人赎罪,凡是信仰他的人都会蒙恩得救。耶稣的诞生标志着弥赛亚的第一次降临，到世界末日时，弥赛亚还会第二次降临，行末日审判，使义人上天堂，恶人下地狱。基督教还强调，公元70年以后犹太民族的一切苦难，如圣殿被毁、被迫流散等正是由于否定基督的存在而遭受的惩罚。犹太教则彻底否认耶稣的救世主身份，认为弥赛亚的降临是非常遥远的事情，如果耶稣是救世主的话，世界就应该会充满和平与正义。耶稣既然连自己都拯救不了，他怎么去拯救犹太人？在当时的许多犹太人看来，耶稣只是一个凡人，犹太正统派认为耶稣传播的教义就是异端邪说，所以为了纯洁宗教信仰，必须坚决抵制耶稣即是弥赛亚这一理论。

基督教和犹太教在选民观念上也存在着较大的差异。作为世界上最古老的一神教，特选子民的观念一直是犹太神学中极其重要的一部分。据《圣经·申命记》记载："雅卫从地上的万民中拣选你，作自己的子民。雅卫专爱你们，拣选你们，并非你们的人数多于别民，原来你们的人数在万民中是最少的……"上帝的特选子民观念使犹太人带有天生的自豪感，也暗示了犹太民族享有神的特殊恩宠。

基督教并不完全否定犹太人的选民地位，但认为由于犹太人不守承诺、亵渎上帝、违背契约、罪恶累累，已经被上帝剥夺了特选子民的身份，圣殿的被毁和犹太人被迫流散就是最有力的证据。基督教强调上帝与犹太人所立的旧约已经被上帝与基督徒所立的新约所取代，凡是信仰耶稣的人都是上帝的子民，都会得到蒙恩，因此基督教把已广泛流行的《希伯来圣经》称之为《旧约》，把耶稣以后的经典称之为《新约》，代表着上帝与基督徒的约定。为了确保基督教义的完整和达到警示教徒的目的，基督教把《旧约》和《新约》都奉为经典，称之为《圣经》。旧约与新约的界定，表明了特选子民观念的演变。

基督教对犹太教的宗教礼仪也做了大量的改动。基督教在其兴起时就有意冲破犹太教古板且严苛的礼仪。耶稣不顾在安息日不准劳作的禁忌给病人治病；保罗为了方便在希腊语世界传教，放弃了犹太人的割礼及其他饮食禁忌；犹太教把周六作为安息日，用来祭拜上帝，而基督教刻意将周日定为礼拜日，以示区别；基督教还取消了部分犹太教的传统节日如逾越节，发展了复活节等新的节日。

基督教发展迅速，到公元3世纪时，基督徒已经遍布于地中海世界。公元313年，在基督教史上发生了划时代的事件，君士坦丁大帝颁布了著名的《米兰敕令》，承认基督教的合法性，他本人也宣布皈依基督教，从此奠定了基督教在西方世界长达上千年的统治地位。

犹太教不仅孕育了基督教，而且也影响了产生于阿拉伯半岛的伊斯兰教。在公元1世纪前后，许多犹太人迁移到阿拉伯半岛居住，这里出土的墓志铭，是犹太人在阿拉伯半岛存在过的最好证明。犹太人分布于半岛的多个地区，最著名的就是麦地那的犹太部落。麦地那在前伊斯兰时代叫雅特里布，是商路上的一块绿洲，地下水源丰富，战略位置非常重要。在雅特里布居住着三个犹太部落，即奈迪尔、盖努嘎尔及古赖兹，人口约为2万人，他们一面务农一面经商，在当地具有较大的影响力。

在伊斯兰教产生之前，遍布阿拉伯半岛的犹太人已把希伯来神话故事传到了阿拉伯人中，并在他们的思想中注入了一神教、创世、救赎、魔鬼、撒旦等观念。在当时拜物教非常盛行的阿拉伯半岛，犹太教比较独特，具有很大的吸引力，以至于许多土著人改信了犹太教。相传6世纪左右，犹太教在也门地区非常盛行，希木叶尔王朝的国王杜·努瓦斯信仰了犹太教，并给自己起了一个犹太名字——约瑟夫。公元 523 年，杜·努瓦斯袭击了阿拉伯半岛上纳季兰地区的基督徒，要求他们改变信仰，由于基督徒坚决抵制，杜·努瓦斯烧死了许多人，后来有一人死里逃生之后，向拜占庭帝国求救。拜占庭帝国组织基督教势力发起了进攻，公元 525 年，杜·努瓦斯战败，他的国土、都城、妻子、财产全部落入敌人之手，他自己则骑着马冲进了波涛汹涌的大海。

麦加是阿拉伯半岛的一处绿洲，地处交通要道，是一个重要的商业中心。在麦加有一口著名的泉水即渗渗泉，供应当地人和过往行人的饮水，渗渗泉有专人负责管理，被视为当地的一大象征。当时的阿拉伯半岛流行多神崇拜，麦加克尔白天房中供奉着许多神，

麦加克尔白天房

阿拉伯半岛的许多部落都会定期到克尔白天房朝拜,并饮用渗渗泉的泉水,因此麦加的经济与宗教地位十分重要。

在麦加的多神崇拜中逐渐产生了一神教的萌芽,穆罕默德认为安拉是唯一的神,在麦加积极传播独尊安拉的思想,他的行为遭到了当地人的反对,于公元 622 年被逐出了麦加,穆罕默德向北逃到了麦地那。由于麦地那各部落间经常发生冲突,持久的流血战争让双方感到厌恶,穆罕默德正好充当了调停人,并制定出停战和约,在当地获得了很高的声誉。在穆罕默德的组织下,麦地那的部落制定了联合一致对外的盟约,势力越来越壮大,穆罕默德逐渐成为麦地那的领袖。穆罕默德学习、借鉴麦地那犹太人的教义,并不断总结自己的理论,终于形成了完备的体系。公元 630 年,穆罕默德率领麦地那的部落征服了麦加,清除了克尔白天房中的偶像崇拜,宣布麦加为伊斯兰教的中心,克尔白天房是伊斯兰教最神圣的地方。

伊斯兰教在许多方面继承、发展了犹太教的经典。《古兰经》所叙述的传说与故事,与《旧约》内容有许多类似的地方。阿拉伯人被称为是亚伯拉罕的大儿子以实玛利的后代。《古兰经》承认了《圣经》所载自创世以来的历史,沿用了《圣经》中部分重要人物,如亚当(阿丹)、挪亚(努海)、亚伯拉罕(易卜拉欣)、他拉(阿宰尔)、以实玛利(易司玛仪)、以撒(易司哈格)、罗得(鲁脱)、雅各(叶尔弧白)、约瑟(优素夫)、摩西(穆萨)、扫罗(塔鲁特)、大卫(达伍德)、所罗门(苏莱曼)、以利亚(易勒雅斯)、约伯(艾优卜)、约拿(优努斯)等。这反映了伊斯兰教与犹太教的继承关系。

伊斯兰教同样将耶路撒冷视为圣城,因为那曾是先主穆罕默德"夜行登霄"之地。长期以来,在全世界穆斯林中流传着这样一个典故：公元 621 年，穆罕默德受天使的召唤，骑着飞马布拉格一夜之间从麦加的禁寺来到了耶路撒冷的远寺（阿克萨清真寺），这就是著名的"夜行"。到了耶路撒冷后，穆罕默德踩着一个巨大的石板登上了 7 重天。据说，当穆罕默德登上第 6 层天时，看到了摩西在那里哭泣，问其原因，摩西回答说："我之所以哭是因为在我之后的这位年轻先知（即穆罕默德），他的教民进乐园的多于我的教民"。来到第 7 层天时，真主指示穆斯林每天行 50 次礼拜，穆罕默德得到教谕后便离开了。等穆罕默德回到第 6 层天时，摩西问他从真主那里得到了什么启示，穆罕默德如实地回答，摩西便说："教民做不到每日礼拜 50 次，我考验过你以前的人们。我为以色列人花费了许多精力，都无济于事，你应回到真主面前，求减少礼拜次数"。穆罕默德便返回第 7 层天请求真主减少礼拜次数，最终被定为一天 5 次。

穆罕默德飞天所踩的大石头，被称为登霄石，这块石头南北长 17.7 米、东西宽 13.5 米、高约 1.2 米，被穆斯林尊为圣物。为纪念穆罕默德夜行登霄，穆斯林在耶路撒冷建造了岩石圆顶清真寺（又名金顶清真寺），登霄石被置于清真寺圆顶的下方。

伊斯兰教兴起之初，有些穆斯林仍然诵读犹太教经典。伊本·赛阿德在《人物传记》中引述了麦依姆奈的一段话，她说：我父亲每 7 天读一遍《古兰经》，每 6 天读一遍《圣经》，诵读的最后一天，许多人都来听经。我父亲说：诵经结束时，将有天恩降世。伊斯兰教早期，犹太人与穆斯林经常进行争论，都为自己的宗教辩护，伊斯兰古籍中有许多这样的记载。居住在麦地那的古来扎犹太部落的奥斯曾写过这样一首诗：

先知穆罕默德登霄图

> 吾妻邀我奉真主，
> 我请我妻信雅卫；
> 我有摩西的经典，
> 她有穆罕默德的教导；
> 各自都说自己的宗教好，
> 都认为自己找到了正道。

伊斯兰教在教义与习俗上对犹太教有很大的继承性。伊斯兰教与犹太教一样，崇尚绝对意义上的一神教，认为安拉是唯一的真主，凡人不需要通过中间力量就可以接近他、感悟他；伊斯兰教反对偶像崇拜，把偶像崇拜者称为"以物配主者"，他们不能逃避真主的谴责，真主是要凌辱不信道者的；伊斯兰教接受了犹太教的安息日，称之为聚礼日，所不同的是用星期五代替了星期六；伊斯兰教承袭了犹太教割礼这一圣行；穆斯林和犹太人一样有严格的饮食法，例如禁食猪肉和动物的血等。

由此可见，犹太教对穆罕默德一神思想的形成以及伊斯兰教基本教义的建构都产生了很大的影响。当然，犹太教与伊斯兰教之间的分歧也是显而易见的，比如犹太教徒指责穆斯林歪曲《圣经》，而穆斯林则指责犹太人篡改神的本意。

如上所述，犹太教、基督教、伊斯兰教有着天然的渊源，都是闪族生活的产物。在当今世界，这三大宗教的信徒已超过世界总人口的一半以上。

以智慧立天的民族

犹太民族是一个高度崇尚智慧的民族。古希伯来人把智慧解释为：敏锐的观察力、准确的思辨能力、精明的发现或设计能力以及灵巧的发明能力。在《圣经》中有许多关于智慧的内容，散见于《传道书》《诗篇》《以西结书》中的寓言、谜语、警句、格言等，无不反映出以色列人对智慧的赞扬与追求。但是，最能体现以色列人崇智观念的经典当数《箴言》，它积累了以色列人长达几个世纪的生活智慧，以警句及宣谕的方式表达了他们富有哲理与思辨的智慧观。希伯来人的智慧观主要体现为以下几点：

第一，智慧是一个无所不包的广泛概念。在《圣经》中常常把智慧与能力或机敏等同起来，有时把手艺人及音乐家的灵巧也称作智慧。如果说上述智慧属于个体智慧的话，那么《箴言》中则更多地体现出一种社会事物中的智慧（可以理解为群体智慧），它强调的是对所有权的尊重、社会秩序的维持及对美好生活的追求。它劝告人们：勤勉劳作、不断创造方为智慧；克己忍耐、尊重他人方为智慧；听取善言、克服鲁莽方为智慧；尊敬长者、管教子女方为智慧；诚实经商、施舍穷人方为智慧；渴求富裕但不贪婪方为智慧；节制自我、谦卑待人方为智慧；恪守神道而又享受生活方为智慧……

第二，智慧是上帝神性的一种流溢，尊崇智慧即尊崇上帝。犹太人认为，智慧与上帝同在，具有一种神圣的力量。如《所罗门的智慧》中说，智慧"具有非凡的活力，她是上帝之能的一口气，一股来自全能者的纯洁而闪光的荣耀之流……她是无限光明的一个映像，是上帝之活动与善性的一面完美而无缺的镜子"。《圣经后典·便西拉智训》更以精练的语言描述了智慧与上帝的不可分性：

> 博大精深，
> 来自天主，
> 智慧与他，
> 永世相随。
> ……
> 智慧先于万物，
> 知识永世长存。

著名思想家斐洛进一步阐释了《圣经》中的智慧概念，把智慧誉为"上帝的长子""上帝的形象"、神圣的"斟酒者""上帝的主要信使""上帝的最高天使"等。总之，智慧是一种无形的媒介，正是通过它，上帝的活动才显现于世间。可以说，尊崇智慧就是敬奉上帝。

第三，智慧是世间的秩序要素，在万事万物中排于最先序列。这一思想最早反映在《箴言》中，第8章第23—29节说：

> 从亘古、从太初，未有世界以前，我（即智慧）已被立。
> 没有深渊，没有大水的泉源，我已出生。
> 大山未曾奠定，小山未有之先，我已出生。
> 雅卫还没有创造大地和田野，并世上的土质，我已出生。

《箴言》第8章第32—33节说：

> 众子啊！现在要听从我，因为谨守我道的，便为有福。
> ……

> 因为寻得我的，就寻得生命，也必蒙雅卫的恩赐。

可见，在以色列人的观念中，早在宇宙被创立之时智慧即已存在，智慧是世界的立足点，是雅卫"立地""定天"的准则；智慧又是"上帝与人类联系的纽带，它深深地扎根于一致的具有道德秩序的世界"，因而具有道德上、理性上的重要性。

第四，智慧是生活的导师。《圣经》告诉人们，智慧是上帝的赐福，它能指导正直的人们远离罪恶与愚昧。智慧不仅使人聪明、机敏，而且还可引导人们达到人生的理想境界，《便西拉智训》这样教导人们：

> 儿呀，你在年轻的时候要学会珍惜智慧，那么当你年老的时候，便仍然能够找到她。要像农民耕种田地那样努力寻求智慧，而后你才能指望丰收。你得先工作一段时间，不过你很快就会享受到劳动成果……把智慧的锁链缠到你的脚上，把她的项圈套在你的脖子上。把她扛在你的肩膀上，不要怨恨她的羁绊。追随智慧，全心全意跟她走。

在不同的时期，希伯来人的智慧观念不断地丰富、发展。后来成书的《塔木德》又从不同的角度，以不同的方式发展、弘扬了崇智观念。《塔木德》最主要的特征就是打破了一般宗教教条那种说一不二、神圣不可变更的姿态，它常常罗列一大片截然不同的观点，不下权威性的结论，让人有争论、探讨、各抒己见的余地，因此被誉为是犹太人的"智慧书"。《塔木德》指出：真理是无止境的，谁也不敢妄称自己发现了上帝的声音，把握了终极的真理。所以，

犹太人的智慧宝典《塔木德》

当摩西恳求上帝将教义和律法中每个问题的终极真理赐给人们时，上帝的回答是：教义和律法中没有先期存在的终极真理。真理是多数人思考得出的判断。

《塔木德》中有这样一则故事：

以利以谢拉比与一些拉比们在律法问题上争论不休，双方僵持不下，难以定论。其中以利以谢拉比想通过上帝来决定谁是正确的，于是他说道："如果律法与我的观点一致，就让这棵角豆树来作证"。

然而刚说完，这棵树就移动了400尺。

但拉比们却说："树不足以为证。"

以利以谢拉比又说："要是律法与我一致，就让这溪水为我作证。"

溪水开始倒流。

众拉比还是说道："河水无权作证。"

以利以谢拉比又说："假如律法与我一致，就让这间屋子的墙倒塌。"

瞬间墙壁开始倾斜有倒塌之势，如果倒塌的话所有人都会被砸死在里面。

这时，拉比约书亚站了起来，对着

墙壁大声训斥说:"贤哲们讨论律法,关你这墙什么事?"

结果这墙没有再继续倒,就这么斜立着。

以利以谢又说:"假如律法与我一致,就让神来决定吧。"

话音刚落,就有声音从天上传来:"你们为什么要和以利以谢争论呢,律法与他一致。"

这时候,旁边的约书亚拉比又站了起来,他引用了《希伯来圣经》里的一句话,对着上天大声说道:"这律法不是在天上!"

时隔不久,有人专门找到以利亚问他那天的情形,以利亚说:上帝闻言开怀大笑,说:"我的孩子们驳倒了我,我的孩子们驳倒了我"。

犹太传统高度注重道德建构,在分析"己与人""善与恶"等伦理命题时,犹太智慧得到了极好的体现与明证。犹太人认为,人既然是按照上帝的形象所造,那么,人的尊严自然要得以维护,任何人的生命都无比重要。《塔木德》上说,任何人招致一个灵魂消亡,上帝便把这罪归咎于他,好像他引起了整个世界消亡;如果任何人拯救一个灵魂,上帝便把这业归功于他,好像他拯救了整个世界。在这一普世观念的影响下,别人与自己一样是构成社会的要素,"人"与"己"的价值同等重要。犹太人的平等观是一种超然的信念,强调人在本体上的平等性与等价性,而且这种平等观不把自己的生活要求、生命价值置于他人之上,同时也不把他人置于自身之上而抑制自我。希勒尔在强调"己所不欲,勿施于人"的同时,还留下了另外一段名言——"如果我不为我,那么谁会为我?如果我只为我,那我成了什么?如果不是现在,更待何时?"这正是对

"人"与"己"这个双向命题的最好诠释。

《塔木德》中有个案例可以作为对希勒尔名言的回应：有两个人同时出游，进入了一个远离人群的干涸地带。其中一个人身上已没有水，另外一个人仅剩下一点点水。这点水如果两个人分着喝，其结果是两人都渴死；如果让一个人喝下，这个人即可活命。按照犹太律法，能保全性命方为善，那么，在这种情况下，该让谁喝水呢？人们该如何做出生与死的抉择呢？本·派图拉比的裁决是："拥有水的人应该喝水。"其理由是：一个人没有权利把死亡强加给别人，也同样不可把死亡强加给自己，因为你自己的生命和别人的一样重要！假如死亡必须由其中一人承受，那还是让每个人所拥有的客观条件来决定，而不是让某个人来做人为的干预与决断。如果把水让给对方，这是轻视自己的生命，同样是亵渎生命的表现，所以仍然是不道德的。

犹太教对善与恶的解读同样体现了思辨的智慧。犹太教不像二元论宗教那样，把善恶分成两个不同的本源，即神是善的化身，魔鬼是恶的化身。相反，它认为善与恶是人类共有的双重属性，凡人都有"恶冲动"和"善冲动"。"恶冲动"是人类受到所禁之事的诱惑一时失去自控而产生的罪恶，如渎神、愤怒、不忠诚、私通、奸诈、懒惰等等；而"善冲动"的含义则是敬神、公义、仁爱、诚实、贞洁、谦卑、勤勉、慷慨等等。善与恶是同时存在的，它是上帝树立的一对伟大的衡量标准。据《塔木德》上说，当年恼怒的上帝用滔天的洪水淹没整个世界之时，挪亚全家承蒙神恩，避难于船上，并把所有的动物都按一公一母配齐，各带一对。这时，善匆匆跑来要求避难，挪亚告诉它："只有成双成对的才能上船"。于是，善无奈地跑回森林，急于寻找可与自己配对的，结果找到了恶，便一起回来登上了挪亚的方舟。从此，善与恶同行，有善的地方必有恶。

总之，智慧观是犹太文化中非常重要的方面，正是对智慧的赞赏与推崇衍生了犹太人尊知重教的优良传统，培养了犹太人革新求变、勇于创新的精神品质。

"黄金时代"

公元135年，犹太人反抗罗马的起义失败后，大批犹太人被迫逃离巴勒斯坦向各地迁移，一部分人移居小亚细亚、阿拉伯半岛、两河流域及北非地区，也有不少人流向欧洲各国，从此犹太历史进入了长达1800年的"大流散"时期。

犹太人的流散是以地中海世界为中心，向东方和西方蔓延，逐渐散布于全世界的一个历史过程。由于分布地域的不同，文化差异也逐渐形成，犹太人被分为"塞法尔迪犹太人"和"阿什肯纳兹犹太人"。由于希伯来语中把西班牙称呼为塞法尔迪，所以人们把西班牙、葡萄牙的犹太人及其后裔称为"塞法尔迪犹太人"；阿什肯纳兹犹太人原是对居住在莱茵河及日耳曼地区犹太人的称谓，后来扩展到对整个欧洲犹太人及其后裔的指称。

公元476年罗马灭亡，西哥特人占领了西班牙。为了维护统治，这些进入西班牙的蛮族统治者积极地利用宗教来控制民众思想，基督教得到了统治者的青睐。公元700年，西哥特王国制定了带有宗族迫害性质的法律，凡私下进行犹太教活动的人一经发现即被卖作奴隶，如果小孩被怀疑是犹太人的话就要被带走，让基督教牧师收养。大量的犹太人被迫出走，西哥特王国的商业也因此受到很大影响。

公元 7 世纪,耶路撒冷成为阿拉伯帝国的一部分

　　随着伊斯兰教的兴起,阿拉伯半岛迅速完成了统一。之后,阿拉伯人走上向外扩张的道路,于公元 711 年征服了西班牙。由于西班牙犹太人将阿拉伯人当作解放者来欢迎,并帮助他们占领了一些城池,因此阿拉伯人对犹太人非常有好感。倭马亚王朝的哈里发阿卜杜·拉赫曼一世于公元 756 年当政后,西班牙进入了宽容时代。从公元 8 世纪到 13 世纪,犹太文化在这里出现了一个"黄金时代"。

　　在穆斯林的温和政策统治下,西班牙地区的犹太人口逐渐增多,影响力越来越大。犹太人被允许拥有地产,许多人成为农场主,但是多数犹太人还是从事商业活动,成为当地或国际上的大商贩,对半岛地区的经济发展做出了巨大的贡献。同时,穆斯林辽阔的统治区域,使整个地中海世界都成为犹太人商业活动的舞台,对犹太商业发展起到了积极的影响。在文化的交融碰撞中,西班牙很快成为欧洲文化最繁荣的地区之一。

　　公元 11 世纪以后,穆斯林统治下的西班牙分裂出许多诸侯国,其统治者纷纷聘用学养较高的犹太人做政治、经济顾问,犹太人在王国中的地位进一步提升。与此同时,在科尔多瓦、格拉纳达、托莱多等城市的犹太社团中,一系列《塔木德》学院相继建立,这些学院不仅拥有藏书丰富的图书馆、博学多才的学者,而且还是处理犹太人事务的权威机构。特别是巴比伦犹太中心逐渐衰落后,西班牙的《塔木德》学院就成为散居犹太人的宗教文化中心。犹太学者热衷于研究希伯来语、《希伯来圣经》及《塔木德》,一批宗教、哲学、语言、文学及自然科学领域的学者脱颖而出。其中最负盛名的学者为犹大·哈列维与摩西·迈蒙尼德。

犹大·哈列维被认为是12世纪上半叶最杰出的诗人与哲学家。他的诗歌以深厚而浓烈的阿拉伯艺术风格来展现犹太人的内心感受与思想境界,从而在犹太人的心目中激起了强烈的振奋与共鸣。他的诗歌分为两类:一类是生活诗,描述智慧、奔放的犹太人以巨大的热情融入当地社会生活的情景;一类是宗教诗,表达对宗教的敬畏与虔诚、对圣地的怀念,尤其是对上帝的赞美。他在一首诗歌中写道:

> 上帝的圣山成了我的门槛,
> 我的大门面对着天国的殿。
> 我要在约旦播下橘黄色的香料,
> 我要让希罗亚河边伸出嫩枝。
> 我还怕什么?
> 上帝与我同在!
> 他的爱就是护卫我的天使,
> 只要我还活着,
> 我就要赞美他的荣耀,

直到生命的终点,
　　直到地老天荒……

作为一位民族思想家,犹大·哈列维深切关怀犹太人的命运,他强烈主张犹太人回归巴勒斯坦,他有一句被犹太人广泛引用的名言:"我的心在东方,我身却在西方"。犹大·哈列维在一首赞美耶路撒冷的诗中写道:

　　美丽的高地,
　　时间的乐园,
　　伟大国王的城池,
　　是你让我心驰神往,
　　虽然我在遥远的西方。
　　当我想起过去,
　　你那流亡的故事,
　　你那被毁的圣殿,
　　我心中的遗憾油然而生。
　　我将珍惜你的每一块石头,
　　我要将他们亲吻,
　　你的泥土芳香无比,
　　要比蜂蜜更加甜蜜。

犹大·哈列维在他晚年的时候,为实现回归故土的梦想,只身前往巴勒斯坦。据说,当他像石人一样呆呆地立在西墙前哭泣的时候,被一位阿拉伯骑士策马从身上踏过,但他那感人至深、怀念故乡的优美诗句却代代留传：

啊，世界之城（耶路撒冷），
您曾有辉煌而神圣的昨天，
我从遥远的西方，
用心灵寄托对您的怀念。
每当回想起往昔的日子，
爱意就像溪流一样涌现。
现在圣殿已经荒芜，
荣耀已经逝去。
但愿我有一双鹰的翅膀，
直接飞向您的怀抱，
用我涟涟的泪水，
去打湿那圣地上的尘埃。

中世纪最伟大的犹太思想家之一迈蒙尼德

摩西·迈蒙尼德被认为是中世纪最伟大的犹太思想家之一。迈蒙尼德的出生地科尔多瓦，是当时西欧最大的城市和文化中心之一。他的父亲是一位《塔木德》学者。迈蒙尼德是一位百科全书式的人物，他精通数学、天文学、物理学，又是一位著名的律法学家、哲学家、伦理学家。除此之外、他还是一名非常出色的医生，写过许多医学论文，做过王宫的御医，一位穆斯林医生曾用这样的诗句来赞美迈蒙尼德的医术：

> 盖伦（著名的医生）的医术只能治愈人的身体，
> 而阿布伊尔曼（迈蒙尼德）却能治愈身体与灵魂。
> 他的学识，使他成为一代名医，
> 他的智慧，驱散了无知的伤痛。
> 如果月亮向他求诊，
> 他会在满月的时分消除她的斑痕，
> 解除她每月的病痛，
> 使她以后不再缺损。

迈蒙尼德的最大成就在于哲学方面，他给后世留下了一本用阿拉伯文写成的、包罗万象的巨著——《迷途指津》。该书汇集了中世纪阿拉伯哲学的研究成果，迈蒙尼德的主要意图之一是以亚里士多德哲学中的理性主义来解释传统的犹太教，为犹太教寻找哲学依据，从而丰富犹太思想的内涵。迈蒙尼德的思想不仅为以后的犹太哲学奠定了基础，也为中世纪的基督教徒提供了哲学启迪。

迈蒙尼德对犹太教的神学教义进行了前所未有的深入研究。由于犹太教一直强调的是实际生活中的恭行践履，而不是教义与学说，所以在相当长的时间里一直没有成文的正式信仰。长久以来，一直有一个问题在困扰着犹太人，这就是："犹太教中最重要的信条是什么？"对此一直有许多的答案，但是没有一个答案能够让人信服。到中世纪，许多犹太人与基督徒、穆斯林生活在一起，为了与其他宗教相区分，犹太人有必要对自己的宗教进行教义上的表述。迈蒙尼德一直试图去回答这个问题，公元1160年，摩西·迈蒙尼德总结了自己对犹太教信仰的研究成果，提出了十三条信仰条款，即：

一、上帝之存在；

二、上帝是独一无二的，全能的；

三、上帝是无形无相的，不可比拟的；

四、上帝是永恒的；

五、上帝是唯一可崇拜的主；

六、先知向世人所传达的话语皆真实无误；

七、摩西是最伟大的先知；

八、《托拉》有神圣的起源，是上帝所传；

九、《托拉》是不可改变的，也不会被取代；

十、上帝洞察人的一切行为和思想；

十一、相信上帝奖赏遵守律法的人而处罚践踏律法的人；

十二、弥赛亚必将降临；

十三、相信死后复生。

此后，大多数犹太人接受了摩西·迈蒙尼德提出的这些内容，视它们为犹太教最基本的信仰条款。迈蒙尼德死后，人们常这样称赞他："从摩西到摩西，他是最伟大的摩西"。由于他的博学多才、深思远见，对犹太教发展做出了巨大的贡献，以至于人们只要一提起"黄金时代"，就立刻会想起迈蒙尼德。

西班牙犹太人的另一贡献是直接推动了东西方文化的交流。犹太学者们把希腊、罗马文化中的经典作品翻译成阿拉伯语、希伯来语，同时，又把阿拉伯人的著作翻译成拉丁语，从而在东西方世界架起了文化交流的桥梁。著名的西班牙犹太翻译家有乔哈涅斯·黑斯帕伦西斯和杰兰德。乔哈涅斯把阿拉伯数学的杰出成就介绍给拉丁语世界，推动了西方近代数学的发展。杰兰德翻译了70余种著作，其中包括阿拉伯著名学者伊本·西拿（阿维森纳）的《医典》。

公元11世纪以后，随着西班牙穆斯林王国的分裂，伊比利亚半岛的阿拉伯势力逐渐走向了衰落。与此同时，基督教势力慢慢发展壮大，并开始驱逐阿拉伯人，光复基督教在西班牙的统治，由此爆发了长达几个世纪的"收复失地运动"。到14世纪以后，随着基督教政权在西班牙的建立，反犹势力甚嚣尘上。一些犹太社区被捣毁，犹太人有的被打死，有的被强行洗礼，有的被卖身为奴，由此出现了"马兰诺"*一词。反犹活动很快蔓延到许多城市。公元1492年，由于收复失地运动的成功，西班牙的反犹行为达到顶峰，大约20万犹太人被驱逐出境。3月31日，为了在全国统一天主教信仰，西班牙以斐迪南国王和伊莎贝拉王后的名义颁布了驱逐令，要求犹太人必须在三个月内离开西班牙。

驱逐令颁布之后，有5万左右的犹太人接受洗礼成为基督徒，大约有20万人离开了西班牙。被驱逐者当中有许多学者、教师、金融家、商业家，还有许多葡萄酒制作商与手艺人，西班牙的中产阶级被严重削弱，经济受到严重影响。同年8月，最后一批犹太人不得不离开曾给他们留下辉煌记忆的西班牙。西班牙犹太人主要流散到葡萄牙、意大利、土耳其及北非等地，西班牙"黄金时代"从此成为犹太人心中的美好回忆。

---

* 迫于外部的压力，很多犹太人表面上皈依基督教，但却秘密信仰犹太教，他们遵守传统礼仪，不与非犹太人通婚。西班牙语中称这些人为马兰诺，意为"猪"，用它来表达对这些假改宗者的厌恶、鄙视之情。

继西班牙之后，葡萄牙也如法炮制。公元 1496 年 12 月 25 日，葡萄牙出台了驱逐犹太人的法令，要求所有的犹太人，包括从西班牙逃来的难民在十个月之内离开葡萄牙。公元 1498 年以后，除了改宗者以外，葡萄牙几乎再无犹太人居住。

西班牙与葡萄牙的大规模驱逐浪潮，使大约 30 万犹太人被迫迁移，流浪到地中海沿岸的国家——摩洛哥、埃及、叙利亚、意大利等。15 世纪中叶以后，奥斯曼苏丹政权为犹太人打开了大门，大约有 10 万犹太人在君士坦丁堡、萨洛尼卡等城找到了避难所。

西班牙国王签署的驱逐犹太人的法令

基督教世界的悲惨遭遇

几次反罗马战争的失败，致使许多犹太战俘和平民被驱赶到了罗马，这些人构成了早期犹太人向欧洲流散的主要人群。在移居欧洲的最初年代里，犹太人没有受到特别的歧视。但随着经济地位的稳固和势力的增长，犹太人与当地主体民族的矛盾日益显露，特别是基督教逐步统治欧洲后，犹太人的处境更为艰难。

中世纪犹太人最大的苦痛之一来自于基督教会的敌视与迫害。十字军东征是中世纪最大规模的、以宗教名义发起的征服战争，几乎所有西欧国家都卷入其中。这场持续了近两个世纪的战争，对东西方世界的发展产生了巨大的影响，对生活在东西方的犹太人同样产生了前所未有的冲击。

起初，十字军东征是以消灭占领圣地的穆斯林为目的，但是一些贪图犹太人的财产、又被宗教狂热情绪所笼罩的基督教徒突然意识到，"上帝的敌人"——异教徒就在自己的身边，犹太人随即成了替罪羊与牺牲品。公元1095年，第一次十字军东征开始后，就出现了"杀一个犹太人，以拯救你的灵魂"的宣传口号，袭击犹太人的活动在法国与德国居多。在诺曼底，十字军战士把犹太人抓进教堂，凡拒绝洗礼者格杀勿论。同年5月，施佩耶尔、沃尔姆斯、美因茨、拉蒂斯本、特鲁瓦等地的大批犹太人被抢劫或者杀害，犹太区被摧毁，一些人被强行洗礼，一些人选择了自杀。在施佩耶尔，5月20日这一天，许多犹太人躲到教堂附近，当十字军进逼的时候，主教要求犹太人接受洗礼以挽救生命，犹太人提出给他们考虑的时间。当时间一到，主教看到十分凄惨的场面：没有一个人活着，他们选择了集体自杀。十字军连死者也不放过，剥光他们的衣服并踩蹋他们的尸体。在这一地区，两天之内大约有近800名犹太人死去，而且是被赤身裸体地扔进坟墓。

公元1096年的5月到7月间，仅在莱茵地区，约有1.2万名犹太人被杀。1099年6月，十字军抵达耶路撒冷。穆斯林的抵抗坚持了5个星期，7月15日耶路撒冷沦陷。在十字军庆祝胜利的3天时间里，耶路撒冷的穆斯林与犹太人大批被屠杀。据记载，"遍地都在流血，染红了骑士的膝盖，染红了马的缰绳，被杀者的尸体高高

十字军攻占耶路撒冷,踩着犹太人和穆斯林的鲜血进入城中

地堆在街上"。基督徒完全占领了这座圣城,部分幸存下来的穆斯林与犹太人被卖为奴隶。

　　十字军东征以后,病态的反犹主义笼罩着欧洲大陆。人们对犹太人的偏见、憎恨之情在民间传说、民俗文化、艺术图像之中随处

可见,犹太人通常被描述为魔鬼或魔鬼的追随者、策划阴谋的人、制造灾难者、散播病毒者。中世纪时对犹太人进行诬陷的典型案例有亵渎圣饼、血祭诽谤、传播黑死病。

按照《新约》记载,在耶稣受难前一天的逾越节晚宴上,耶

1099年,十字军再次血洗耶路撒冷,两千多个犹太人在犹太会堂中被烧死

表现意大利特伦托城"西蒙血祭诽谤事件"的插画（Hartmann Schedel, *Nuremberg Chronicle*，1493）

稣曾对门徒说，无酵饼是他的身体，葡萄酒是他的血。经过演变，圣饼和葡萄酒在基督教神学和仪式中逐渐具有重要意义，成为基督徒心中的圣物。当时流行这样一种说法：为了折磨耶稣，阻止耶稣复活，犹太人用针扎、碾碎等手段来亵渎圣饼，甚至还有传言说亲眼看见有血从圣饼中流出……这就是所谓的"亵渎圣饼案"。公元 1243 年，德国发生了第一起有史记载的亵渎圣饼案，许多犹太人被活活烧死。亵渎圣饼案在欧洲多个地区都曾上演，成千上万的犹太人被处死。

　　血祭诽谤最早发生在英国。公元 1255 年，林肯郡有一个 8 岁的小男孩（基督徒）失踪了，经过多天的寻找，人们在一个犹太人家的枯井里发现了他的尸体，男孩有可能是因为失足摔入井中致死的,但是却有人说:犹太人故意杀害了男孩,用他的血来为逾越节献祭。经过严刑逼供,那个犹太人被屈打成招,审判结果是几十人被绞死,上百人被关进了监狱,更重要的是全欧洲都相信了这样一个谣言——犹太人用基督徒的血来进行血祭,犹太人是魔鬼的化身。

甚至到了近代血祭诽谤仍然发生,公元1911年,俄国的一个小男孩被蓄意杀死,为了转嫁矛盾,曾有人散发这样的传单,从而掀起新一轮的反犹排犹浪潮:

> 东正教的信徒们:
>
> 　　安德烈·尤辛斯基是被犹太人杀害的!为了获取制造无酵饼所用的血水,犹太人都会在逾越节前杀害数十名基督儿童。……犹太人用尖刀扎他的主动脉,以最大限度地得到尤辛斯基的血水。犹太人在他身上共扎了50刀之多。俄罗斯的同胞们,倘若你还爱你的孩子们的话,就该起来痛击这些犹太人!……直到所有的犹太人一个不剩地离开俄国!可怜可怜你们的孩子吧!一定要为这个不幸的圣徒报仇!

当黑死病肆虐欧洲的时候,犹太人又被强加了新的罪名,认为是他们把毒药投到井里造成鼠疫的传播而致使大量的基督徒死亡。黑死病是一种鼠疫,借助空气传播,传染力极强,感染者发病很快,几天就会死亡,尸体上布满了黑斑,因此被称为"黑死病"。公元1347—1353年间,欧洲大规模地爆发了黑死病,造成了约2500万人死亡,约占欧洲总人口的1/3。许多欧洲人发现身边的犹太人感染黑死病的病例相对较少,便怀疑是犹太人捣的鬼。其实真正的原因是犹太人居住比较集中,往往跟基督徒的居住区划开界限并有一定的距离，而且犹太人的饮食禁忌比较多，饮食卫生习惯较好，再加上犹太人中的医生比例较高，医疗条件相对较好等。

公元1348年，指控犹太人散播黑死病的事件首先在瑞士发生。在严刑逼供之下，犹太人被屈打成招。瑞士当局的判决结果是，7岁以上的犹太人统统处死，7岁以下的犹太儿童改宗并由基督徒抚养。随后，在西班牙、德国、波兰等地相继发生了针对犹太人的指控，渐渐地全欧洲都掀起了对犹太人的报复行动，大量的犹太人被杀害，许多犹太社区被夷为平地。

总之，十字军东征以后的欧洲大陆，犹太人成了名副其实的替罪羊。在德国，人们把蹂躏德意志的蒙古人说成是犹太人；在捷克，犹太人被看做是胡司战争的支持者；在俄国，犹太人被指控为沙皇的谋杀者。正如萨特在《反犹太者的画像》中所描述的那样：

> （犹太人）根本是坏的，他的长处，假如有，也因为是他的长处而变为短处，他的手所完成的工作必然带有他的污迹：如果他造桥，这桥是坏的，因为它从头到尾每一寸都是犹太的。犹太人和基督徒所做的同样的事情，无论如何绝不相同。犹太人使得他触摸过的每件事物都成为可恶的东西。德国人所做的第一件事就是禁止犹太人进游泳池。对他们来讲，一个犹太人的身体投入水中就会把水根本弄脏。正确地说，犹太人因为他们的呼吸而污染了空气。

基督徒特别担心"与恶魔为伍"的犹太人污染生存空间，于是强令犹太人必须限定在城市的某一区域集中居住。在公元1179年的拉特兰公会上，基督教会第一次用法律条文的形式禁止犹太人与基

西方人刻画的丑陋、贪财的犹太人形象

督教徒混居,但并没有严格的实施。公元 1516 年,威尼斯共和国通过一个法令,强迫犹太人住进一个特别区域,从而诞生了"隔都"*。继威尼斯之后,隔都在意大利、德国、奥地利、波希米亚等地陆续建立起来。

统治者对隔都面积以及隔都内的生活严加限制,犹太人居住得非常拥挤,不得不建造高楼。在法兰克福的隔都里,4000 名犹太人挤住在 190 座房屋里。各地的统治者为了防止隔都内人口增长过快,

---

* 隔都是指中世纪时基督徒在城市中的某个地方为犹太人所划定的居住区,以围墙与大门为标志把犹太区与非犹太区隔离开来,只留一个或几个供出入的大门,由基督徒负责看守,晚上则要关闭大门。

1868年法兰克福被拆毁的犹太人"隔都"

严格限制犹太人结婚,例如在德国的一些地方规定:在一个家庭中,只允许其中年龄最大的孩子为自己娶一位妻子,建立起自己的家庭;除这一情况外,婚姻许可证将严格按照死亡人数的比率发放。在任何时候,都不允许任何犹太人在没有获得官方特许证的情况下结婚。

犹太人的教育理念

犹太民族以尊重知识、注重教育而闻名于世。《圣经》曾指出:"弃绝管教的必致贫受辱,领受责备的必行尊荣"。早在上古时代,犹太人就热衷于教育,并已开始形成自成一体、独具特色的教育思想。流散时期的犹太人，面对艰难的生存环境，始终把教育视作一种至高无上的神圣事业，高度重视提高自身的文化素养。正是犹太人这种尊师重教的优良传统，培养造就了一大批杰出的优秀人才，为人类的思想、文化宝库做出了引人注目的贡献。

犹太民族是一个流散性的民族，以《希伯来圣经》《塔木德》等为主线的犹太教育具有很大程度的闭合性，但这却使民族特性得以延续。一旦失去了这种闭合性，犹太民族很可能同其他许许多多被征服的民族一样，走上一条由同化到消亡的道路。长期以来，犹太人把教育作为保全这种闭合性的重要手段。考察一下犹太民族的教育传统就不难发现，以宗教为主的犹太传统知识是犹太教育的核心，这种倾向在近代之前表现得极为突出。正是这种传统教育对延续民族文化、弘扬民族精神起到了不可低估的作用。正如美国著名的教育学家S.E.弗罗斯特所说的：

> 他们逐渐形成了一种传统、一本书（圣经）和一个宗教；在若干世纪中，他们能把散布在世界各地的犹太人组成一个群体；他们塑造了一种教育，能把这个传统、这本书和这个宗教传授给世界各地的青年人。

犹太人重视教育的传统与其民族历史密切相关，教育被视为传承民族文化的重要途径。犹太教育带有强烈的宗教色彩。《申命记》中极为强调通过教育子女来传承宗教律法：

> 这是耶卫你们神所吩咐教训你们诚命、律例、典章，使你们在所要过去得为业的地上遵行。好叫你和你子子孙孙一生

注重教育的犹太民族

敬畏雅卫你的神,谨守他的一切律例、诫命,就是我所吩咐你的,使你的日子得以长久。

《箴言》中也提到:教育孩童,使之走当行的道,就是到老也不偏离。犹太经典《塔木德》的字面意思就是"钻研或研习"。《塔木德》认为,学习是一种至善的行为,是一切美德的本源。《塔木德》强调说:无论谁为钻研《托拉》而钻研《托拉》,都值得受到种种褒奖……整个世界都受惠于他……他将变得温顺谦恭,他将变得公正、虔诚、正直、富有信仰;他将能远离罪恶,接近美德;通过《托拉》世界享有了聪慧、忠告、智性和力量。《塔木德》还告诫人们学习要持之以恒,不可半途而废。

犹太人常常把追求知识与宗教信仰联系在一起,这种现象可以看做是犹太人"以文字和教育形式加强和延续'文化疆界'的努力"。著名学者博曼特曾说：

> 在犹太教中，勤奋好学不但仅次于敬神，而且也是敬神的一个组成部分。没有一种宗教——无疑，这里是指主要宗教——对学习和研究如此强调。

"巴比伦之囚"以后，犹太人逐渐形成了以会堂为中心的犹太学校。后来，学校逐渐脱离会堂成为独立的教育场所。流散时期的犹太人极为注重学校教育，在每一处站稳脚跟后，立即创办学校，使学校与会堂一样成为犹太社团存在的标志。犹太人之所以如此重视学校建设，是基于他们的文化传统，基于他们对学校教育的不同寻常的认识。犹太人认为，学校不仅是培养人才的基地，而且更是"维护民族共同体的有效途径"，通过正规的学校教育，才能保证其子孙后代维护他们的民族身份，发扬他们的民族精神。

对于犹太社团成员而言，拉比象征着智慧与权威。在遍布各地的犹太社团中，拉比不仅是神职人员、律师、法官，而且更是一位教师。在现实生活中，拉比们是各地犹太学校的负责人与教师。他作为智慧的化身，不仅要向学生解答学业上的难题，而且还要指点生活中的迷津，为人们化解所遇到的各种困惑。

在犹太传统中，教师享有极高的地位。在犹太人看来，教师的职业是一种神圣的职业，因此，"每一个人要像尊重上帝那样尊重教师"。在犹太经典《密释纳》中就把有学问的教师称为"圣贤的门徒"。犹太人对他们极为尊重，并明文规定：凡是侮辱了"圣贤的门徒"的人都必须罚以重金，情节严重者还有可能被逐出犹太区。在犹太人中曾长期流传着这样一个故事：有一个孩子，他的父亲和老师同时被海盗绑架而去，必须以巨额的财产才能赎回他们的

犹太拉比

生命。当时，孩子所拥有的所有钱财只能赎回一个人，这位孩子的选择是，先从强盗手中救出他的老师。

此外，犹太人在婚姻嫁娶问题上的态度也从侧面反映出他们对学者的敬重。自中世纪以来，在欧洲尤其是中欧的犹太人中形成了这样一种观念：最理想的婚姻是有学问的教师、拉比或法学家同富翁的女儿结合。《塔木德》中说过：宁可失去所有的财产，也要把女儿嫁给学者。

《塔木德》还指出：如果学习是最高的善，那么，创造有利于学习的机会与条件便是仅次于学习的善。因此，许多犹太社团都把教育投资视作一种责无旁贷的责任与义务。由于学习和研究需要花费大量的资金，单靠社团本身来筹措往往力不从心。为此，犹太人把教育事业与慈善传统结合起来，具体来说，就是把"什一税"作为追求学问的经济支柱。犹太人很早就接受了"什一税"的观念，关于"什一税"的用途，犹太教律法上虽然有很多详细的规定，但有一点极为明确，即什一税首先要用在"那些把时间都花在研究经典的人身上"。

犹太史上一些名垂后世的文士、哲人都把钻研经典、追求知识视为人生的一大责任与义务。犹太哲学家迈蒙尼德说过：每个以色列人，不管年轻还是年老，强健还是羸弱，都必须钻研《托拉》。甚至一个靠施舍度日和不得不沿街乞讨的叫花子，也必须挤出一段时间日夜钻研。犹太人这一观念"所产生的结果是形成了一种几乎全民皆有文化的传统"。当然，并不是说每个人都能具备研读经典的能力，"但几乎所有的人都认为，应该在这方面作一些努力"，从而使犹太民族的身份认同得以延续，文化素质得以提高。

在上述文化传统的影响之下，犹太人养成了读书学习的特殊爱好，被誉为是"圣书之民"。流散各地的犹太人不仅出于对宗教的虔诚而学习，同时将掌握知识视作谋生的资本与手段，读书学习、拥有知识被视为是一种美德、一种高尚人格的象征。

在重视传递民族宗教知识的同时，犹太教育时刻不忘与外部社会环境的变化相一致，并实时地做出调整。近代著名的波兰籍犹太思想家格雷兹指出，整个流散时期的犹太历史从外观上看是一部灾难史，但从内涵上说则是一部教育史、学术史，思考与忍耐、钻研与受难、向所有的科学思潮开放，并吸取异域文化之长是构成这一历史阶段的基本因素。在长期的历史发展过程中，犹太教育形成了适合自身的教育方法，主要有以下几个特点：

第一，家庭教育、社会教育与学校教育相结合。犹太人很注重家庭教育，十分强调家庭环境及父母的言传身教对子女的影响，尤其强调父亲对子女的教育。当儿童从学校教育中获取了广博的知识之后，能否把这些知识付诸实际并以此来约束自己的言行，家庭对此负有监督性的责任。在家庭内，父亲承担着教育子女的重任，他把"智慧之言"及为人处事之道传授给自己的子女，在希伯来语中，"父亲"一词就具有"教师"的含义。

社会教育的方法主要有两种：首先，在会堂、聚会等场所反复宣传某些圣贤之士的善言善行，为人们树立一种学习的楷模。《申命记》中说："他们要将你的典章教训雅各、将你的律法教训以色列。"根据这一告诫，犹太人形成了在公共场合讲授律法的传统，并要求妇女、儿童也应参加。在这种场合，拉比不仅讲授律法知识及上帝的训诫，还广泛介绍某些先知的美名美德，在人们心目中唤起一种道德感染力。其次，通过宗教节日进行社会教育。每当宗教节日来临之际，犹太人都要举行盛大的纪念活动，在这些活动中很注意启发性地引导孩子们提出一些问题，通过长者的解答与阐释，使孩子了解更多的知识。如《圣经·出埃及记》中就这样描述在逾越节应该对子女所进行的教育："当那日，你要告诉你的儿子说，这是雅卫在我出埃及的时候为我所行的事。"

每一个宗教节日，都是一次传统教育，而且每次接受教育的内涵也不尽相同，如逾越节感受的是祖先的勇敢与机智；五旬节领悟的是祖先的虔诚与神恩的荣耀；住棚节体验的是祖先的艰辛与意志。有人曾说："犹太儿童整个生活环境就是他学习知识的大学校。"

第二，重视学与行的结合。犹太智慧书——《阿伯特》——在谈及学习时，极为强调学与行的结合。它指出："有四种上学的人：学而不行，到手的是学的报酬；行而不学，到手的是对行的报酬；亦学亦行，是虔诚者；既不学也不行，是恶棍"。那么，学习的目的到底何在？《阿伯特》中提出了"学以致教、学以致用"的至理名言。犹太教极为注重伦理道德方面的感化与教诲。犹太学生在接受这一方面的教育时，不仅要求掌握各种伦理准则、律法知识，而且必须躬行实践，运用于自己的一言一行、一举一动之中。

第三，知识教育与技能教育相结合。犹太人认为，接受教育是每一个人的责任与义务，但学习知识、钻研律法不能代替劳动的技能。《塔木德》上说："凡不教育子女学习职业的人，便是教育子女从事盗窃。"只有那些既学到了智慧又能维持生计的人，才算是选择了人生的正道，"那是一条能给选择者以荣耀和他人之赞誉的道路"。《阿伯特》上还引用拉比迦玛列的话精辟地阐述了学习《托拉》与劳作之间的密切关系：

> 最好的是学习《托拉》能与一项脚踏实地的劳作一起进行。同时致力于这两项，将使人摒除恶念。而任何不伴以劳作的《托拉》学业都终将被荒废并引发犯罪。一切为公众服务者，都应以上天的名义而工作——因为是你们祖先的业绩在佑助你们，永恒的是他们的公义。至于你们，我将赐你们以丰厚的报偿，就仿佛是你们自己完成了这些工作一样。

在这一传统观念的影响之下，从古代开始，希伯来人就极为强调要掌握一门技艺，要求"儿童无论贫富贵贱、等级高低，到成年时都必须掌握一门手艺。部落所有的头领也都有技术，甚至可以和街上的匠人媲美"。犹太人这种重视技艺的美德使儿童从小就接受职业训练，注重培养其求生的能力。

第四，记忆与思考相结合。背诵、记忆是古希伯来教育最通用的教学方法。在学者们当中，能一字不差地背诵《圣经》是最值得夸耀的事。教师们常常要求学生背熟内容，然后再逐段、逐句讲解，其目的就是为了让学生丝毫不漏地掌握圣典的内容。犹太人在强调机械性记忆的同时，还主张勤于思考。犹太圣哲讲过：一个成功的学者要手脑并用，通过学习来引发思考。因此，当学生熟背了所学的内容之后，老师常常引导学生提出问题，并对这些问题进行讨论。在讨论过程中，使学生把所学的知识上升到一定的高度。

第五，正规教育与自教自学相结合。犹太人认为，学校固然是获取知识的主要场所，但学校教育并非万能，仍有许多在学校中学不到的知识需要掌握。为了弥补学校教育的不足，每个人无论其年龄大小都应学会自教自学，具有独立获取知识的技能，并以此来指导自己的生活。

第六，合理的处罚措施是保证教育正常开展的必要条件。犹太人认为，儿童不接受教育就会固执、粗野、愚蠢，对不服从教育的孩子要给以严酷的惩罚。惩罚的目的是要把误入歧途的孩子引上正道，通过无情的鞭笞使他们远离罪恶。在他们的眼里，鞭笞是获取知识和增长智慧的有效方法。正如犹太格言所说的那样："马不打会变野，儿子不打会变劣。""鞭子是抽劣马的；笼头是套笨驴的；棍子是打蠢人的。""愚蠢在小孩子心中，只有棍棒才能把它赶走。"在《圣经》中有很多有关体罚的字句，如"不忍用杖打儿子的，是憎恶他。疼爱儿子的，随时管教"。"杖打和责备，能增加智慧。放纵的儿子，使母亲羞愧。"

天造地设的商业民族

"有钱的地方就有犹太人。"在不少人的观念中，"犹太人"几乎是"金钱"的同义词。不可否认，犹太人确实以善于经商、精于理财而著称，作为人数较少、没有国家的"边际性客民"，犹太人从经商中找到了一种契机、一种力量、一种尊严、一种信念。他们凭借这得天独厚的优势、炉火纯青的技艺、别具一格的眼光和令人瞠目的财富，在世界商业领域中搏出了一片属于自己的天地。

犹太人的经商传统源远流长。犹太人的祖先希伯来人是人类历史上较早从事商业活动的民族之一，这与他们的生活环境密切相关。正是迦南地区独特的客观环境与社会氛围孕育了希伯来人的商业意识。迦南位于地中海和阿拉伯沙漠之间，北邻叙利亚、西接西奈半岛，素有"肥沃的新月"之称，《圣经》中更把迦南地描绘成"流奶与蜜之地"。其实，迦南的富饶仅仅是相对于干燥荒凉的沙漠地带而言的。从幅员上讲，迦南并不辽阔，且地形复杂、水量不足，耕地与牧场极为有限。但从地理位置上看，迦南位于巴比伦、埃及等大国之间，是亚非欧三大洲的连接处，历来是兵家必争之地。内部生产不足与"往来辐辏之所"的客观条件使迦南在西亚地区的贸易史上占有重要地位，是来自巴比伦、希腊等地的商旅进入尼罗河三角洲的必经之路。当希伯来人进入迦南之时，迦南文化先进于希伯来文化，许多迦南人是远近闻名的商人，长期在两河流域和地中海沿岸贩运货物。商人的富足与自由吸引了尚未完全摆脱游牧生活习惯的希伯来人，他们中有许多人便向迦南人学习经商，从事油、香料等手工产品的贸易，并积累了商业活动的最初经验。此后，希伯来人的贸易活动日益发展，到所罗门时代，犹太人的贸易已开展到阿拉伯、印度和非洲等地。

如果说远古时期的犹太人还是以某块固定地域为中心从事贸易活动的话，那么大流散把他们赶入了真正意义上的世界市场，四处

《瓦特堡的犹太商人》(木刻版画,1879)

流散的生活有利于他们成为国际贸易的从事者。

伊斯兰教的兴起,使犹太商人获得了千载难逢的发展机遇。由于基督教与伊斯兰教的长期对峙,特别是由于在东西方贸易的核心地区地中海沿岸出现了两大帝国——信仰基督教的加洛林帝国和信仰伊斯兰教的阿拉伯帝国,双方常常因商业利益而大动干戈,不同宗教身份的商人彼此都不敢进入对方的世界,欧亚之间的贸易几乎中断。这时,犹太人顺理成章地扮演了东西方贸易的中介者,他们借助于共同的语言——希伯来语,承担起了世界商人的使命。"在9世纪,巴黎和巴格达或开罗之间的绝大部分商业事务已用希伯来语办理。"当时的犹太人活跃于西班牙、法国、突尼斯等地,"他们在地中海及洲际贸易中起着极为活跃的作用,并作为国际商人而首次出现于西方的基督教国家"。他们在各大港口都设有自己的"代表",组成了一个排除异己、自成体系的庞大商业网,保证了长途贸易的顺利进行。

在中世纪的西欧、东欧及北欧等地,犹太人都程度不同地推动了当地贸易活动的开展。公元10世纪至公元11世纪,犹太人几乎是北欧基督教世界的唯一商旅,垄断了当地的对外贸易。公元12世纪前后,几乎在法国和德国的所有贸易中心都居住着犹太人,他们经常组成大批商队与其他地区进行交易活动。"当时,这两个国家正在考虑发展自己的商业和手工业;许多城市日渐繁荣。宏伟的教堂参天而起。从某种程度上讲,是犹太人促成了这种繁荣。"在基辅公国,犹太人为发展俄国与拜占庭帝国之间的贸易立下了汗马功劳;在波兰,犹太商人"从其他国家运来多种商品……并把波兰的各种商品出口到匈牙利等地";在荷兰与英国,犹太人"不仅促使了城市的兴起",而且"在两国的资本主义发展中也起到了极为重要的作用"。近代以来,随着资本主义经济的迅速发展,欧洲犹太资本家的实力日益增强。犹太人凭借其传统的经商优势,在工业、商业及交通运输业中大量投资,并获得巨额利润。犹太人与现代资本主义精神的兴起有着密切的联系。犹太人在股票、银行、金融等新兴经济元素的兴起中起到了积极的作用,世界上第一个永久性股份公司——东印度公司是由犹太人参与组建的,犹太股东占总数的25%。世界上第一个正式的股票交易所——阿姆斯特丹证券交易所,41名委员中有37人是犹太人。

犹太人在商业领域中的成功与其商业精神的塑造、传承与发展有密切的关系,概括起来主要有以下几点:

第一,对金钱的特殊领悟与感知。在犹太人的经典《圣经》和

《塔木德》中从不避讳追逐金钱的好处,认为贫穷绝不是什么美德,拥有财富并不是罪恶。《塔木德》中有许多关于钱的格言警句,如:"身体依靠心而生存,心则依靠钱包而生存。""钱不是罪恶,不是诅咒,它在祝福着人们。""拥有很多财产,忧愁可能会增加,但完全没有财产的人,忧愁更多。"

在经典中也有很多关于贸易原则的规定,如《圣经·申命记》中强调了公平买卖:"你囊中不可有一大一小两样的砝码,你家中不可有一大一小两样的升斗,当用公平的砝码,公平的升斗。"《圣经·出埃及记》中对所有权及债务问题做了很多规定,如不可占有别人的财产,"人若偷牛或偷羊,无论是宰了是卖了,他就要以五牛赔一牛,四羊赔一羊"。在《塔木德》中,对商业活动做了更加系统的记述。《塔木德》强调诚实守信,提倡公平竞争。《塔木德》提到:不能在家畜身上涂上颜色以蒙骗顾客,不能把新鲜水果与腐烂水果一起出售,不能把旧工具翻新以获取高额利润等。在价格问题上,注重保护买方利益,当产品没有统一的标价时,在买主不知行情的情况下,成交价格不能高于一般水平的10%,否则的话《塔木德》会判处这笔交易无效。在计量器械上,砝码的底部要经常保持清洁以保证质量的准确。犹太经典所灌输的正当利润、公平价格、合理竞争等现代商业法规的理念深入到了犹太人的心中,对他们的商业贸易起到了积极的指导作用。

不可否认,犹太人确实比其他民族具有更为强烈的经商意识和盈利观念。然而,不可忽略的是,钱在他们的眼里并非一般意义上的物质财富,而是他们的护身符与防身术,也是他们得以进入外邦生活舞台的入场券。在他们这里,钱不仅仅是一个经济概念,而且蕴藏着浓厚的宗教、社会、民族、历史等丰富内涵,"钱之于犹太人或就如疆界之于其他的民族","钱之于他们的肉体存在,犹如上帝之于他们的精神存在"。

第二,地域分布的离散性与城市化特征,为犹太商业的发展创造了条件。地域分布的离散性与城市化特征促使犹太人成为地区贸易和国际贸易的领导者。犹太商人活跃于古丝绸之路上,不论是陆上丝绸之路还是海上丝绸之路都可以看到犹太人的身影,他们满载着货物往返于东西方世界之间,充当着东西方交流的使者。除了在丝绸之路上从事长途贸易之外,地中海世界也是犹太人展示商业技能的活跃舞台,他们在西班牙、意大利、拜占庭、巴勒斯坦、埃及、突尼斯等地从事跨国贸易。为保证贸易活动的正常运行,犹太商人组建了成熟的内部组织,在各大城市都设有代表,这些代表既能承担贸易调节人的工作,又负责存款、兑付业务,起到了银行家的作用。此外,还负责保管存放事宜,并转发来往信件,成为不同国家和地区贸易路线上的联络员,由此组建了庞大的犹太商业网,从而保证了贸易的正常开展。

由于地域分布的离散性,商业成为最适合犹太人的职业,也只有这一职业才有可能使他们在极短的时间内从某种不利的环境中脱身,寻找新的安身立命之地。在民族离散的过程中,犹太人常常喜欢立足城市生活。他们往往定居于一些城市或城市附近,积极投身于商品贸易活动。城市化的居住特点又为犹太人从事商业活动提供了空间氛围与便利条件。

第三,欧洲社会的排挤是激发犹太人商业潜能的外界促发力。中世纪初期,当大批犹太人进入欧洲的时候,当地的商品经济极其微弱,许多人入乡随俗地从事农业生产。但由于基督教会禁止犹太人及其帮工在星期天从事生产劳动,而犹太人在自己的安息日亦不劳作，这样，一周之内不得不停工两天，从而严重影响了农业生产。再加上当时欧洲一些国家，特别是西哥特人统治地区的法律禁止犹太人拥有地产，犹太人渐渐放弃了处境艰难的农业生产而纷纷投入手工业生产领域。与中世纪初期欧洲大陆上的日耳曼人相比，进入欧洲的犹太人掌握了较高的手工技艺，他们把从亚非等地尤其是从阿拉伯帝国学来的手工业技术带到了欧洲。丝织、刺绣、印染、金银锻造、玻璃工艺等成了他们的传统行业，技艺精湛的犹太工匠深受王公贵族的喜爱。

由于在农业和手工业领域方面的诸多限制，犹太人被迫转向当时遭基督徒鄙视的放债业，"西方国家的教会日益禁止基督教徒放债，于是基督教的欧洲便在这一方面出现了真空，人们只好放任犹太人去填补"。由此可见，正是欧洲社会的排挤态度把犹太人推上了商业之路。

不可否认金钱是一把双刃剑，它既给犹太人带来了财富，也为犹太人带来了灾难。当犹太人获得了经济利润之后，他们与主体民族之间的矛盾越来越尖锐。欧洲各地的世俗统治者采取种种手段掠夺犹太人的财产，不仅摊派各种名目的人头税、财产税、屠宰税、酒税、珠宝税、进口税等等，而且每逢战争、国王加冕或巡守等事件，犹太人还必须交纳"自由乐捐"。除了大肆掠夺他们的财产之外，国王们还往往把犹太人驱赶出境，而一旦经济需要，又再次把他们招回，借此来盘剥犹太人的财产。12—15世纪，西欧大多数国家都发生过驱逐犹太人的事件。从1182—1394年，法国曾6次驱逐犹太人。公元1290年，英国颁布法令驱逐犹太人，当犹太人离开英国时，他们的财产几乎全部被国王没收。出于对犹太人商业才能的嫉妒之情，犹太商人也往往被主流社会定义成阴险狡诈的吝啬鬼、

犹太商人的经典形象——电影《威尼斯商人》中的夏洛克

残暴贪婪的吸血鬼等形象，例如莎士比亚的名著《威尼斯商人》中的夏洛克就是一个放高利贷的犹太商人，成为西方文艺作品中具有代表性的犹太人形象。

当统治者出于宗教、政治、经济等目的驱逐或处罚犹太人时，金钱又往往成为犹太人的护身符，金钱被用来贿赂当地的官员以博取宽松的政策和保护。因此有人说："金钱一直介于生和死之间，它是犹太人幸存的关键。""我们依靠金钱，因为金钱成了我们唯一可靠之物。"

在独特的文化背景和价值观念的支配下，犹太人实现了民族特征与商业精神的同构，并在多层次、多角度上弘扬了这种精神。同时，在长期的经商过程中，犹太人积累了很多理财经验，如大胆创新、敢于冒险、信守合同、讲究信誉、重视情报、善用外语、精明大度、谈判制胜、预测市场、随机应变、善于促销、独衷厚利、苛求质量、树立形象、投资政治、巧取利润、活用商法、立足赢利等。多种因素交织在一起，共同孕育了犹太人的商业特长，使之成为天造地设的商业民族。

第三章

适应现代化

起来，我的人民，到了醒来的时候了！

看哪，黑暗已经过去，天已经破晓！

起来看看你周围的世界，

时间和空间已发生了多么巨大的变化！

　　　　　　　——犹大·莱布·戈登

经历了中世纪长达千年的漫长、沉寂的黑暗岁月,启蒙运动把欧洲大陆带入了一个心智洞开的时代,自由、民主、科学、理性等观念深入人心,成为时代的主旋律。深受启蒙运动影响的犹太知识分子,主张走出束缚犹太人身体与精神的隔都,以火热的激情投身于欧洲大陆的解放运动之中,从内部对犹太思想、犹太文化、犹太宗教进行审视与改革,犹太历史也从此进入了"现代化"时期。然而,现代性对于拥有几千年传统的犹太人而言是一把双刃剑,在积极拥抱现代主义的同时,许多犹太人陷入了通婚与同化的困境,进而丢失了固守许多个世纪的犹太传统,这种身份上的无所适从一直困扰着后解放时代的犹太社会。

犹太启蒙之父门德尔松

对西欧地区的犹太人来说,启蒙运动以其特有的吸引力和冲击波震颤着隔都的高墙,沉闷了数世纪的犹太人终于呼吸到了自由和平等的新鲜空气。经过对自身文化的痛苦反思和艰难的思想洗礼之后,务实敏锐的犹太人便以极大的热情投身于这场史无前例的思想文化运动之中,从而掀开了犹太历史的新篇章——启蒙和解放时代。在这新旧交替的时刻,摩西·门德尔松是一个指路人和先驱者。他大胆地否定传统犹太教中的蒙昧成分,剔除不合时宜的教条,以理性主义的精神来解释犹太教，力图协调宗教文化和世俗文化之间的冲突，因此门德尔松被视为是现代犹太史上一个划时代的人物。

门德尔松出生于德意志东部城市德绍，那是一个具有典型中世纪风格的小城市，安静优美。门德尔松的父亲是一位《托拉》缮写员，薪酬不高。虽然门德尔松的家境并不富裕，但也算个书香门第，有着丰富的文化积淀。受父亲的影响，门德尔松聪明伶俐、敏而好学，从小就学习《塔木德》，13岁时就研读迈蒙尼德那本令许多人望而却步的哲学巨著——《迷途指津》。由于长久的伏案读书，再加上体质较弱，门德尔松落下了驼背的毛病，他笑言这是从迈蒙尼德那里继承下来的一份遗产。

1743年，门德尔松的老师，著名的拉比大卫·弗兰克尔被任命为柏林的首席拉比，弗兰克尔的离开让门德尔松有了去柏林的冲动，并很快踏上了行程。当时的德意志还没有统一，各邦国中歧视犹太人的现象比较严重，门德尔松每过一个关卡都会受到严格的盘查，而且还须缴纳专门针对犹太人的人头税。门

摩西·门德尔松

德尔松的出行经历即是此地区犹太人生活的缩影,当他穿过层层的阻碍来到柏林时,一位海关官员的日志所记载的内容从侧面反映出犹太人的低贱地位,他写道:"今天通过了六头牛、七头猪和一名犹太人"。

初来柏林,并没有多好的机遇在等着他,门德尔松的生活十分艰难。为了谋生,门德尔松相继做过家教、簿记员等工作,这些也仅仅能维持他的基本生存。才识无疑是门德尔松最大的财富。不久他认识了犹太富商以撒·伯恩哈特,成为后者的家庭教师、书籍管理员,后来出任公司经理。门德尔松很快就认识到,在柏林这个大

18 世纪的瓷器——犹太小贩与他的妻子

第三章 适应现代化

世界需要学习的东西很多，于是他开始自学德语、拉丁语、希腊语、法语、英语等，同时还学习哲学、数学等世俗文化。随着不断地学习，他的视野越来越开阔，思想也越来越具有前瞻性，他发表了论述迈蒙尼德逻辑思想的论文，在学者中引起了关注。1763 年是门德尔松生活的一个转折点，这一年，普鲁士科学院举行了一次论文大赛，门德尔松获得了最佳论文奖，并得到了学院的表彰。从此，门德尔松一举成名，柏林知识界对这位能熟练运用德语写作的犹太青年充满了好奇和敬意，德皇也授予他"有特权的犹太人"的称号，享有不受驱逐的权利，这对多数犹太人来说是可遇而不可求的特权。

门德尔松在柏林结识了影响他终生的著名思想家、戏剧家、文艺评论家戈特赫尔德·埃弗拉姆·莱辛。通过他的引荐，门德尔松才得以进入柏林启蒙运动的圈子之中。莱辛自称从门德尔松的身上看到了天使般的爱心与品质，并认为门德尔松的言行是对当时社会上普遍流行的反犹偏见——腐败堕落、狂热盲目、奸诈自私、愚昧无知——的最好反证。

1779 年，莱辛以门德尔松为原型创作了一部著名的剧作《智者纳单》。莱辛以三个兄弟代表三大宗教即犹太教、基督教、伊斯兰教，宣传宗教宽容，认为没有哪一种宗教能被断言为真正的信仰，不必去争议哪一种神学才是唯一正当的信仰，每一种宗教都有自身的优点，信仰者只有通过一种正当而高尚的行为，才能证实自己信仰的真实性。莱辛是一个基督徒，但他却以一个启蒙思想者所具有的包容、理性，展现出时代精英的责任感、使命感，他的思想在当时的社会上引起了广泛的反响。

门德尔松与莱辛的友谊一直被传为佳话，他们之间经常交流思想、切磋问题，门德尔松的作品一旦写出，莱辛往往是第一位读者，

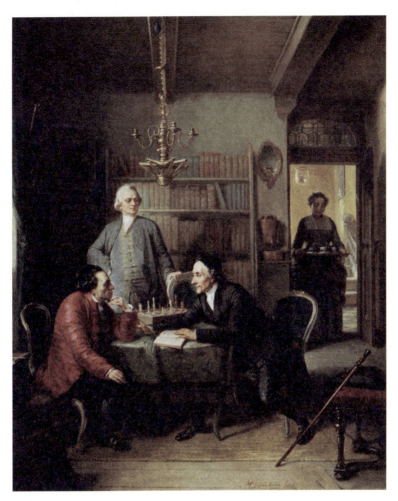

莱辛和门德尔松下棋

有人曾说:"在莱辛和门德尔松下棋的时候,德国犹太人的解放就已经开始了"。

在莱辛的鼓励和引导下,门德尔松积极投身于启蒙运动,翻译了卢梭的作品,并大量地进行创作。1776年,门德尔松模仿柏拉图的古典对话体《斐多篇》出版了专著《斐顿篇》,以理性和逻辑为基础来探讨哲学问题，尤其是民族问题。该书出版后在德国思想界引起了巨大反响，很快被译成了多种欧洲文字。此后，门德尔松用德语发表了一系列美学与哲学论文，他那深邃的思想、优雅的文风、非凡的智力及谦逊的品格给学人们留下了深刻的印象，被称为"德国的柏拉图""犹太人中的苏格拉底"。

身为一个犹太人，门德尔松时刻不忘自己的犹太身份。作为一个从传统犹太家庭出来又接受启蒙理性思想的犹太人，门德尔松自然对犹太教有着独特的感悟，这种复杂矛盾的情感使他一方面在现代社会面前为犹太教辩护；另一方面又对犹太教中不合时宜的部分进行改造，力图使犹太人走出传统，真正地成为现代的欧洲公民。

门德尔松毫不掩饰自己对犹太教信仰的维护，他不止一次地声明："如果放弃祖先的律法是我们作为平等公民进入欧洲国家的唯一条件的话，那么我们理应放弃这种解放。"在去世前的第三年，门德尔松出版了论述犹太教的代表作——《耶路撒冷：论宗教的权限与犹太教》，系统地阐述自己的宗教观念和社会思想。门德尔松倾其全力地沟通犹太阵营和非犹太阵营，他指出，宽容是理性的本质，理性的任务就是以自身的温和与仁慈来指导人们消除宗教歧视，并相信犹太教、基督教及一切宗教的和平共处必然随着理性的最终胜利而实现。然而，在利用理性为犹太教辩护时，门德尔松深刻地感受到犹太教中非理性的成分。传统的犹太教中包含了太多的蒙昧习俗、迷信成分；对犹太教的研究过多地拘泥于细枝末节的辨析，而不关注实际的应用，这造成了犹太人的封闭性，与现代社会的发展潮流格格不入。

门德尔松希望犹太民族通过世俗化之门而步入民族解放之途。门德尔松强调，犹太民族必须要从他们几百年来生活着的犹太隔都中走出来，寻求自我解放，不要再认为自己是另外一个民族，德意志文化与自己无缘，而是要把自己融入德意志社会之中。为了沟通犹太与非犹太世界，首先要清除语言障碍；犹太人通过掌握德语，可以广泛地接受欧洲礼仪，进而全面地接受欧洲文化。为此，门德尔松翻译了《希伯来圣经》。从1780年开始，门德尔松把希伯来文《托拉》翻译成了德语，并在许多地方加上了亲自撰写的评注，实际上是以理性的观点来重新解释《托拉》。1783年，这本名为《和平之路》的圣经译本一出版，立刻引起极大的关注，大大地提高了犹太人学习德语的热情和积极性。此后，门德尔松还对《希伯来圣经》中的《诗篇》《雅歌》《传道书》等进行了翻译和注释。尽管他对《希伯来圣经》的翻译和诠释引起了保守派的攻击，但是门德尔松的德语版《希伯来圣经》在当时还是产生了深刻的社会影响，被认为是他一生最大的成就之一。欧洲知识界对门德尔松给予了较高的评价，称他为"犹太人中的马丁·路德"，称其在犹太社会中掀起了一场思想革命。

门德尔松积极提倡世俗教育，认为故步自封的犹太传统教育是令人窒息的。因此，门德尔松主张学校在开设宗教课程的同时，必须开设世俗课程，如数学、物理、地理、历史、美术、伦理、哲学等，还要学习农业、手工业、商业等技术科目。在门德尔松的倡导下，一所犹太自由学校于1781年在柏林正式创办，这在犹太教育史上是前所未有的。之后，这所世俗学校作为样板在多个国家和地区实行。

门德尔松主张与欧洲文化交流，必须要与非犹太人交往。为了宣传自己的启蒙主张，尽量地消除犹太人与德国人之间的心理隔阂，门德尔松身体力行，把自己的家变成了知识分子、国外来访者及德国社会名流会晤、交流的场所，想借此来表明犹太人并非是长久以来所认为的异己分子，而是德国人中的一部分，对德国、对欧洲、对人类的文明与进步有着同样的兴趣和热情。

门德尔松是古老的犹太教步入现代化大潮的推动者，是千百年来饱受传统思想禁锢的犹太人的启蒙者，门德尔松所做的点点滴滴在沉寂的犹太世界激起了层层波澜，荡涤了部分犹太人的心灵。无论在犹太世界还是非犹太世界门德尔松都得到了较高的评价。康德曾说：

> 你很成功地将你的宗教信仰与良知、自由结合在一起，并且达到了一种意想不到的境界……同时，你又明显且完全地证实了良知和自由在任何一种宗教中的必要性，最终使我们的教会也考虑到该如何除去在我们中间影响与抑制良知和自由的一切事物。

门德尔松是犹太近代史上最早突破犹太教藩篱并且被非犹太世界接受的第一位思想家，他致力于在意第绪语（中东欧犹太人的语言）和德语之间、在隔都与欧洲沙龙之间架起桥梁，被誉为"从隔都走向现代化社会的第一人"。在门德尔松的推动下，热衷于启蒙运动的犹太人日益增多，掀开了犹太民族现代化的第一页。

哈斯卡拉的兴起

哈斯卡拉是希伯来语 Haskalah 的音译（意为"启蒙"），哈斯卡拉运动是指18世纪中期至19世纪在中东欧犹太人中间兴起的一场社会文化运动。许多犹太知识分子对理性推崇备至,把启蒙同宗者、传播新思想作为一项神圣的事业去积极推广,这些人被称为"马斯基尔"(意为启蒙运动的倡导者)。

18世纪中叶,在门德尔松及其弟子的倡导下,柏林率先成为哈斯卡拉的中心。19世纪20年代,哈斯卡拉的中心转到了奥地利,当时维也纳出版了犹太年鉴——《时代的第一批成果》,作为宣传哈斯卡拉的主要阵地。40年代,哈斯卡拉又在俄国找到了新的归宿,尤其是在具有自由主义思想的沙皇亚历山大二世统治时期,哈斯卡拉运动达到了高潮。马斯基尔们不仅宣传哈斯卡拉,还广泛介绍当时流行于欧洲的浪漫主义、实证主义、社会主义等思潮,对处于落后状态的俄国犹太人的思想解放、走向复兴起到了积极作用。

为了使犹太民族成为一个充满活力的民族,使犹太文化成为一个可塑性强、适应力强的文化,马斯基尔们不断地呐喊,来唤醒自己的同胞们,抓住机遇,寻找出一条民族振兴之路。许多脍炙人口、充满力量的作品在当时十分盛行,例如俄国哈斯卡拉活动家亚伯拉罕·贝尔·戈特罗贝尔写道:

> 觉醒吧!犹太人站起来!
> 抖落身上的尘埃,睁大你的双眼!
> 公平萌生,正义在此。
> 过失已被忘却,你无所畏惧。

诗人犹大·莱布·戈登也积极地呼吁:

> 起来,我的人民,到了醒来的时候了!

看哪,黑暗已经过去,天已经破晓!
起来看看你周围的世界,
时间和空间已发生了多么巨大的变化!

在哈斯卡拉运动中教育被放在首要的位置,只有通过教育才能真正地改变人的思想,彻底地改变犹太人的地位。这一时期,一系列旨在推广世俗文化的技术学校、医药学校等相继建立。许多著作相继出版,批判传统教育对青少年的禁锢和危害,号召青年人不仅要学习《托拉》,还要学习外语及各类世俗文化。几年之后,犹太学生在学校中所占的比例远远超过了他们在总人口中所占的比例。

哈斯卡拉时期的东欧犹太青年,有些已经剃去了胡须

沃尔特·拉克在论及这一时期的犹太教育时写道：

> 这种情况势必会导致大批犹太青年毕业后从事自由职业。第一次世界大战后，普鲁士每4名律师、6名内科医生中就有1个犹太人，在大的中心区，像柏林和维也纳，这一百分比会更高。在1850年以前，几乎没有犹太人在科学上获得什么名望和地位，这时，从那些叫卖小贩和街头零售商的子孙中出现了众多光彩夺目的人物。他们是化学家和物理学家、数学家和医生，他们的名字被用金色的字母刻在科学编年史上。

为了改变犹太传统生活方式，马斯基尔积极推崇现代化的生活方式。在他们的影响下，一些犹太青年刮去了胡须，脱去了长袍，说起了多种欧洲语言，并极力反对早婚制；一些犹太人子女就读于职业学校，有的还上了大学，成为"欧洲化"的知识分子；有的家庭主妇穿上了时髦的现代服饰，掌握了各种欧洲礼仪，出入于社交场所。

这种现象曾遭到一些传统人士的强烈反对。例如一位俄国拉比以色列·萨兰特得知他的儿子要去柏林主攻医学后，他脱了鞋，坐在地上，就像亲人死去了一样，按照犹太传统整整居丧七天。当一位犹太学者发现自己的儿子从宗教学校逃学出来躲在家里的阁楼上做雕刻时，他痛苦万分，因为他的儿子触犯了摩西十诫中的第二条。

随着时代的发展，不少犹太传统人士也慢慢开始认同"离经叛道"的新事物。雅各·普里鲁克的亲身经历非常具有代表性。当他排除种种困难成为皇家学院的一名学生，并勇敢地穿上制服之后，他的父母出乎意料地认可了他，不仅与他缓和了关系，而且以他为荣。他那做拉比的爷爷也很乐意与他谈论问题，甚至谈起了知识和科学。普里鲁克说道：

> 一个拉比的孙子，身穿皇家学院制服出现在一个以犹太居民为主要人口的城镇上，产生了极大的轰动，当时的我自然成了英雄。老一代为以色列人的生活方式即神圣会堂的终结而惋惜，而年轻人则羡慕我，并且被鼓舞起来模仿我。

哈斯卡拉作为一场理性主义运动，对犹太民族思想、文化、价值观念及生活方式等都产生了极为深刻的影响。它犹如漫漫长夜中的一颗明星，给人们带来了希望之光。一些马斯基尔认为已经找到了犹太民族的解放之路，即引导自己的同胞放下沉重的传统和包袱，轻装步入现代化之列。一些热血青年自称是"新文化的见证人""新时代的迎接者"。尽管哈斯卡拉运动在解放思想、促进民族文化的更新方面确实起到了有目共睹的作用，但是不可否认也留下了消极、负面的影响，致使许多犹太人背离了自己的传统，全然放弃了犹太教。

哈斯卡拉的发起者本意并非要放弃民族的传统，也无心瓦解宗教虔诚，大多数马斯基尔一直主张打破隔都与外界的障碍，融传统文化与现代思想于一体，最终建立起新的犹太民族文化。早期的马斯基尔是全然遵守礼仪的犹太人，但到后来形势发生了逆转，许多人产生了强烈的自我憎恨并以自己的犹太身份为耻，从而认同了基督教。海涅有句十分有名的改宗托词：受洗是进入欧洲文明的入场券。门德尔松的6个子女，有3人改信基督教，在他逝世后不到一个世纪内，几乎所有的直系后裔都接受了基督教的洗礼。

门德尔松或许预感到解放后的犹太人可能会完全抛弃传统，故而强调：你们要双手托起两个太阳，肩负起世俗文化和犹太文化两项重任，遵从所在国家的法律，但同时坚定地维护父辈的宗教，尽你所能地挑起这副担子。然而，门德尔松及其追随者们义无反顾地把犹太人领出了隔都，却没有给犹太人指明通往"应许之地"的道路，因此这些人陷入了一种无所适从的两难境地。面对这一困境，相当一部分犹太人在基督教会中找到了自己的归宿。在当时，无论中欧还是西欧，改宗的犹太人比比皆是。这种状况也引起了人们的注意，曾经为哈斯卡拉欢呼雀跃、并提出"在家是犹太人，在外是人"这一信条的犹大·莱布·戈登也无可奈何地写道：

> 我的孩子们，未来的一代，
> 从孩童时代起就疏远了我们的民族，
> 啊，我的心在为他们泣血！
> 他们正在更远更快地游离而去，
> 谁能知道他们会游离多远？
> 也许直到不能再回归的地方。

犹太民族作为"现代性的迟来者"，面对现代化这样一张疑惑丛生的试卷，难免步履沉重。马斯基尔们虽没能实现民族文化的新生，但是毕竟引导着犹太同胞朝着现代社会迈出了艰难的一步。无论这一步换回的是成功还是教训，对后世的犹太思想及犹太民族的现代化历程而言，都是极其宝贵的精神财富。

寻求解放之路

在讲"特权"的年代，经济能力、家族成分等因素决定了一个人的社会地位。在民主自由观念尚未流行开来的时候，大多数人的命运都是被森严的社会等级所掌控，对于没有公民权的犹太人来说更是如此。启蒙运动对欧洲传统特权堡垒形成了极大的冲击，理性、平等、人本主义等一时间成为非常时髦的词汇。许多思想家开始反思、批判主流社会对犹太人的偏激态度，呼吁改善犹太人的命运，德国思想家克里斯蒂安·威廉·冯·多姆就是一位具有代表性的人物，作为一个为犹太人利益积极辩护的非犹太人，多姆的影响力是巨大的。

1781 年，身为基督徒的多姆发表了一篇文章——《关于犹太人公民权的改善》，他认为犹太人身上具有很多值得称颂的品质，如坚强的意志、极强的进取心、虔诚的宗教信仰、堪称典范的家庭生活以及刻苦、诚实、团结互助、乐善好施的优良传统等。不可否认，犹太人也有很多缺点，如欺诈、顽固、自私、无视国家利益等，但这并不源于他们的宗教，而是因为犹太人长期遭受外界的压迫所导致的。多姆呼吁欧洲社会改善对犹太人的态度，扩大犹太人的政治、经济自主权。多姆的主张，引起了一些思想家、政治家的共鸣。

神圣罗马帝国皇帝约瑟夫二世就是一个典型的例子。1781 年，约瑟夫即位的第二年，就考虑关于犹太人公民权的提议，废除了犹太人佩戴识别标志及缴纳特别人头税的规定。1782 年，他颁布了《宽容特别权力法》，规定犹太人可以从事手工业、农业；可以做批发商、建立工厂；犹太子女可进入公立学校读书，也可建立犹太人自己的教育机构；可以进入公共娱乐场所；少数被宽容的犹太人可居住在隔都之外，可雇用基督徒做佣人等。6 年后，约瑟夫二世又颁

《宽容特别权力法》纪念章

布了一项法令,要求犹太人按欧洲人的习惯,选择一个合体统、易识别的姓氏。约瑟夫的改革由于种种原因虽然没有取得理想的效果,但却在犹太人解放的过程中起到了积极作用。

真正让启蒙思想深入人心的是法国大革命,这是一场真正的人权运动,它所标榜的是要建立一个平等、自由、博爱的社会。1789年8月26日,法国国民议会通过了以"人生而自由,并享有平等权利"为主旨的《人权宣言》。此后,国民议会通过一系列法令使自由、平等、博爱的观念深入人心。《人权宣言》虽没有直接赋予犹太人以公民权,但犹太人问题立刻引起各方面的关注。根据法国革命的理想,法律面前人人平等,任何人都有自己的宗教信仰权,那么,犹太人没有理由被剥夺本应属于自己的权利。

因此,法国大革命对于改变犹太人长期以来受歧视的地位是一个千载难逢的机遇,4万名法国犹太人在看到这个史无前例的机遇后,便积极地投入到争取公民权的运动之中。犹太人积极向国民议会提出公民权申诉,在多姆等自由主义思想家的多方支持与努力下,国民议会最终在1791年9月27日通过了这样的决定:废除以前法律条文中对犹太人的限制,他们将作为公民而宣誓。

法国犹太人获得公民权是近代犹太史上的大事,法国犹太人的激动情绪与感恩之情难以抑制。杰出的法国马斯基尔思想家贝尔·以萨·贝尔在给其教友的信中激动不已地写道：

> 我们所能做的就是感谢上帝的恩惠，他选择了尊贵的法兰西民族恢复我们的权利，使我们重获新生。
>
> 我们要为自己成为人、成为公民，尤其是成为法国公民而自豪。

犹太作家撒母耳·莱维写道：

> 法兰西啊！您是第一个把我们从做犹太人的屈辱中解脱出来的国家，您就是我们的以色列；这里的山峦，就是我们的锡安；这里的河流，就是我们的约旦河。让我们畅饮她的生命之水、这自由之源……让我们这个最饱受奴役、苦难深重的人民为这个砸碎了我们的奴隶脚镣的民族、为法兰西这个受压迫者的避风港祈祷吧！

法国大革命及法国犹太人公民权的获得大大推进了欧洲犹太人解放的进程，拿破仑的扩张又强制性地推动了革命成果的对外传播，进一步推动了犹太人的解放。随着趾高气扬的法国军队开进一个个欧洲城市，隔都的壁垒纷纷倒塌。在荷兰，法国公使力排众议，促使当地政府于1796年解放了犹太人；在意大利，拿破仑废除了对犹太人的种种限制，1797年7月，威尼斯隔都的大门在群众的欢呼声中被焚毁，罗马隔都也于1798年开放；在葡萄牙、西班牙，拿破仑关闭了宗教裁判所，许多马兰诺第一次公开了自己的犹太教徒身份；

拿破仑宣布：“英明的政府保护所有宗教。”

在德国，当法国军队占领莱因地区及一些省份之后，立即迫使当地政府签署了犹太人的解放令。

拿破仑的态度大大促进了欧洲犹太人的解放进程，但是也不难看出，拿破仑对犹太人的态度充满了矛盾。一方面，这位深受启蒙思想影响的叱咤风云的人物确实想把法国革命所弘扬的平等原则施惠到犹太人身上；但另一方面，拿破仑的个人目的也是显而易见的，即千方百计控制、限制犹太人，并利用犹太人问题在当时欧洲所表现出的"国际性"特征，来显示自己的影响力。

然而，好景不长，1815年，拿破仑在滑铁卢的失败宣告了其政治生涯的结束，也标志着欧洲历史进入了一个政治倒退的时期，反动势力纷纷复辟。"犹太人的解放"与"民主""自由""立宪政府"一样被保守主义者列为颠覆性的概念而加以批判。整个欧洲除了荷兰犹太人还保持着不久前获得的法律地位之外，各地的犹太人都相继失去了公民权，隔都的大门又被重新树立起来。然而，不管反动势力如何来势凶猛，也无法使犹太人完全重返隔都，回到中世纪那种与世隔绝的状态之中，人们的思想与观念已经发生了改变。

1848年，欧洲发生了大规模的革命，其主旋律仍然是启蒙思想及《人权宣言》所奠定的社会理想。这场席卷欧洲的资产阶级革命虽然没能推翻封建统治，但使更多的人接受了启蒙与改革的思想。1848年革命对犹太人的影响远远超过了法国大革命，它波及整个欧洲，受其影响的犹太人达140万，接近当时世界犹太人口总数的三分之一。从1789年至1848年这60年间，新旧势力虽反复较量，但欧洲社会仍朝着统一、民主、开明的方向迈进，正是在这样的背景之下，欧洲犹太人在寻求解放的道路上接连取胜，到19世纪末20世纪初时基本上完成了这一历程。

欧洲主要国家或地区犹太人获得解放时间表（1789—1919）

时间（年）	国家或地区	备注
1789	法国	
1790	波尔多	
1790	阿维尼翁	
1796	荷兰	
1797	威尼斯	
1798	美因茨	
1811	法兰克福	
1830	比利时	
1833	卡塞尔	
1834	布伦瑞克	
1848	皮德蒙特高原	
1848	丹麦	
1850	普鲁士	
1858	挪威	
1858—1870	意大利	
1862	巴登	
1865	瑞典	
1867	奥匈帝国	
1868	萨克森	
1870	罗马	犹太区曾被拿破仑解散，但随之又恢复
1871	德国	
1874	瑞士	
1878	塞尔维亚	犹太区在柏林会议上被俾斯麦和迪斯雷利强行解散
1878	保加利亚	
1898	英国	
1917	俄国	
1918	罗马尼亚	
1919	葡萄牙	

犹太人的解放经历了一个漫长的历史过程。这一过程的完成，不仅取决于犹太社会在何种程度上接受外界的思想与文化，以及他们自身为寻求解放所做的种种努力，而且在很大程度上取决于西方世界对他们的接纳程度。犹太人的解放是欧洲现代化的产物，不论是对现代国家，还是对犹太人自身，都是一种历史的需要。

"迷途的羔羊"

在启蒙时代，许多犹太人（主要是处于上层社会的犹太人）满怀浪漫主义的激情，急于寻求解放，在思想观念上快速地西化，迫不及待地与主流社会相融合；但西方主流社会长期受反犹观念的影响，并不乐于接纳这些犹太人，从而导致他们在"希望与失望的两极"之间徘徊，迷失在传统与现代之间，身陷两难的困境之中，被称为"迷途的羔羊"。

当时活跃在柏林的犹太贵妇沙龙曾一度成为知识界的焦点。一些美貌动人、受过良好教育的犹太女性"被知识与理性的世界所陶醉"，出于对自由、平等新思想的渴望，在自己的家中办起了最新潮的沙龙。拉赫尔·莱文是这些活跃的贵妇人中的一员。拉赫尔曾在自己的客厅里，把歌德和莱恩克介绍给了文学界。拉赫尔深切地感受到当她满怀热情去拥抱德意志母亲时，大多数人都没有也不愿从内心去接纳犹太人。根深蒂固的传统观念甚至使一些启蒙运动的赞成者也在犹太人问题上表现出思想与行动的矛盾性。她痛心地说：

> 我的错误的出身所带来的是永无穷尽和不断重复的厄运。

它们在我的一生中等于是一张弓，从这张弓上射出了最痛苦的毒箭。没有任何技艺能使我逃避这些毒箭，沉思也不行，努力也不行，勤劳也不行，屈从也不行……我必须使我自己合法化，多么悲惨啊！这就是为什么说做一个犹太人是多么令人嫌恶啊！

为了摆脱堕落和可恶的骂名，许多犹太人选择了改宗，可改宗者很快便体会到，耶稣基督的普爱之光不会平等地沐浴他们，进退两难才是他们真实的处境：如果犹太人仍坚持自己的信仰，就会被视为一个异己分子；当他们改宗时，却又无法被傲慢的主流社会所接受。无所适从的痛苦笼罩着许多改宗者。与海涅同时代的犹太作家路德维希·伯尔纳也说道：

真像一桩奇事，就因为我的犹太身份，有些人斥责我，有些人宽恕我，还有一些人称赞我，犹太人的身份就是一个圈子，没有人能跳出来。

亨利希·海涅是闻名于世的诗人、散文家和政论家。海涅出身于德国杜塞尔多夫犹太区一个接受了资产阶级自由思想，但又保留了犹太传统的家庭。海涅所接受的是混合式的教育，既有欧洲的基督教思想，又有近代法国的自由主义思想，当然也有传统的犹太思想。1821年起，海涅先后在波恩和柏林学习法律，并获得了法学博士学位，但仅仅由于他是犹太人而无法获得律师资格。为此，海涅斥责"犹太教不是一种宗教，而是一种不幸"，并一气之下于1825年接受了基督教的洗礼。

海涅和他的妻子

　　海涅对他所生活的德意志充满了热烈的爱,他那些赞美德意志的深情诗句曾经感染了许许多多的人:

　　　　夜晚思念德意志,
　　　　辗转难入眠
　　　　德意志啊,我的远方恋人
　　　　……
　　　　身在远方我仿佛听到
　　　　更夫柔和清澈的号角。
　　　　更夫歌儿般呼声亲切地在荡漾,
　　　　还有远处的夜莺委婉地在歌唱。

作为继歌德之后德国最伟大的抒情诗人，海涅在他所处的时代却根本没有得到认可。不管他的爱国情感多么热烈，他的诗作如何优美，但仍然被德国社会冠以"非日耳曼"的头衔。他的犹太身份决定了他只能被列为"不纯正的""可怀疑的"对象。由于海涅的作品中常常表露出对法国自由主义思想的崇拜，所以一些保守主义者把他称为"可怕的亲法分子"，甚至还想证明他是"背叛德意志利益的人"，并以此为借口来断定海涅"不能成为德意志艺术家"，在他们眼里，海涅首先是一个犹太人，然后才是诗人。海涅虽然改了宗，许多德国人并不想改变对他的看法，"不管受过洗礼与否都是一样，他们民族的特性就是令人厌恶"。

其实，海涅是在一种十分矛盾的情况下走进了基督教的礼拜堂。受洗前，他曾对一位朋友说，做一个基督徒实在有失他的尊严与人格，可是为了职业的缘故他不得不这样做。1826年，在他改宗一年后，海涅写道：

> 我现在既遭到基督徒的憎恶，又受到犹太人的怨恨；我后悔接受了洗礼，因为自那天起我并未看到命运的丝毫改善，反之，我所遭遇的只是不幸和灾难。

海涅还用诗句来嘲笑改宗者的怯懦：

> 这么说你忏悔了？
> 几个星期以前你还在嘲笑这个十字架，
> 现在你却匍匐在它前面！

在海涅心中对基督教始终是缺乏好感的，他曾把基督教说成是"最令人厌恶的宗教"。对于自己的犹太身份，海涅不像他同时代的许多人一样，极力隐瞒并忌讳被提起。相反，海涅却为此而庆幸。他曾说过：

> 《希伯来圣经》是犹太人的袖珍祖国。
> 　如果为出生而自豪，并不同革命战士相抵触，不同我的民主信念相抵触，那么，我为我的祖国出生于高尚的以色列之家而自豪……

晚年的海涅瘫痪病床达8年之久，生活凄苦不堪，但他对犹太文化及犹太民族的感情却未减弱。他重新认识了犹太教，并创作了一本充满深情的诗集，题为《希伯来之歌》。在诗中，他描绘了自己在父母亲的住所里所目睹的令人难忘的宗教仪式，沉迷于孩童时代的美妙记忆之中，倾诉了心灵深处对犹太教复苏的情感，并把自己的痛苦与民族的灾难相融在一起。临终之前，海涅仍为自己的悲剧性角色而痛苦，因为自己既不是基督徒，也算不上犹太人，但他又明确表示没有必要再举行回归犹太教的仪式，因为在内心深处，他从未远离自己的人民，也并未真正背离自己的宗教。

不可否认，在长期的流散过程中，种种主客观因素曾把许多人推上了同化与改宗的十字路口，也确有不少人像海涅那样游离出犹太教。可犹太属性在他们身上所刻下的印迹是难以消失的。正如犹太思想家阿哈德·哈姆所说：

哥本哈根的拿德森一家——19世纪初被同化了的犹太人

没有人在我们出生以前向我们发问：你想成为一个犹太人吗？你喜欢犹太教的说教、犹太教的《托拉》吗？犹太教在我们尚未意识并同意的情况下，将我们引入了约柜，并给了我们一部先于我们自我塑造的完整的《托拉》……为什么我们是犹太人？这个问题多么奇怪……询问这棵树，它为什么生长……它（犹太性）是我们的精神内核，它是我们的一项自然法则。它具有一种生存方式和它自己的恒久性，如同一个母亲爱她的儿女，如同一个人爱他的故乡。

启蒙时代，以海涅为代表的一部分知识分子虽然接受了主流文化的洗礼，但其中的艰难与困惑始终与之相伴。当他们在沉重的传统遗产与被玫瑰色的光环所笼罩的西方文明之间艰难地选择了后者之时,主体民族的冷漠与无情使他们不知所措、进退无门,被遗弃的苦痛便油然而生。这种苦痛是发自心灵深处的、难以言表的苦痛,这种苦痛不仅仅属于个人,而是整个族群的苦痛。这种苦痛提醒着人们:在奔向现代化的征途中,一味地追逐西方而失去了独立的自我,即便在表面上能置身于"摩登"之中,但内在的失落与缺憾却始终是无法消除的。

犹太教的改革与调整

在启蒙与解放的大潮面前,犹太人面临着前所未有的信仰危机,由于犹太教烦琐的宗教礼仪与主流价值观格格不入,越来越多的人自觉不自觉地远离了自己的宗教。在外部现代化的冲击、内部哈斯卡拉的推动之下,19世纪初,犹太教开始了改革运动,企图通过对犹太教进行自我调整来应对信仰危机。

与哈斯卡拉一样,犹太教改革运动也兴起于德国。当时德国的犹太人口并不多,大约有40万,但却是受现代化影响最大的犹太社群,他们长期生活在那片土地上,当浓厚的民族传统在遭遇相对强烈的现代潮流之后,表现出了更为激烈的矛盾和冲突。但改革运动并不是被动地妥协,而是自身积极主动地调整,通过对宗教礼仪和传统习俗的改革,有效地阻止犹太人抛弃传统走向同化的浪潮,使那些"迷途的羔羊"重返犹太教的怀抱之中。

亚伯拉罕·盖革是犹太教改革派非常著名的思想领袖。盖革出生于法兰克福的一个传统犹太家庭,从小接受宗教教育。他幼时即负天才盛名,据说3岁能读《圣经》,4岁能读《密释纳》,6岁能读《革马拉》，19岁时进入海德堡大学学习东方语言，不久又转入波恩大学，并撰写出博士论文《穆罕默德从犹太教中汲取了什么？》，获得了博士学位。1832—1837年，盖革担任威斯巴登城的拉比，并尝试对礼拜仪式进行改革，他还编辑出版了《犹太神学科学杂志》，一度成为犹太教改革派的理论阵地。1862年，盖革创办《犹太生活和书信杂志》，积极地宣传改革主张。盖革还为建立德国历史上第一所现代拉比神学院付出了大量的心血。

盖革是一位杰出的改革派思想家、历史学家和语言学家，他一生著述颇丰，学术研究涵盖了犹太学的各个领域，盖革的改革理论主要体现在以下几个方面：

第一，犹太教只是一种信仰体系，宗教礼仪应随着现代主义精神而作相应的调整。和科罗赫马尔一样，盖革也力图把宗教与哲学协调起来，认为宗教如同人类社会一样，要经历一个发展演变的过程。在他看来，犹太教中的基本教义即它的一神教原则是恒久不变、具有强制约束力的。"然而，礼仪仅仅是展示宗教真理的方式而已，因而其本身不是永恒的、不可变更的，在一代人身上起到过促进与鼓励作用的习俗，在另一代人看来或许是不可接受的。"在现代社会已成为多余的、不合时宜的规约，不仅不能激起宗教神圣感，反而使现代人厌倦、排斥宗教，并使外部世界增添对犹太人的疏远感，这样的礼仪与程式自然要更改或废除，如饮食法、割礼等都属于这一类。

第二，否认犹太教中的民族特征，力图使犹太教成为一种普世主义宗教。盖革认为，随着时代的演化，犹太教仅仅是一种宗教，其中的民族和种族因素已经消失，"使犹太教成为一种世界宗教既是可能的，也是必须的"。盖革承认，犹太教的民族性特征在历史

《克拉科夫的犹太人婚礼》（木刻版画，1890）

上起到过重要作用，但在现代社会，民族性已成为犹太人融入现代社会的障碍。现代犹太教必须要放弃其民族性特征，融于主体民族之中。

第三，通过对犹太教的历史考察，分析宗教改革的目标与任务。盖革强调，现代意义上的宗教改革已刻不容缓，改革的目的是，必须把犹太人从那种与时代精神格格不入的戒律和法规的桎梏中解脱出来，并为其规定一条全新路线，对不合时宜的东西进行不断地修正，将犹太教改造成可以为其教友提供一种适用于个体的、全新的理想和抱负，并废止不尽如人意的律令和法规体系。

盖革主张重筑犹太教，使之适合现代主义与时代精神，他的理论与实践活动直接推动了肇始于德国的犹太教改革运动,他因此成为改革派的先驱人物。

慈善家以色列·雅各布森被称为是德国犹太教改革派的重要代表人物。1801年,雅各布森在希辛创办了一所寄宿学校和一所被称为"圣殿"的小圣堂,作为他的改革阵地。雅各布森简化安息日的礼拜仪式,第一次使用德语赞美诗与合唱曲,并运用德语布道。1808年,雅各布森自费在希辛建了一所犹太会堂,他打破惯例,用男女合唱队代替了单调的男声合唱队,并加上了管风琴伴奏,从而增添了礼拜式中的美学色彩,受到许多改革派人士的欢迎。

改革运动很快延伸到汉堡,以色列·克雷为最主要的领导人之一。作为一位新成立的犹太学校的校长,他团结了一些改革派人士。他们所推行的改革主要有:无论男孩、女孩都可参加集体仪式——坚信礼;用通用的语言重写祈祷文,而不是仅限于希伯来语;把救世主降临带领希伯来人重返锡安的内容改为对人类公平、正义的新时代的向往。祈祷文的改变被传统派视作最离经叛道、不可宽恕的做法。

19世纪初期,柏林成为改革派的活动中心,也成为改革派与传统派矛盾最突出的地方,双方的论争达到了白热化的程度。1823年12月9日,国王签署了一道禁令,规定犹太宗教仪式必须按照传统的模式进行,不得作任何变更,传统派占了上风,改革运动受到抑制。

德国犹太教改革是一场自发的社会运动,各地的改革团体各行其是,缺乏系统的理论纲领及行动指南。改革运动从19世纪40年代中期起已呈现衰败之势,究其原因,除了内部不统一、缺乏凝聚力之外,还有不可忽视的客观原因。首先,1848年欧洲革命之后,反动势力复辟，欧洲出现政治倒退，这一现象对改革派打击很大，许多人认识到他们曾极为推崇的"来自内部的改革"并不足以改变犹太人的处境，通过政治斗争争取公民权才是当务之急。其次，德国的改革派团体多为不受社区资助的私人组织，在传统势力的强烈影响下，普鲁士政府一直对改革派采取限制与反对政策，甚至下令禁止任何背离犹太传统的宗教团体活动。与此同时，许多改革派领导人随着移民潮移居美国，寻找更为自由的天地以实现自己的改革理想。这些因素导致了德国改革运动走向衰落。

德国改革派拉比服装

从整体上看，德国的犹太教改革还处于比较温和的"美学意义上的礼仪改革"，其深刻性无法与后来的美国改革派运动相比。但正是这种"温和性"为德国改革派赢得了群众。德国犹太教改革派在现代犹太教的形成及犹太文化走向现代化的历程中起到不可忽视的领路人及推动者的作用，它不仅为美国犹太教改革派奠定了理论与实践基础，而且也促成了其他宗教与思想派别的形成。它的产生标志着传统犹太教在现代主义的强烈冲击波下走向分裂，也象征着犹太文化在现代社会中的新生。

19世纪以来，传统犹太教与现代科学、哲学、经济学及政治学的矛盾日趋激烈，尤其是改革运动的兴起，更促使了正统派对现代化潮流做出反应。"正统派"一词在1807年被德国改革派首次使用，他们把反对改革的传统主义者统称正统派。面对解放运动所带来的急剧变革，19世纪后期，在改革派和正统派之间还形成了一个新的派别——保守派。保守派企图调节改革派和正统派之间的差异，走一条相对中和的改革道路。无论是正统派、改革派还是保守派，都是要通过自身的方式来维护传统，使其更适应现代社会。因此，从犹太文化自身来说三者之间并没有绝对的对错之分。

影响世界的犹太精英

作为一个流散于世界各地的民族，犹太人在多灾多难的历史环境中不仅得以生存下来，还创造了独具特色的民族文化。在宗教领域中，犹太教对西方基督教社会的影响不言而喻；在世俗领域，犹太人同样取得了令人叹服的成就，这与他们"边际性客民"的身份形成了强烈反差。如果说犹太民族在中世纪时的成就主要体现在宗教方面时，在启蒙运动之后，犹太人在经济、科学等领域的作用日益凸显，产生了一批足以影响世界的犹太精英。

哈斯卡拉为犹太世俗文化的兴起推开了大门，摆脱传统束缚被视为是犹太人适应现代社会的第一步。犹太人口数量的变化及城市化的加快显示出犹太人对现代社会的适应过程。1800年，世界上犹太人口的总数为250万左右，1900年已上升到1050万左右，增长速度远远超过以往任何时期。19世纪也是犹太人口从落后地区大规模向大城市迁移的高峰。在德国，大量东欧犹太人从以前属于波兰的东部地区向莱比锡、科罗涅、法兰克福、柏林、汉堡等地迁移。到19世纪末，德国犹太人口总数有50多万，其中半数集中在几个大城市，仅柏林的犹太人就占全国犹太总人口的1/3；法国大批的犹太人向巴黎迁移，到19世纪中叶，巴黎已成为欧洲"犹太城市文化的主要中心"；在当时的奥地利，犹太人从摩拉维亚、加利西亚等地纷纷向维也纳迁移。

城市化是犹太民族现代化进程中的一个不可忽视的推动因素，进入大城市尤其是生活在国际大都市的犹太人，表现出极强的文化适应性，受周围环境的影响，他们往往以更开放的心态接受新事物，认同充满诱惑力的主体文化。尤其对于那些寻求世俗发展并急于摆脱犹太传统的人来说，城市是更自由的世界，充满了机遇与挑战。

面对发达的欧洲文明，犹太人充满热情地投入到学习之中，并很快在欧洲文化领域崭露头角，一批批科学家、思想家、艺术家从德国、法国、英国、意大利等国家多个城市的犹太社团中脱颖而出。人们常常用"犹太人为世界贡献了三个脑袋"这句话来概括犹太人在人文科学与自然科学领域中所取得的重大成就，三个脑袋指的是卡尔·马克思、西格蒙德·弗洛伊德、阿尔伯特·爱因斯坦。

卡尔·马克思被誉为是社会学的三大奠基人之一。马克思于1818年出生于普鲁士的一个犹太家庭，他曾在柏林大学学习法律，当时的柏林具有浓厚的哲学氛围，马克思深受影响，兴趣爱好逐渐转移到哲学、历史、政治等领域。在欧洲社会由传统的农业社会向工业社会转变的过程中，很多社会矛盾凸显，特别是无产阶级被剥削压榨的社会现实引起了马克思的关注，他在《资本论》中详细分析了货币形成、资本运转方式、剩余价值、扩大再生产等内容，这

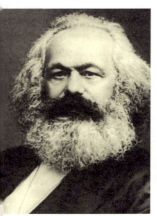 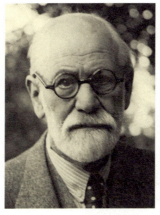 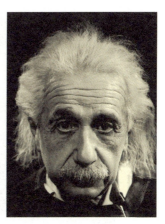

影响世界的三位犹太人：马克思（左）、弗洛伊德（中）、爱因斯坦（右）

本书被誉为是研究资本主义经济形态的巅峰之作。

西格蒙德·弗洛伊德于1856年出生于摩拉维亚，17岁时考入维也纳大学医学院，后来成为临床神经专科医生。在工作期间，弗洛伊德想方设法排除患者的精神痛苦，曾尝试多种疗法对病人进行治疗，这最终促使他成为一名心理学家，被誉为是精神分析大师。弗洛伊德一生著作丰富，著名的有《性学三论》《梦的解析》《图腾与禁忌》《日常生活的心理病理学》《精神分析引论》等。弗洛伊德所开创的精神分析方法被誉为是心理学研究上的一次重要革命。

阿尔伯特·爱因斯坦，1879年出生于德国乌尔姆市的一个犹太家庭。1905年，26岁的爱因斯坦提出了狭义相对性原理等，开创了物理学的新时代。1921年，爱因斯坦凭借光电效应获得诺贝尔奖。爱因斯坦的主要成就有相对论、光电效应、能量守恒等，并为核能开发奠定了理论基础，被誉为是人类历史上最伟大的科学家之一。

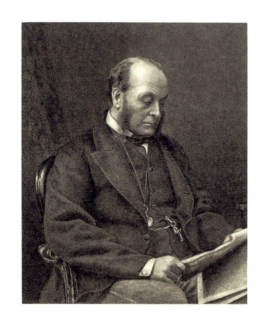

两度出任英国首相(1868、1874—1880)的本杰明·迪斯雷利

在现代化的大背景下,很多犹太人进入政治领域,在多个国家当上了要员,英国首相本杰明·迪斯雷利就是一名犹太人。迪斯雷利写了许多文学和政治作品,是当时著名的政治评论家。迪斯雷利依靠自身的努力,在40岁前后就成为英国保守党的领军人物,他曾参与提出并促使议会通过了1867年议会改革法案,为英国民主化进程做出了积极贡献。迪斯雷利于1868年和1874年两次出任英国首相,政绩显赫,他被誉为英国历史上最杰出的政治家之一。

积极融入现代社会也给犹太人带来了丰厚的回报。在十八九世纪西欧资本主义经济大发展的时期,社会分工更加的明显,刚刚获得公民权的犹太人获得了前所未有的机遇,他们作为企业家、制造商、发明家、银行家等而引人注目。走乡串户的小贩发展为具有各种国际联系的大商人；小金银匠成了活跃的经纪人；手工裁缝成了制造批发商；废品收购者成了金属买卖中介人；旧衣经营者成了批量生产的服装商；放债者从事股票交易，在各地的证券交易所成为中心人物，这些人构成了犹太资产阶级的主体。

19世纪的欧洲出现了一些犹太百万富翁，建立了不少闻名遐迩的大金融机构，如"布鲁塞尔银行"（由奥本海默创立）、"巴塞尔商业银行"（由伊·德莱福斯等人创立）、"圣彼得堡银行"（由冈茨伯格家族创立）、"华沙贴现银行"（由 M. 爱泼斯坦创立）等。在这些实业家中最著名的是罗斯柴尔德家族，作为欧洲最著名的银行世家，其创立者是梅耶·罗斯柴尔德及其5个儿子。他们起家于法兰克福，并在维也纳、伦敦、巴黎、那不勒斯建立了分支机构，拥有极其雄厚的实力。

梅耶·罗斯柴尔德早年的生活相当贫困，他将大量的精力与金钱投入到了古钱币上面。当时古钱币的购买者仅限于上流社会，产品市场相对狭小。针对这一点，梅耶别出心裁地把各种古钱币印制成精美的目录册，为吸引顾客，他对目录册的印刷要求做到尽善尽美，既突出特色又要品位高雅，使之成为一种身份与地位的象征。然后，梅耶将这些印刷品邮寄给各地的王公贵族，并附上一封热情洋溢的信件，就这样，梅耶凭借着自己的专业知识与独具匠心的推销方式而声名远扬。

随着业务的不断扩展，梅耶·罗斯柴尔德逐渐成为当地著名的金融家，他决定让儿子萨洛蒙去维也纳拓展市场。萨洛蒙利用发行公债的机会获得了巨额利润，并被授予维也纳"荣誉市民"称号。随着事业的发展，一个大胆的计划在萨洛蒙心中开始酝酿，即打破以马车为主要交通工具的局面，在奥地利承修铁路。当时的奥地利

梅耶·罗斯柴尔德

是一个落后保守的国家,修建铁路的消息传出后,人们对火车这样的庞然大物非常惧怕,很多反对的言论迅速散播开来:

> 人类的身体根本无法承受时速 24 公里以上的速度,如果坐在火车上,乘客会七窍流血而死,另外当火车穿越隧道的时候,人也会被窒息而死,火车就是一个巨大的棺材。
>
> 当今社会,人们的精神已经处于高度紧张、疲劳状态,如果再加上乘火车造成的紧张感,人类必然会疯掉。
>
> 由外国人投资铁路将会给国家带来危机。

萨洛蒙完全不理会这些言论,他派出了大批人员去英国考察学习,另一方面加紧与斐迪南皇帝、财政大臣、新闻记者等进行接洽磋商，并在全国发行股票，广筹资金。最终，经过艰苦的努力，一条从维也纳至巴伐利亚的长约 100 公里的铁路修建完成，它是欧洲大陆上最早、最长的一条正规铁路，沿途的车站以及车辆本身都以皇族的名字命名。铁路的修建不仅带来了巨大的财富，也使得罗斯柴尔德家族威名远扬。

罗斯柴尔德家族作为一个金融大鳄，大量贷款给各国政府，对欧洲经济、政治所产生的影响达 200 年之久。莱昂内尔·罗斯柴尔德帮助英国政府购买苏伊士运河股份的事就是一个典型的事例。

为方便对东方的控制，法国联合埃及开凿了苏伊士运河，对于运河公司的股份，法国占 52%，埃及占 44%。1869 年，运河顺利通航，这被视为是法国在中远东地区势力扩张的一个重要象征，英国对此备感不安，试图夺取运河的控制权。

1875 年 11 月的一天，英国首相本杰明·迪斯雷利在莱昂内尔·罗斯柴尔德家中做客。正巧从法国传来情报称，埃及由于财政困难，愿意以 400 万英镑的价格把苏伊士运河 44% 的股份转让出去，法国政府正在犹豫价格问题。这个消息如同天上掉下的馅饼，两人认为这是一个绝佳的机会，英国必须第一时间出手，绝不能让其他国家捷足先登。迪斯雷利回去便召开了内阁会议，大家一致同意购买，但十分棘手的问题摆在面前——去哪弄到 400 万英镑呢？如果向银行借钱，烦琐的借贷程序可能会让英国错失购买机会，而英国能在短期内支付这笔现金的只有莱昂内尔·罗斯柴尔德，最终迪斯雷利决定向莱昂内尔借钱。迪斯雷利派科雷去找莱昂内尔，二人之间发生了如下的对话：

"需要多少钱？"

"400万英镑。"

"什么时间要?"

"明天。"

这时,莱昂内尔捏了一个葡萄,扔进嘴里,"扑"地又吐出了皮,问道:"谁来担保?"

"英国政府。"

"行!"

英国如愿以偿地买下了苏伊士运河44%的股份。

在犹太历史上,罗斯柴尔德家族一直被视为财富与荣耀的象征,即便是在家族势力已大为削减的21世纪,人们仍在乐此不疲地演绎着他们的金融神话。2009年春天,罗斯柴尔德家族的第六代掌门人大卫·罗斯柴尔德接受了中央电视台《对话》栏目的采访,在谈到家族何以能在250多年中维持其声望与影响力时,大卫·罗斯柴尔德有这样的表述:

> 对我们家族而言,我们有自己的原则:团结、正直和勤劳。所谓团结,就是家族成员之间要团结;勤劳就是要努力地工作;而正直,就是说你做的事情要对自己有好处,也要对别的人有好处,而不是仅仅为自己赚钱。这是我们的三词真经。

在历史上,犹太民族始终是一个少数族裔,但它却是一个具有非凡创造力的民族,在经济、科学、艺术等领域中取得了惊人的成就,以至于长久以来犹太人被称为是"最聪明的民族"。犹太民族之所以人才辈出,并不是因为他们具有超乎常人的大脑,而是与其历史与文化、族群的经历有着密不可分的联系。犹太人成功的原因可总结为以下几点：

1. 犹太教是促进犹太人取得成功的内在动力。《圣经》鼓励犹太人要行公义、好怜悯、存谦卑之心，与人为善、乐于助人是犹太教鼓励犹太人实现社会价值的黄金准则，它要求每个人都应该担负起自己的责任，为自己、为家人、为社团以及犹太民族的发展做出贡献。

2. 重视教育是犹太人取得成功的一大因素。犹太家庭和犹太社团的学习氛围浓厚，尊重学者、崇尚知识是犹太人的生活准则。很多犹太人养成了善于钻研、乐于质疑、反向思维的习惯，他们善于学习与总结，具有敏感的洞察力，这些特点都是犹太人的宝贵财富。

3. 反犹主义是犹太人不断超越自我、走向成功的驱动力。反犹主义是犹太人最长久的敌人，也是促进犹太人不断进步的动力，外界社会的种种限制与迫害锤炼了犹太民族的韧性，启发了他们的创造力，犹太人有更多的理由并且需要付出更大的努力去争取生存与发展的权利，在这种情况下，犹太人展现出了强大的适应力和创造力。

4. 与异质文明交往是犹太民族不断进步和成功的重要原因。犹太民族是一个迁移性的民族，他们跟随着文明的步伐行走，始终生活在最先进文明的辐射圈内。在与异质文明的交往中，犹太文化不断调整与革新，犹太人的思想观念也发生了巨大的变化，他们不断接受新思想，适应新环境，借鉴新知识。正如以撒·多伊奇所说：

> 他们的"超前"优势在于作为犹太人他们生息在不同文明、宗教和民族文化的交界线上，他们诞生和成长在不同时代

的交界线上。他们的思想成长在最为斑斓的相互沟通、相互滋养的文化影响之中，他们生活在他们各自国家的边缘、隐蔽处或偏僻角落。他们中的每一位都既在其社会之中又超然其外，既属于它又超然于它。正因为如此，才使得犹太人创造了超乎社会之上、超乎其国家之上、超乎其时代之上的思想，才使得他们的精神遨游在宽阔的地平线上，遨游向遥远的未来。

第四章

追逐美国梦

犹太人是独一无二的。他们作为世上最早的一神论者,早在《圣经》记述的年代里就独一无二;后来背井离乡,被放逐而浪迹全球,也是独一无二;接下来他们抵达美国,开始新的冒险征程,并最终获得前所未有的成功,依然独一无二。在美国,犹太人的崛起前所未见,从工人阶级新移民一跃占据法律、医学、学术、金融、商业以及艺术等领域的显赫位置。犹太人一时间成了美国成功故事里不可或缺的部分。

——杰克·罗森
《犹太人的大梦想——成功、繁荣和美国梦》

1500年在世界历史上是一个转折点，勇于探险的航海家们驾驶着浩浩荡荡的船队把人类历史推进到地理大发现时代，从此，频繁的交往活动打破了区域文明的种种局限，世界逐步成为相互联系、相互依存的一个整体。在这样的宏观背景下，美洲大陆吸引了大批"淘金者"。一批批散居于欧洲各地的犹太人纷纷落户于纽约、芝加哥、费城等大都市，在遥远的异国他乡为自己找到了一方实现梦想的乐土。他们适应环境，把握机遇，创立了犹太文化的美国风格，建构了散居史上最为辉煌的犹太社团。如今约有600万犹太人生活在美国，他们在政治、法律、金融、艺术、娱乐业等诸多领域显示了自己的实力。用美国犹太领袖杰克·罗森的话来说："简而言之，犹太人的文化和传统——他们形成的内因和外因——形成了一股强大的合力，促成了犹太人在美国的成功故事。"

踏上北美大地

当上帝关闭了一扇门时，他会为你开启另一扇窗。当欧洲大陆反犹主义遍地肆虐的时候，北美这扇新的大门向犹太人敞开了。犹太人很早就踏上了美洲大陆。1492年，犹太人路易斯·德托雷斯作为哥伦布船队中的一员抵达北美，这是犹太人到达美洲的最早记录。1654年，有23位葡萄牙犹太人为躲避宗教法庭的迫害来到了当时属于荷兰殖民地的新阿姆斯特丹,成为移民美国的先驱。到1776年美国独立时,北美土地上有2000—3000名犹太移民。美国的开国元勋们对犹太人颇为尊重,约翰·亚当斯称犹太人是"在这个世界上居住的最光荣的民族"。

19世纪中叶以来,犹太人在寻求解放的旅程中跋涉了很久,尽管他们的传统职业及社团机构已经分化,在语言、服饰及观念上与主体民族的差异越来越小,但传统的反犹观念依然存在,它以阻碍犹太人进入主流社会为主要目的。崇尚自由、平等的犹太启蒙者一直对人类的进步怀有高度的自信,他们认为科学与理性的发展终将荡涤一切反犹情绪。但随着突如其来的反犹狂潮在欧洲大陆不断上演,许多犹太人彻底失望,最终选择到遥远的美国去发展。

利奥波德·科姆佩特是一位颇有影响的波希米亚犹太作家,他和许多人一样把自由的希望寄托于1848年革命,当希望破灭之后,他写了一篇题为《走向美国》的文章,呼吁

1763年建成的位于纽波特的托罗犹太会堂

犹太人移居美国以躲避新的灾难。一些犹太领袖也开始组建移民团体，安排迁移事宜。1840—1860 年，是美国社会给予犹太人以"广泛自由及广泛接纳的时代"，大批中欧犹太人从德国、奥地利、匈牙利和波希米亚等地举家迁往美国。这 20 年间，美国犹太人口增加了 10 倍，由原来的 1.5 万人增至 15 万人（1826 年时仅有 6000 人），到 1880 年已达到 25 万，他们的足迹遍及整个东部，并开始向西部蔓延。

1881 年以后，俄国政府公开排犹，每一次暴力行动都把一批新的移民送出边境。东欧犹太人把美国视为理想的避难所，在他们的心目中，大洋彼岸的那片新土地，没有暴力、没有歧视、没有眼泪，只有平等的机遇和成功的条件，似乎"那里每一条街道都是用金子铺成的"。据估计，19 世纪末叶，每 3 个东欧犹太人中就有一个定居美国。从 1881 年到 1924 年有大约 250 万东欧犹太人移居美国。

来到美国的犹太移民，很快就认同了美国社会的主体精神，在他们眼中，新大陆成了自由、民主、平等的乐土。1883 年犹太裔作家埃玛·拉扎勒斯以非常深情而优美的诗句表明了犹太人的这种心态，她写道：

　　都交给我吧——
　　那些疲惫贫穷、渴望自由的众生
　　那些遭遇遗弃、苟且于彼岸的人群
　　那些无家可归、挣扎于暴风雨之中的惊魂
　　都交给我吧！
　　我高举灯盏伫立于金门！

19世纪末,大批欧洲犹太人移民美国

19世纪末,俄国政府公开排犹

犹太女作家埃玛·拉扎勒斯

自由女神像

埃玛·拉扎勒斯的这首《新巨人》，在美国文坛上影响深远，它被刻在了自由女神像的座基上，成为人们世代传诵的不朽之作。

思想裂变与心理适应

当早期的犹太人满怀欣喜地踏上新大陆的时候，这里的生存环境、文化习俗都让犹太人备感陌生。比起故乡，这里是一片更加现代的热土，一面是象征工业发展的大烟囱，另一面是纸醉金迷、灯火烂漫的喧嚣世界。尽管犹太人特别是中西欧犹太人也曾受到启蒙的影响，但19世纪80年代以前的大多数犹太社团基本上仍处于前现代状态。

一踏上美洲大陆，犹太人立刻意识到他们常年固守的种种礼仪及行为规范在新大陆"不合时宜"。他们在入乡随俗的过程中，逐渐淡漠了自己的传统。先期而来的德国犹太移民也以自己的亲身经历教育后来者要丢弃旧世界的传统习惯，使自己脱胎换骨变成美国人。一个犹太年轻人曾比喻道：我们如同烈马被驯服一般，不分青红皂白地憎恨和蔑视传统，因为它们是横亘在我们所追求的目标前面一道不可逾越的障碍。因此，许多犹太移民在登上轮船那一刻，就决心与旧世界决裂，他们祈求崭新的生活，要像婴儿一样重新去认识、重新去成长、重新去生活。

美国这个陌生的新环境，对大多数犹太移民来说都需要一个很长的适应阶段，以至于相当一部分人的心情很快就从最初的欣喜转为了失望。美国的客观现实使不少犹太移民认识到，单单追求道德及理性意义上的学习远远不够。他们惊叹眼前的世界是建立在这样的基础之上：金钱、金钱，还是金钱。这里确实需要知识与学问，但人们学习的首要动机已变成了经济与社会地位的提高，其次才是精神的升华或灵魂的净化。

民族文化与现实生活的冲突在家庭中体现得尤为明显，在新旧观念的冲突之下，家庭往往成为最先爆发冲突的地方。在传统的犹太家庭中父亲具有权威性，是家庭生活及履行宗教礼仪的核心。"父亲就是一家之主，受到敬畏和尊重。不能轻易对他讲话，也不能谈论他。他代表一个古老的文明。"但在美国新生活的影响之下，传统家庭的危机已经出现。有人曾将这时期的犹太家庭形容为"受挫的爱情、破裂的家庭、痛苦的婚姻"。

沉重的生活压力与外界社会的诱惑，使许多丈夫失去了责任感，遗弃家室成为一种普遍的现象。《前进报》作为当时世界上最大的意第绪语时报，专门开辟了"失踪丈夫专栏"，刊登弃家不归者的照片及其家人的联络方式。纽约希伯来慈善联合会在1903年和1904年的财政支出报告显示，该联合会所受理的10%的救济申请来自被丈夫遗弃的妇女。20世纪初的许多意第绪语报刊发表了连篇累牍的文章来反映夫妻关系的紧张。造成许多犹太丈夫离家出走的

国犹太移民享受中餐

美国的女性犹太移民

原因是"没有精神根基的青年人对美国生活缺乏抵抗力"。

许多家庭主妇也因为婚姻生活的期望值升高,从而对婚姻生活提出了新的要求。许多女子由原来的目不识丁变为可以看书写字,脱离传统的主妇角色进入工厂去挣钱,担当起了养家糊口的重任。随着经济地位的改变,她们对婚姻生活的要求提高了,当丈夫的实际状况与她们的期望值之间存在着很大差异的时候,造成家庭解体的不安定因素也随之增加。当时的意第绪语报刊收到不少丈夫的来信,诉说自己的妻子如何与外人混在一起。

面对嘈杂的街道、拥挤的住房、你推我搡的匆忙人群,加上精神孤独与生活重压,许多人出现了心理错位。从19世纪八九十年代至20世纪初,不少犹太人出现了心理疾病,各种各样的犯罪行为如匪徒打劫、少年堕胎等十分普遍。纽约下东区的贫困、拥挤状况助长了许多青少年走上街头,成为"浪子",从事各种犯罪活动。1906年,纽约希伯来青年会主席福尔克·杨格在一份报告中说:在纽约少管所接受教育的儿童中,犹太人占20%—30%。

造成犹太人思想裂变的因素是多种的,一方面美国都市的种种浮华、铺张的生活气氛对犹太传统生活提出了挑战；另一方面犹太传统道德标准和文化支柱在新世界并没有牢固扎根；此外，大多数出来做工的犹太人，被迫忍受残酷的剥削和高强度的工作，这让他们的生活十分艰难。几种因素交织混杂在一起，对犹太传统生活和观念产生了重大的冲击。

社会学家冷纳将这些来到美国艰难适应现代文化的犹太人称为"过渡人"，他们处于"传统者"与"现代人"之间，是传统—现代的断裂体。由于"过渡人"生活在双重文化背景下，他们一只脚留在传统之中，另一只脚已步入现代社会，对传统既留恋又厌倦，对现代化时而贬弃、时而张扬，时而热情奔放、时而又疑虑重重。对于那些刚刚走出传统社会而步入现代美国的东欧犹太人而言，他们不仅经历着"新"与"旧"交替所造成的"价值窘迫"，而且比其他族类的"过渡人"更多了一层浓厚的思乡之情与漂泊异乡的凄凉之感，他们的精神孤独更为沉重。

作为"过渡人"固然是痛苦的、无可奈何的，甚至是不幸的，但现代新型人格恰恰是在痛苦与无奈之中孕育、成长的，在经历了"转型"与"过渡"的苦涩之后，到20世纪中叶，大多数犹太人逐渐在"犹太性"与"美国化"之间找到了一种平衡，这也是传统与现代撞击、兼容的产物。

犹太教在美国的多元化发展

"有时违背部分律法乃是为了保护整个律法。"为满足多元社会中现代人的不同需求，美国犹太教也走向了分化，出现了四大派系——正统派、保守派、改革派、重建派。移民美国的欧洲犹太人

美国的第一座犹太教堂

特别是德国犹太人,已深受犹太启蒙与改革思想的影响,对自由、世俗的生活方式十分向往,特别是面对美国多元文化的大环境,改革犹太教的意识非常强烈。在美国,即使是正统派、保守派,也或多或少地打上了世俗化、现代化的烙印。相比之下,改革派与重建派显得更为活跃,他们积极用现代性因素来梳理本民族的传统文化以建构自身。

有比喻说,对犹太教进行改革就如同在河堤上扒缺口,最好是谨慎、周密、有计划、巧妙地去做,这样才能控制住水流,不至于让洪水淹没了家园、田地及村庄。美国犹太人的心态和生存环境决定了他们要对传统进行某种程度上的变革,在文化适应上改革派和重建派非常具有代表性,这两派也被视为是犹太教在美国文化中的新生。

第四章 追逐美国梦

美国犹太教的改革先驱大多是德国移民，也可以说美国改革派是德国改革派的延伸。1842 年，美国成立了第一个改革派犹太教公会——西奈联合会，拉开了改革运动的序幕，到 1877 年时，200 多家犹太教公会几乎都是改革派的，19 世纪末期也被称为美国犹太教改革派的辉煌期。

以撒·迈耶·怀斯是美国犹太教改革运动最主要的设计师。这位出身于波希米亚的拉比，于 1846 年夏天到达美国后就立即推行了一些改革措施，如在会堂仪式上增加钢琴伴奏、混合唱诗班等。在他看来，陈规陋习已经裹住了犹太教的内核与精髓，只有摩西十诫才是真正的神启，其余的律法都有一定的时效性及局限性。美国犹太教的出路就是要与美国精神相融合，只有冲破那些落后、陈旧的教条，犹太人、犹太教才会有希望。怀斯及其同仁们的改革主张对刚刚逃离迫害而来的移民们具有很大的吸引力，也符合他们追求自由的心态。

随着犹太教改革运动的发展，迫切需要一个共同的纲领，1885 年 11 月，改革派召开了特别会议，会议由怀斯主持，共 19 名拉比参加。这次会议通过了著名的《匹兹堡纲领》，系统阐述了改革派的 8 项主张。《匹兹堡纲领》宣称：

> 今天，我们只尊之为具有道德约束力的律法，而且仅仅坚持那些升华、圣化我们生活的各种礼仪，同时要抛弃那些与现代文明的思想及习惯不相适应的一切……摩西律法及拉比律法中那些关于饮食、洁净及服饰的规定……妨碍了而不是推动了现代精神的升华……我们不再把自己看做一个民族，而是看做一个宗教共同体。因此，我们既不期望重返巴勒斯坦，更不恢

复任何有关犹太国的法律。

可以看出,改革派主张丢弃一些不合时宜的生活习惯,淡化宗教色彩,不支持犹太人在巴勒斯坦建立自己的国家,而是要做一个真正的美国人。这些激进的主张明显带有反传统主义、反民族主义的倾向,标志着犹太教改革派与传统主义的决裂,在以后的半个世纪中,它一直代表了美国改革派的主流思想。

到20世纪前后,随着犹太人特别是欧洲犹太人生存环境的变化,一些新的危机随之而来,首当其冲的就是反犹主义的威胁。19世纪末,德国等地种族反犹主义盛极一时,犹太人被视为"欧洲的灾难",俄国也炮制了《锡安长老议事录》,攻击犹太人企图控制整个世界。当外部的反犹势头愈加高涨时,犹太人内部的复国思潮也在快速发展。1897年,第一次复国主义大会顺利召开,与此同时,巴勒斯坦在移民安置、经济发展及文化建设方面所取得的成就让世界各地的犹太人倍感鼓舞,也在改革派犹太人中获得了良好的声誉。改革派如继续对犹太复国主义持排斥态度的话,只能使它失去越来越多的群众基础。不仅如此,美国移民的成分早已发生了变化。在1900年前后,来自东欧的正统派教徒远远超过了深受改革派思想影响的德国犹太人。面对这种情况,美国犹太教改革派如果不调整宗教主张就可能会被更多的人所抛弃。

1937年,美国改革派拉比在俄亥俄州的哥伦布市召开会议,以101比9的压倒性多数票通过了著名的《哥伦布纲领》,标志着改革派立场的转变。与《匹兹堡纲领》相比,《哥伦布纲领》主要在对待犹太复国主义和传统习俗上面做出了重大改变。《哥伦布纲领》第5条指出:巴勒斯坦"不仅是受迫害的犹太难民的避难所,而且是犹太文化及精神生活的中心",并号召世界犹太人以支持、援助的积极态度,"建设犹太人的家园——巴勒斯坦"。

改革派对待传统宗教礼仪的态度也发生了改变。广大的东欧移民虽然认同改革,但在心理上并不能完全承受对传统礼仪的放弃。

> 在他们看来,没有礼仪的宗教是空洞无物的。他们还认为,他们的子孙后代仍然需要宗教礼仪,礼仪给宗教赋予色彩,并使之更加充满活力。随着东欧犹太移民成员的增加和影响的扩大,他们成功地将许许多多习俗引进改革派宗教仪式中。

为了适应这些人的心态,《哥伦布纲领》又转向肯定传统的宗教仪式:

> 犹太教作为一种生活方式,加上其道德及精神需求,要求人们守安息日、各种节日和圣日,像珍藏神灵的启示一样保留和发展相应的习俗、信条和仪式,开发新颖的宗教艺术和音乐形式,在宗教礼拜和布道时兼用希伯来语和本国语。

正是由于及时转变了策略,改革派赢得了更多的群众支持,其影响力很快超出了美国、加拿大,延伸到世界各地。

相比起改革派等教派的主张,重建派的代表摩迪凯·开普兰的主张更具有创造性。开普兰于1881年出生在立陶宛,9岁时随家人移居美国。1934年,开普兰创办了《重建派》双月刊,积极宣传其理论主张。

开普兰认为,改革运动的本意是调节现代与传统之间的矛盾,但改革运动导致了犹太教的分裂，不管是改革派、保守派还是正统派都没有给犹太人的现代生活提供一种新的精神动力，因而无法满足现代犹太人的内在需求。所以挽救犹太教的唯一办法就是以现代理性为基础，从深层意义上重构犹太教的哲学根基。

开普兰对犹太教的定义进行了新的解释，认为它包括了历史、文学、语言、社会组织、民间规约、行为准则、社会及精神理想、美学价值等等，所有这些从整体上构成了一种文明。开普兰主张，流散中的犹太人都应忠诚于所在国，但要在精神和宗教上认同自己是一个犹太人，每个犹太人都要关注全世界犹太人的命运，支持巴勒斯坦这个犹太民族精神家园的发展，因为这是犹太文化的根源和再生发展之地。

开普兰作为一个杰出的思想家，扩大了犹太教的思想基础，把犹太教中长期存在的理性主义、人文主义推向一个全新的阶段。在犹太教及整个犹太文化与现代主义的撞击、角逐及兼容过程中，开普兰起到了积极的推动作用，他的理论协调了犹太文明与现代文明的关系，既是犹太文化美国化、现代化的结晶，又反过来大大推进了犹太文化的世俗化、民主化进程。重建派推进了犹太教与现代民主思想、平等观念及科学理性的结合，也推进了犹太文化与美国文化的沟通与兼容，所以重建派被称为"美国土生土长的犹太教"，与其他教派相比，更具有时代精神与现代风格。

开普兰的重建主义思想大大丰富、发展了犹太教理论，但作为一种社会运动，它并没有达到预期的目的，目前属于重建派犹太教的人数仍然很少。一个重要的原因就是重建派的理论过于世俗化，对仍然需要宗教慰藉的现代犹太人来说激不起崇拜及圣化的热情，在许多人看来，它更多的是一种哲学而不是宗教，虽然可以满足一些知识分子的哲学疑惑，但对普通民众却没有很大的感召力。

美国犹太人的成功之路

尽管早期移居美国的犹太人生活非常艰苦，外界对犹太人的偏见与仇视同样存在，反犹的言论、行为及限制性措施也时常出现，但相对于欧洲大陆而言，这里是自由的殿堂与机会的福祉。美国被视为一个遍地黄金、成就梦想的国度，造就了许多激人上进的成功案例，其中一些犹太成功人士的故事至今仍广为流传，李维·施特劳斯的发迹就非常具有代表性。

李维·施特劳斯出生在德国的一个犹太家庭，1853年，他随一批年轻人漂洋过海来到旧金山，投入到淘金的热潮之中。当许多人将注意力集中在闪闪发光的金子上时，李维却独具慧眼，把发财梦寄托在经营牙膏、肥皂、香烟、饼干、毛巾等小商品上。李维以很少的资金办起了自己的小店，与其一同而来的年轻人曾不断地嘲讽他，认为他根本不可能发财，甚至连回家的路费都挣不回来。然而事实证明，李维的生意非常好，业务也在不断扩大。一天，李维听到一个淘金工人说：棉线所做的衣服很不耐磨，如果能用帆布做成裤子一定很耐穿。独具眼光的李维从这句话中发现了商机，他制作了几条帆布裤子，销路果然很好，之后他将这种裤子批量生产，样式也在不断地改进，口袋由原来的缝制改为金属钉制，在不同的部位缝制了一些口袋，方便携带物品。李维·施特劳斯成为牛仔裤的创始人，也成就了他的淘金梦。牛仔裤由于简单、帅气的特点，流行于各行各业，现已成为全世界最流行的服饰之一。如今，Levi's牌牛仔裤依旧享誉全球。

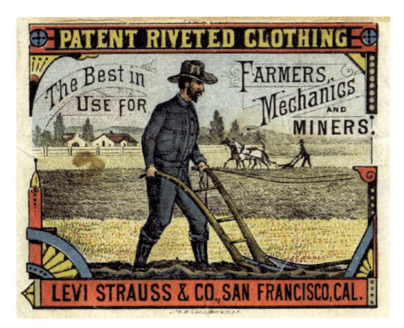

Levi's 牛仔裤的广告

当然,并不是每一个犹太人都像李维那样幸运。由于文化差异较大,新来的犹太移民对美国社会了解甚少,很多人不懂英语,大多数人一贫如洗。初来乍到,只能依赖犹太组织及慈善机构的救济生活,或者暂住同乡家中成为寄宿者。

由于生活习惯的原因,这些来自欧洲的犹太人大都选择了在城市定居,而且多追逐大城市,许多人选择了纽约,因为这里不仅是最主要的登陆港口,也是全国最大的工业中心。

1880 年时,纽约犹太人占城市居民总数的 1/10,1915 年时,犹太人口增至 140 万,几乎占城市总人口的 1/3,到 20 世纪 20 年代,纽约大概有 175 万犹太人,成为世界上犹太人口最多的城市,纽约犹太社团被称为是"有史以来规模最大、最自由、最发达的社群",纽约市则被誉为"世界犹太人的母亲城"。除纽约之外,犹太社团

第四章 追逐美国梦

1910年前后在纽约血汗工厂工作的犹太人

也在波士顿、芝加哥、华盛顿、费城等城市纷纷建立,并聚集了大批的犹太人口。

生活在底层的犹太移民深刻感受到了城市的冷酷与无情。他们找不到理想的工作,有的背起背包,开始了沿街叫卖的工作,所卖商品从鱼、面包、水果、牛奶到青铜器、小玩具等,无所不包;有的做起了搬运工、建筑工、印刷工、玻璃工等;也有的涉足一些生产部门,尤其是制衣业、家具制造业、烟草生产、皮革加工等行业。19世纪80年代,当大批犹太人移民而来时,正值美国资本主义经济迅速发展时期,工业化发展很快的东部和中部各州出现了大批的"血汗工厂",别无选择的第一代东欧移民不得不充当"血汗工厂"的劳动力。在这些工厂里,每周的工作时间是60小时,加班更是家常便饭,更可悲的是,辛苦工作换来的只是微薄的收入。

贫穷、饥饿及拥挤不堪的居住条件使犹太社会笼罩在一种失望沉闷的气氛之中。犹太作家曾这样描述当时纽约下东区犹太社团的生活情况：

> 一个由公寓楼房组成的灰暗的石头世界，在那里，即使是美妙的春日也见不到青青的草叶……街道被笼罩在一种难以名状的气氛之中。连空气中也仿佛散发着历经千年流亡的犹太人所特有的悲哀和痛苦……整个移民社区正受着血汗工厂的煎熬，奄奄一息。

在血汗工厂里工作了整整10年的莫里斯·罗森菲尔德后来成了著名的诗人。他把自己亲身经历的苦难生活全都凝结在那脍炙人口的诗句中，他写道：

> 晨钟催上工，
> 夜晚回家走，
> 周身体麻木，
> 难辨血与肉，
> ……
> 工作，工作，不知为何，
> 生产，生产，永无终期。
> 为谁为何我不知，也不想知，
> 我不过是一台旋转的机器。

值得庆幸的是，犹太人在血汗工厂停留的时间不算很长，到了20世纪初，大批人离开了这里。从社会大背景看，这一时期是美

研读经典的犹太少年

国经济结构调整的重要阶段,企业纷纷由劳动密集型向技术密集型转型,越来越多的体力劳动者流入服务、分配、流通、管理等领域之中。从犹太人个人来说,大多数人已经适应了美国生活,掌握了英语及其他的生产与生活知识,可供选择的职业越来越多,特别是他们尤为重视教育,教育被视为是犹太人摆脱贫困生活的一个重要途径。

不同时期来到美国的犹太移民都把教育放在了极高的位置。他们认为,教育是犹太青年提高社会地位和职业地位的主要手段,是通向成功的捷径。犹太人求知的热情在美国更加蔚然成风。根据美国工业委员会所掌握的资料,在20世纪前后,美国犹太母亲的就业率低于其他民族,其原因就在于她们要操持家务,以便更好地供孩

美国现代新闻之父约瑟夫·普利策

子上学。"在小学里,犹太儿童因为聪敏听话和行为良好,很受老师喜欢。"

20世纪以来,美国犹太人对高等教育极为热衷,尽管20年代一些大学对包括犹太人在内的少数族裔的入学名额还有一定的限制,但犹太子女还是会千方百计地去争取接受高等教育的机会。美国学者对10个城市中的医学院进行调查发现,犹太学生的增长速度十分惊人:1881—1885年为25人;1891—1895年为153人;1901—1905年为460人;1906—1910年为716人;1916—1920年为1273人,40年间增长了50倍。1937—1938年的《美国犹太年鉴》统计表明,犹太人只占美国总人口的3.5%,但在美国高等教育机构中的犹太学生却占到9.1%。1970年代时,常春藤联盟中哈佛、耶鲁、普林斯顿、哥伦比亚大学中犹太本科生的比例达到25%。2001年的一项调查显示,58%的犹太人拥有大学文凭,而其他族裔为22%。

犹太知识分子的增多促使犹太人的社会地位发生了变化。随着教育水平的提高,在各行各业的精英中,犹太人的比例逐渐上升,在新闻传播和影视领域更是异军突起,创造了一个传媒帝国。美国现代新闻之父约瑟夫·普利策是犹太人,他所设立的普利策奖被誉为新闻界最高荣誉。世界上最大的跨国媒体集团——新闻集团——的总裁默多克也是犹太人，他旗下的《泰晤士报》、二十世纪福克斯公司等都是享誉全球的大品牌。《纽约时报》《时代周刊》《新闻周刊》《华尔街日报》以及美国的多家电视网中都有相当大的犹太股份，美国具有较大影响的精英媒体中约四分之一的员工是犹太人。在好莱坞，华纳兄弟的创始人是波兰裔犹太人，美国第一部有声电影《爵士歌王》就是华纳兄弟公司于1927年拍摄的。梦工厂、米高梅等著名电影公司的大股东也是犹太人。20世纪六七十年代，好莱坞几乎半数的导演和演员都是犹太人。

在科技领域中，犹太人同样如鱼得水。爱因斯坦、冯·纽曼等犹太科学家将美国带入了核时代。截至20世纪80年代初，获得诺贝尔奖的100多名美国学者中，有近半数具有犹太血统。

法律界中更是长期流传这样的名言："不精通摩西律法的人不能成为一个地道的律师。""去请一个犹太律师，他会帮你解决一切。"早在20世纪70年代中期，美国每5名律师中就有一个是犹太人。

实业方面，涌现出许多对美国社会做出极大贡献的著名犹太企业家，如美国铜工业之父古根海姆、美国银行业奠基人约瑟夫·马库斯、谷歌创建人拉里·佩奇、英特尔创建人安迪·格鲁夫、微软首席执行官史蒂夫·鲍尔默、甲骨文公司创始人劳伦斯·埃里森、戴尔创建人麦克尔·戴尔等。华尔街很多著名的金融公司都是犹太人创建的，如高盛、雷曼兄弟、所罗门兄弟。美国《福布斯》杂志公布的2012年美国富豪排行榜显示，前40名富豪中有21名是犹太人。

在经济地位提高的同时，犹太人还在政治领域中占有了一席之

1921年,爱因斯坦夫妇第一次造访美国,与犹太复国主义领袖合影;1933年,爱因斯坦夫妇移居美国

地。社会地位的提升需要经济能力的辅助,也需要政治权威的支持和保障。在历史上,犹太人长期处于无权地位,这让他们深刻认识到政治参与的重要性。美国是个移民国家,自由、多元的社会文化也促使各个群体敢于表达自己的诉求,在此大好机遇面前,犹太人积极参与政治活动,快速融入主流社会之中。

在第二次世界大战中,大屠杀悲剧的发生让更多的美国犹太人充分认识到参与政治是保障合法权益的有效途径,也是避免反犹迫害的重要手段。

美国的总统选举中,犹太人的影响力不可忽视。犹太人的政治参与程度非常高,其投票率高达 80% 以上,而美国选民的平均投票率约为 50%。美国犹太人聚集非常集中,主要分布在纽约州、马萨诸塞州、新泽西州等,由于犹太社团的凝聚力,他们的选票投选目标相对集中,常常对选举有举足轻重的影响。犹太财团的政治捐款是美国共和、民主两党竞选活动的重要资金来源。

同时,很多犹太人活跃在美国政治舞台上,在美国各级政府官员中随处可见犹太人的身影,如著名的外交家基辛格、纽约市长布隆伯格等。

在美国,犹太人还成立了大量的民间组织,这些犹太民间组织以"为犹太人和以色列谋取利益"为宗旨,经常对政府进行游说,施加压力,导致很多议案或政策无法通过实施。这些组织被称为是美国国会之外的院外集团,即"院外游说集团",在美国政治中具有较大的影响力,是美国政治中非常重要的一股制衡力量,他们还会出版印制一些材料,宣传以色列的正面形象,再加上犹太人在舆论媒体中的控制力,以至于在涉及犹太人利益的时候,美国两院常常要先咨询或优先考虑犹太院外集团的意见。因此,美国犹太人通常被称为是"关键的少数"。

长期以来,犹太人在流散世界的过程中饱受迫害与歧视,而在美国他们真正找到了一个属于自己的乐土,尽管这条路很曲折同时充满了坎坷,但犹太人却取得了举世瞩目的成就,美国犹太人也被称为是美国最成功的移民。正如阿瑟·赫茨伯格所说:

> 在 2000 年的历程中,犹太人在世界各地与其他民族、宗教及种族群体共存。在美国,犹太人不仅仅是与其他民族一起

在一块陌生的土地上共存，相反，我们是缔造者、是这块土地的子孙。我们虽然可以写一部关于伦敦犹太人的漫长历史，但是没有这些犹太人的内容，伦敦的历史完全可以照写；然而，没有犹太人这一笔，就无法写出纽约的历史，是犹太人和其他许多民族一起，铸造了这个国家及其大城市的气质与必要的品质。只有当你接受了这样的观点，即纽约不仅仅是爱尔兰人的、意大利人的、波多黎各人的城市，同时也是一个伟大的犹太城市，那么你才能理解美国及纽约对犹太人来说意味着什么。

认同与同化的张力

当欧洲犹太人踏上新大陆之前，他们就怀揣着自由平等的梦想，因此一来到美国，许多人迫不及待地想要实现生活方式的"美国化"。19世纪末期，几乎所有犹太领袖都鼓励新移民采用新大陆的生活方式，"做一个美国人，无论在会堂里还是大街上"成为最时髦的话语，犹太教改革派领袖怀斯甚至提出要为美国犹太人制定一套美国式的宗教礼仪及规范，他指出："我们首先是美国人，然后是犹太人……我是一个忠实的公民，因为我的国家并不妨碍我根据自己的信仰而成为一个犹太人"。在美国，不仅是改革派犹太人，保守派、正统派犹太人也都在很大程度上认同美国文化。

除了思想家的引导之外，新移民们一踏上美国大陆，从老移民那里得到的经验之谈也往往是——"像美国人那样生活"。在当时的纽约犹太社会中，人们最容易听到的一句话就是"以我们为榜样"。正是在纽约社团的影响之下，移民们急于仿效美国文化及美

美国犹太人热情地迎接欧洲新移民

国生活方式,"如果愿意的话,新移民会很快美国化,并且绝大多数都愿意如此"。为了尽快使自己成为一个美国人,学英语、穿西装等成为犹太青年最喜爱的生活方式。

进入20世纪后,大多数犹太人逐渐地适应了美国社会,同化的步伐更是大大加快。许多犹太会堂的礼仪已经非常的世俗化,英语布道也非常普遍,会堂逐渐由宗教场所变为了社会、道德教育场地。由于英语在日常生活中的广泛使用,到20年代,意第绪语的出版物减少了一半,一些意第绪语文化机构如图书馆、剧院等也倍受冷落。

犹太人融入美国的过程就是同化于美国文化的过程,也是许多

1920年的一张意第绪语节目单

犹太人丧失民族认同感的过程，即由原来的美国犹太人转变为犹裔美国人。美国犹太人的同化主要表现在两个方面：宗教意识的淡化和异族通婚的加剧。

据学者弥尔顿研究，20世纪80年代初，有20%的美国犹太人虔诚信仰宗教，正常参加会堂的礼拜仪式；40%的犹太人只在犹太节日时参与会堂活动，并以此作为犹太身份的象征；30%的犹太人对宗教礼仪持无所谓的态度；10%的犹太人不信仰宗教。到20世纪末，美国犹太青年中已有一半左右的人公开宣称不信仰犹太教，他们大多接受的是纯粹美国式的西方教育。他们认为，自己之所以是犹太人，仅仅因为出身于犹太家庭或者习惯于某种传统的生活方式，并非一定要严格遵守犹太教的清规戒律。他们声称："我们是犹太人，但我们首先是美国人，美国是我们的祖国。"对美国文化的认可改变了犹太人的行为模式，促成了对美国思想及风俗习惯的模仿，许多犹太知识分子把繁荣世俗文化作为自己的社会理想与人生目标。

随着人口的不断流动，犹太人的分布越来越分散，与外族通婚现象也就越来越普遍。据美国犹太人委员会的统计，1900年前后，98.92%的犹太人不与外族通婚，1900—1920年间，美国犹太人与外族通婚的比例仅为2%，1940年这一比例为3%，1965年为17.4%，到1970年前后，上升到31%以上，如今，犹太人与外族通婚比例已超过50%。

与外族通婚向来被认为是犹太社会最大的威胁，凡与外族通婚者不在犹太会堂举行婚礼，拉比对新婚夫妇就失去了宗教意义上的指导权，其子女所接受的犹太传统教育及熏染也就极为有限。一些

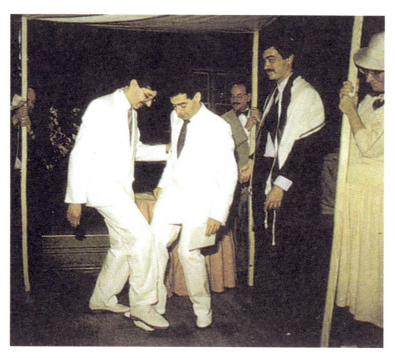

20世纪80年代美国一对犹太同性恋的婚礼

犹太人士指出，这些与外族通婚的人除了还承认自己的犹太血统之外，正在一步步地失去文化与宗教特征。不少美国犹太人如同行走在有去无回的单行道上，离自身的宗教传统与民族归属渐行渐远。

在与外族通婚现象越来越普遍的同时，美国犹太人口停止增长。埃利奥特·阿布拉莫斯在其1997年出版的《信仰与恐惧》一书中描述了美国犹太社团所遭到的"人口灾难"：

> 美国犹太人口占美国总人口的比例由最高点的3.7%降为2%。1985年后结婚的犹太人口与其他族裔的通婚比例高达52%，而且非犹太配偶改宗犹太教的比例也在下降（20世纪40年代为20%，90年代下降为5%），通婚家庭出生的孩子中只有28%是按照犹太人的生活方式来抚养的。预计在今后两代人的时间内，美国犹太人口将缩减100万到200万。

然而，乐观主义者却认为，认同与同化之间的紧张关系是美国犹太人历史上的永恒主题。他们一方面渴望遵循美国标准而成为美国人；另一方面又担心个性的消失，而这也是美国所有少数族群共同的境遇。上自希腊罗马，下抵今日的欧洲，犹太人始终都在主流文化与民族认同之间寻找折中与妥协，美国犹太社团在其300多年存在历程中，创造了犹太人散居史上最辉煌的成就，它在美国的文化、经济及社会生活中发挥了与自身人口不成比例的独特贡献。尽管做一个完整的犹太人还是一个完整的美国人有时候会导致一种迷茫与困顿的心理，但他们也会因这种共同的情感而团结、而凝聚、而激发创造力，美国当代著名犹太历史学家乔纳森·萨纳于2010年4月在南京大学演讲时这样描述520万美国犹太人的未来：

尽管美国的犹太历史学家有时会对未来冷眼悲观,但犹太历史本身却让人有充分理由乐观——更糟糕的情况犹太人都已经克服了。事实上,多年来犹太人熬过了一个又一个灾难。我相信,他们之所以能熬过来,是因为他们每次都能仔细分析他们面对的问题,并能通过改变策略、创办新机构及恢复古老的理想来着手解决问题。关于未来,我依据过去的经验能告诉你们的是,它其实将由那些有愿景和毅力去塑造未来的人决定。让我们希望未来会塑造得更好!

第五章

空前的民族浩劫

大屠杀的记忆深刻地嵌入到犹太人的意识之中,所有或几乎所有一切使他们感到,不管作为一个犹太人意味着什么,它都要求他们一定要尽量永久做犹太人。在某种程度上说,这是一件恐怖的事情,在更大程度上是一件重要的事情,在更大程度上是一件荣誉的事情。

——欧文·豪《父辈的世界》

德国所发动的第二次世界大战不仅是一场针对欧洲大陆的侵略战争，也是纳粹分子处心积虑所发动的一场种族灭绝战争。这场以消灭犹太人为目标的种族战争与常规战争同步进行。"最后解决""特别行动队""集中营"等这些并不露骨的字眼之下掩藏的却是600万无辜犹太人的累累白骨，文明被拷问、理性被质疑，人们不得不反思：到底是什么原因造成了如此巨大的人间悲剧？施虐者为何如此狂妄凶残？受虐者为何如同羔羊般任由宰割？旁观者又为何铁石般冷漠？

希特勒的犹太观

古往今来，犹太人受到迫害的事例比比皆是，但把反犹主义发挥到极致的乃属以希特勒为首的纳粹德国，在"种族优越论""生存空间论"的喧嚣声中，无数冤魂飘荡在"卐"字旗之下。长期以来，希特勒的反犹动机引起了许多人的关注，综合其所处的历史背景和社会环境，可归纳为以下几点：

第一，种族主义的世界观。20世纪前后的现代反犹主义与历史上的宗教反犹主义、经济反犹主义相比，带有明显的种族主义色彩。种族主义与达尔文的生物进化论有密切的联系，认为只有优等民族才能对历史发展做出积极贡献，劣等民族则是社会的寄生虫。为了

19 世纪反犹漫画——"我们从所有人那里索取。"

让社会文明更快发展，需要逐步减少劣等民族的数量，清理他们对社会的危害。在种族主义的语境下，犹太民族被定义为"欧洲社会最大的毒瘤"。

1879 年，一位名叫威廉·马尔的德国记者出版了《犹太教战胜德意志精神》的小册子，在书中，威廉·马尔将 anti（反对）和 Semite（闪米特人）这两个词组合在一起，创造出"反犹主义"（anti-Semitism）一词。"反犹主义"带有强烈的种族主义色彩，这个专有名词的出现对犹太人来说则预示着更大的灾难即将来临。1899 年，休斯顿·张伯伦出版的《19 世纪的基础》被称为是种族主义的代表作，该书声称雅利安人和犹太人的斗争将贯穿于整个人类历史。

尽管种族主义在欧洲多国都有市场，但在德国最为嚣张。德国在第一次世界大战中的惨败为种族主义的发展提供了广泛的群众基础,同时,德国种族主义的发展对社会民众心理、舆论导向,特别是国家的政治走向产生了重大影响。历时四年的第一次世界大战最终让与世界为敌的德国以失败而收场,帝国的荣耀一夜间灰飞烟灭,德国社会陷入了巨大的恐慌与无序状态。是什么让最初的胜利转为最终的失败?是谁在前线士兵背后放黑枪?巨大的仇恨该往哪里宣泄?德国社会的出路在哪里?这一系列问题困扰着德国社会的各个阶层。

德国一些狂热的政客、军人和民众认为,战败是因为犹太投机分子和在犹太人中占相当比例的社会左派人士从中捣鬼造成的,是他们在前线士兵"背后捅刀子"。有人指责是国际犹太社团发动了战争,并从中牟取暴利,从而达到犹太人控制世界的目的;也有人说德国左派人士是犹太人的代言人,魏玛共和国的宪法就是犹太人起草的。甚至在战争还未结束时,就有传言说要对贪生怕死、不积极参战的犹太人进行清算。在这样的背景下,犹太人成为替罪羊,种族反犹主义最终扭曲了这个具有理性传统的文明国度,驱逐犹太人、杀死犹太人的口号不绝于耳。

受社会环境的影响,希特勒年轻时就广泛地涉猎各种各样的种族主义理论,他在《我的奋斗》一书中指出:"我们今天所看到的一切人类文化,一切艺术、科学和科技果实,几乎全是雅利安人的创造产物。"在书中,希特勒大骂犹太人是一个劣等民族,如同一种病毒,正在侵蚀着德国这个肌体。雅利安人是人类进化的顶点,是最先进的民族,雅利安人必将统治世界,雅利安人最大的敌人就是犹太人,为了保证这个民族的纯洁性,防止优良的血统被感染,必须要将犹太人从这个国家甚至是地球上清理干净。

一直对犹太人怀有恶感的希特勒把犹太人当成了转移矛盾的靶

被神化的希特勒

子,把种族反犹主义上升为官方意识形态。在1930年3月举行的德国国会上,纳粹党议员就提出一项以禁止犹太人与雅利安人混居为目的的立法。纳粹党正是在"解决犹太人问题"、纯洁民族血统的宣传中夺得了政权并稳固了基础。

第二,把犹太人与共产主义运动联系起来,利用犹太问题的国际性来制造影响。在希特勒发迹的时代,"犹太—布尔什维克主义"恐惧症在欧洲有很大的市场。众所周知,20世纪初期,许多犹太人热衷于社会主义革命。尤其在俄国,沙皇政府长期推行民族压迫政策,犹太人不能在政府机关工作,所允许从事的职业与享受高等教育的权利被严格限制,低下的地位使他们急于改变现状,也易于接受激进思想。他们许多人崇尚马克思主义,较早地走上了革命道路。

在早年的苏维埃政府和共产国际中担任重要职务的犹太人有托洛茨基、斯维尔德罗夫、季诺维也夫、加米涅夫、拉狄克、越飞等。十月革命后,苏维埃政府废除了一些歧视犹太人的法规,使犹太人

托洛茨基

获得了政治解放,一大批出类拔萃的青年政治家脱颖而出,在苏维埃俄国的24名党政委员中,犹太人就占了16名。继俄国革命后,在中东欧的革命高潮中,犹太人中的先进分子也极其活跃。匈牙利家喻户晓的革命领袖库恩·贝拉是犹太人;在德国,科学社会主义的创始人马克思、德国工人组织的创建者费迪南德·拉萨尔、德国社会主义组织的发起者保罗·辛格尔、最早提出马克思主义已经"过时"应予以"修正"的伯恩斯坦、共产党的领导人之一罗莎·卢森堡等都是犹太人。在德国十一月革命中,社会民主党与独立社会民主党共同组建了联合政府,人民委员会的6位委员中有两位犹太人;在慕尼黑苏维埃运动中,几位主要的领导人库尔特·埃斯奈尔、欧根·列威纳以及恩斯特·托勒尔等也都是犹太人。希特勒利用这些事实大力渲染犹太—布尔什维克主义对世界的威胁,把马克思主义理论说成是犹太人企图破坏人类文明、征服整个世界的工具。

自20年代以来,希特勒一直强调犹太人问题的国际性,并提出要用"国际性的措施"来解决"国际性的犹太人问题",号召欧洲国家建立一个控制犹太力量的联合阵线。1920年8月13日,在霍夫布劳斯的群众集会上,希特勒第一次公开攻击犹太人的"国际阴谋",强调纳粹的反犹目标不只是为了德国的利益,而是为了全人类,这表明希特勒的反犹外交理念正在形成。1933年,希特勒上台以后,随着反犹运动的步步升级,犹太人问题已由内政问题变为德国对外政策的中心问题之一。希特勒宣称,犹太人问题已经成为"划分朋友或敌人、潜在的同盟或对手的标准",德国制定外交政策必须考虑这一"标尺"。在这一外交背景下,希特勒以"防止欧洲出现第二个犹太—布尔什维克主义基地"为理由,对西班牙内战进行武装干涉,帮助佛朗哥建立了法西斯政权,他还向欧洲卫星国施加压力,迫使他们在反犹问题上与德国采取一致行动。

第三,把犹太人视为外来资本家的代称,掠夺犹太人的财产,为发动战争做准备。希特勒对犹太人的迫害,还有不可忽视的经济目的,即通过排挤犹太人来迎合德国本土垄断资产阶级的愿望,以"雅利安化"为幌子,把犹太人的财产窃取到德国政府与德国资本家手中。

在战前,大约有50万犹太人生活在德国,占德国总人口的1%,但他们的财产却远远超过了这个比例,约占国民收入的1/16。对于急于重整军备、扩大经济后盾的希特勒来说,能使犹太人的财产直接服务于纳粹的战争经济是再好不过的事情了。

第四,希特勒的反犹还有着明显的个人因素。年轻时的希特勒曾流浪于维也纳街头,是一名生活在社会底层的艺术青年,得不到社会的认可。相反,当他看到犹太富人招摇过市、得意忘形时,内心中难免充满了失落与愤怒,这些都让他对犹太人的憎恨之情逐渐

希特勒时代德国的反犹教育可以说是从儿童抓起，Der Giftpilz（意指"有毒的蘑菇"），一本有着浓重反犹色彩的儿童插画书，恶意地将犹太人塑造成丑陋矮小、儿童贪财的丑陋形象

书中一则故事里，德国女孩正在候诊，一个犹太医生从房间内探出身子，微笑着招呼女孩进屋。配文写道，"他两只犯罪的眼睛在镜片后泛着光，肉质的嘴唇上露出一丝笑容"

升级。希特勒性格执拗、狂暴，他认为自己早年的落魄经历是所有德国人生活的缩影，上帝的宠儿雅利安人不能再忍受犹太人的压迫，卑鄙狡诈的犹太人正在腐蚀这个国家和民族，只有消灭他们才能让这个社会干净、纯洁起来。

被驱往奥斯威辛之路

1933年1月，希特勒当选总理后，对犹太人的迫害逐渐成为德国的国策。希特勒极力强调要把低劣的犹太人从优秀的雅利安民族中隔离出来，要隔离犹太人首先要剥夺他们的社会权利。4月7日，纳粹德国的第一个反犹立法——《恢复公职人员法》——颁布，它

柏林剧院广场的焚书现场

规定非雅利安人的文官必须辞职,名誉职位也要废除,根据这一法令不少人被解雇。在此后的一年中,纳粹德国采取多种措施,极力从新闻、文学、音乐、戏剧、广播、电影等多领域清除犹太人的影响。

1935年,希特勒自恃在国内的统治地位已经巩固,于9月颁布了臭名昭著的反犹立法——《纽伦堡法案》,该法案剥夺了犹太人的公民权。法令规定,只有德国人以及具有同种血统的人才有可能成为帝国公民。禁止犹太人与雅利安血统的公民结婚……犹太人不得雇用45岁以下的雅利安血统的女性公民从事家务劳动。禁止犹太人升德国国旗或者出示象征德国的颜色。犹太人若违反了以上禁令,或者处以劳役监禁,或者课以罚款。犹太人不得成为德国公民,不得行使投票权，不得担任公职。此后又颁布了多项补充规定。希特勒还给"犹太人"这个概念重新下了定义，凡曾祖父母中有 3 人是犹太人的均为犹太人，并根据祖辈中犹太人的多少把他们分成几类，如 3/4 犹太人、1/4 犹太人、1/2 犹太人等。

受《纽伦堡法案》的影响，1938 年底，纳粹政府取消了犹太儿童享受义务教育的权利，后来又强令犹太人佩带黄色大卫星标记。从 1939 年 1 月 1 日起，犹太牙医、兽医、药剂师的执业许可证均被吊销。总之，纳粹上台以后，先后颁布了 400 余条针对犹太人的法律、法规，犹太人被剥夺了一切公民权利。至于这些反犹立法要达到一个什么样的目的，希特勒曾有过这样的表述：

不给他们活干，让他们滚回他们的隔都！
把他们关起来，让他们罪有应得地死掉！
让德意志人像看野兽那样看着他们去死！

在德国这样一个自称具有上千年基督教文明与人道主义传统的国度里发生这样的倒退行为，必然会引起世界舆论的谴责。而希特勒又因为全世界的这种反应而恼羞成怒，更加认定这是犹太人的世界阴谋，对犹太人的迫害也步步升级。

20 世纪 30 年代中期以来，德国就一直酝酿着对犹太人的驱逐政策，并美其名曰移民政策。1938 年，担任国家银行总裁的沙赫特曾提出了一项让犹太人有秩序地移居国外的计划，但德国必须要没收犹太人估价为 15 亿马克的资产。同年，在维也纳的欧根亲王大街 20—22 号设立了"犹太移民总局"，由阿道夫·艾希曼任领导。他手下的工作人员都是干劲十足的"驱犹战略家"。该机构利用敲诈

佩戴大卫星标志的犹太人

勒索的手段放逐犹太人，放逐者必须缴纳"入境申报费"，移民总局还鼓动犹太富人为移民掏腰包，并纵容一些犹太人领袖去国外活动，获取赞助。例如，"美国犹太人联合分配委员会"在1933年春天就提供了10万美金。通过这种方式，许多犹太人被赶出了父辈们居住的国土。同年年底，德国外交部向外交使团与领事馆发出了一份通知，宣布将"实现在德国领土上的全体犹太人的移民作为德国对犹政策的最终目标"。

1938年10月，大约有1.7万名犹太人被德国强行驱逐到波兰边境，由于波兰政府拒绝接受他们，大量的犹太人滞留在边境，最后经过德国不断斡旋，波兰才接受了这批犹太人。赫舍尔·格林兹本的家庭成员就在这些人群中，赫舍尔·格林兹本当时身在巴黎，

犹太人佩戴的大卫星标志

家人信中述说了他们在被驱逐过程中的恐怖经历，年轻气盛的赫舍尔·格林兹本十分气愤。他曾求助于德国驻巴黎使馆的工作人员帮助他的家人，但并没有得到回复。11月7日，愤怒、绝望的赫舍尔·格林兹本决意报复，向大使秘书冯·腊特连开三枪，9日冯·腊特不治身亡。

纳粹当局以冯·腊特事件为理由，于11月9日晚在德国等地掀起了大规模的反犹活动，400多个犹太会堂被烧毁，财物被抢劫，上千家犹太商店被袭击，约有100名犹太人被杀，伤者不计其数，数千名犹太人被关进了集中营，当天犹太人的财产损失为600万马克左右。由于许多犹太人房屋上的玻璃被砸毁，这次暴行还得到了一个凄美的名字——"水晶之夜"。事后，德国却责令犹太人支付

被驱赶的犹太人

"水晶之夜"被打砸的犹太商店

10亿马克的赔偿金,仅此一项就相当于德国犹太人全部财产的20%。此外,他们还要修复被暴徒毁坏的全部实物。"水晶之夜"事件导致德国遭到许多国家的抗议与谴责,美国甚至召回了大使。

1939—1941年,纳粹德国采取了以驱逐为主的反犹政策。随着纳粹战争机器的推动,这一政策的实施范围也由德国本土扩大到所有被占领国的土地上。据统计,从纳粹上台到战争爆发前,有20多万名犹太人从德国本土迁走,有8.2万人从原奥地利领土上迁走。纳粹政府的目的是:犹太人要离开德国,但财产必须留下。当纳粹德国占领了波兰、丹麦、挪威、荷兰、比利时、卢森堡之后,极力在被占领国土上推行其反犹政策。

随着战争的进行,德国迅速占领了大量的领土,扩张的步伐远远超过了驱逐的速度,广大的占领区内生活着数量庞大的犹太人群,为了真正一劳永逸地解决犹太人问题,对犹太人有组织的屠杀便开始了。

1941年5月,苏德战争爆发前,海德里希已从党卫队中抽调了大约3000人,组成4个特别行动队,准备跟随前线部队去执行特殊任务，消灭"布尔什维克主义的后备军"——东方犹太人。6月23日，即苏德战争爆发的第二天，特别行动队便倾巢出动，500万俄国犹太人成了他们的猎物。而当时，犹太人根本没有意识到死神已经来临，对屠杀行动毫无准备。

在周密系统的策划之下，集体屠杀便开始了：犹太人往往被召集在一起，然后用卡车或者马车运到事先选好的峡谷、沟渠边，在抢劫了他们的财物之后，男女老少被无情地杀害，屠杀的方法有活埋、烧死、枪杀等，许多万人坑是在多年以后才发现的。在短短的四个月中，约有30万犹太人被处死。到1942年初，特别行动队的"功绩"如下：A队消灭了24.9万，B队消灭了4.5万，C队消灭了9.5万，D队消灭了9.2万。

耳闻目睹或者亲身所为的残酷行径使不少刽子手们被恐怖的噩梦搞得神志恍惚，甚至精神错乱。为了不使这些人精神陷于崩溃而丧失杀人的勇气，希姆莱不放过任何机会在思想上给他们打气：

> 你们中间的多数人一定明白，100具尸体、500具尸体或者1000具尸体排列在一起，这意味着什么。坚持这样做的困难之处，除了人性的弱点以外，就是如何能够长期坚持下去。这是我们前人的历史上未曾有过的也难以描述的光辉的一页。

由于对苏战争受挫，德国意识到战争必须延长，这就需要庞大的武器储备与战争经济，希特勒命令一切服务于战争。于是，纳粹德国改变了立即杀死犹太人的做法，而是在集体屠杀之前，让他们从事各种劳动，以弥补德国劳动力的不足。1942年1月20日，纳粹当局主持召开了"万湖会议"。会议指出：

在最后解决的过程中，犹太人要有组织地到东欧参加适当的劳动。把他们按性别分开，有劳动能力的人被领到需要劳动力的地区去修路，在这里，大部分人会"自然淘汰"。最终能幸存下来的无疑是那些抵抗力最强的人，他们当然要受到特别的处置，因为这些经过自然淘汰剩下来的人一旦获释，就会成为犹太人重新崛起的祸根。

随着会议记录被秘密发放到帝国各地，"最后解决"一词很快便成为死亡的代名词。事实证明，所谓的"最后解决"就是从肉体上消灭犹太人，对犹太人进行大屠杀。具体来说，就是先屠杀苏联犹太人，再把欧洲各地的犹太人驱赶到东欧，迫使其从事劳动之后再处死。铲除犹太人的想法早已经在希特勒的脑子里产生。1939年1月30日，希特勒在一次国会演讲中说道：

今天，我要再做一次预言家：如果欧洲以及欧洲之外的国际犹太财团再次挑起世界大战的话，那么，其结果不是全世界的布尔什维克化，不是犹太人的胜利，而是犹太种族在欧洲的消亡。

万湖会议以后，纳粹政府便开始从欧洲大陆清洗犹太人，他们把西欧、中欧以及北欧的犹太人运往集中营。艾希曼还召集了不同国家的"犹太专家"，讨论犹太人的外运以及后勤安排问题。处于战争的非常时刻，装载犹太人的车辆相当紧张，列车时刻表排得紧紧张张，一切都需要周密的计划与合作。为此，艾希曼与雷德姆赫尔等人夜以继日地工作着，短时期内，在法西斯控制下的各国都不

1942年乌克兰某处屠杀点

同程度地掀起了追捕、押送犹太人的热潮。

在希特勒的命令下，德国设立了许多集中营。纳粹德国的集中营分劳动营、转运营、战俘营、政治犯营、儿童营、医学试验营、死亡营等。集中营是纳粹政权实行统治的主要措施之一。集中营的历史可以分为三个阶段：1933—1936年，主要是对付德国共产党、社会民主党等政治反对派，以稳巩纳粹党的地位；1936—1941年，集中营主要围绕着德国的战争机器而运转，集中营里的犯人在德国的战争经济中起着重要作用；1942—1945年，集中营除了补充德国劳动力需求之外，成为完成德国种族计划的主要工具，死亡营成为实施"最后解决"政策的主要场所。

在众多的死亡营中，比较著名的有：切尔诺、索比堡、贝尔塞克、特来布林卡、麦达内克与奥斯威辛。这些死亡营主要设在波兰，知情者寥寥无几。死亡营四周有几公里宽的不毛之地与外界完全隔绝，死亡营的界口上还挂着"严禁入内，违者格杀勿论"的招牌。作为一个整体，这些屠杀中心被笼统地称为"东方"。在第二次世界大战期间，这6个集中营屠杀的人数大约在320万到476万之间。

在所有的集中营里，以规模最大、杀人效率最高而出名的是奥斯威辛。奥斯威辛集中营位于波兰南部，它实际上是集劳动营与死亡营于一身的集中营。因为这里有用之不竭的劳动力，德国的一些工厂也纷纷迁到这里。一批又一批的犹太人被送到这里之后，先进行挑选，有劳动能力的人在身上刺上号码后被送去做工，平均寿命为3个月。那些"落选者"很快就会被处死。毒气室与焚尸场的外表被装饰得非常典雅，周围是修整完好的草地与争奇斗艳的鲜花，入口处写着"浴室"字样的招牌，一批批不明真相的人在音乐声中被送进了"淋浴间"，勤务兵一接到命令，便把紫蓝色的氢氰化物投下，二三十分钟之后，人就完全死亡，紧接着就是秘密收尸。各个集中营曾展开竞争，看谁消灭的犹太人数量最多，结果是奥斯威辛排名第一。历史永远不会忘记奥斯威辛所创造的一天毒死6000人的最高纪录和超过100万人在这里被屠杀的恐怖事实。

"最后解决"一直进行到1945年，由于行凶者的狡诈和系统周密的组织，许多文件和证据都被销毁了，究竟杀害了多少犹太人，这个数字存有争议，一般认为在600万左右；此外，各国家

等待被挑选的犹太劳力

和地区被屠杀的犹太人到底有多少，大屠杀研究者的推测数据见下表：

"最后解决"的犹太人与"最后解决"前犹太人人口对比

国家或地区	"最后解决"前犹太人人口估计数字	"最后解决"过程中被杀的犹太人人口估计数字	百分比
波兰	3,300,000	3,000,000	90.9%
波罗的海国家	253,000	228,000	90.1%
保护国	90,000	80,000	88.9%
德国、奥地利	240,000	210,000	87.5%
斯洛伐克	90,000	75,000	83.3%
希腊	70,000	54,000	77.1%
荷兰	140,000	105,000	75%
匈牙利	650,000	450,000	69.2%
白俄罗斯	375,000	245,000	65.3%
乌克兰	1,500,000	900,000	60%
比利时	65,000	40,000	61.5%
南斯拉夫	43,000	26,000	60.5%
罗马尼亚	600,000	300,000	50%
挪威	1,800	900	50%
法国	350,000	90,000	25.7%
保加利亚	64,000	14,000	21.9%
意大利	40,000	8,000	20%
卢森堡	5,000	1,000	20%
其他被征服地区	975,000	107,000	11%
总计	8,861,800	5,933,900	66.96%

事实上，在战后的审判中，大屠杀的谋划者们都极力地为自己辩护，千方百计地推卸责任。不得不说，纳粹分子毁灭证据的行为也确实为战犯审判及学术研究造成了极大的困难，第二次世界大战

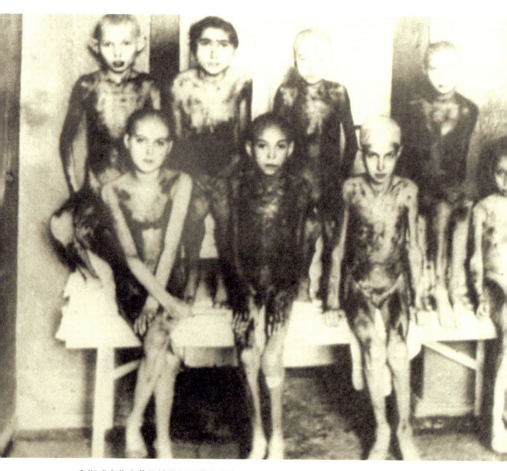

奥斯威辛集中营里被用于医学实验的儿童

后,甚至直到今天仍有一些别有用心的激进分子否认大屠杀,但是历史真相终究要告白于天下。第二次世界大战期间犹太总人口的锐减,大屠杀幸存者的亲历,部分档案文献的发现等等,点点滴滴地复原了第二次世界大战期间纳粹大屠杀的真实画面,也淋漓尽致地展现了人类本性中最残忍冷血的一面。

"冷漠的高墙"

从隔离到驱逐再到"最后解决",这一系列的阴谋政策背后是犹太人的无奈和血泪,无数个家庭走向解体,600万生灵含恨而去。回看历史,我们在谴责纳粹暴行的同时,不禁会追问:当纳粹挑起欧洲大陆最狂虐的仇恨和屠杀时,那些一向以自由民主自居的欧美国家为何坐视灾难发生?历史告诉我们,正是欧美国家的冷漠态度关闭了犹太人求生的大门,一堵冷漠的高墙将数百万犹太人堵在了地狱之中。

1933年到1939年,德国的犹太人口降为20万左右。但是,大量的犹太人迁移出了德国并不一定就迁移出了德国的控制范围,随着德国闪电战的推进,大约900万犹太人处于纳粹政府的控制之下。在严酷的反犹形势下,犹太人似乎只有逃出欧洲大陆才能真正摆脱纳粹的魔爪,但是一个问题随之浮现,他国政府是否愿意接纳更多的犹太难民。

当时的情况是,当纳粹疯狂推进对犹太人的驱逐与屠杀政策时,大多数自由国家从自身利益出发,对移民入境进行严格限制。战后,在巨大的伤痛面前,英美等国的移民政策成了广受诟病的一个话题,也成为自由人士批评英美等国不拯救犹太人的一个重要证据。自由人士认为,作为当时的"旁观者"国家,特别是英、美两国,哪怕拿出一丁点的慷慨就能解救几万甚至几十万犹太人,正是这些旁观者的冷漠给犹太移民设置了高墙,导致了更多的犹太人在集中营的煎熬折磨中死去。

奥斯威辛集中营远观

不可否认，英美等国之所以对移民进行限制有许多现实的原因。早在 1933 年，就有犹太难民漂洋过海来到了英国，英国的犹太社团还专门成立了救助组织，积极开展救助工作。但在经济危机的冲击下，迫于经济萎靡、就业困难等压力，英国政府严格控制移民入境数量，只有对社会能做出较大贡献的人在入境时才会受到特殊照顾。

大洋彼岸的美国，在对犹政策上采取与英国相似的立场。美国由于其特殊的地理位置，国内民众普遍不支持参与欧洲事务，特别是第一次世界大战后，孤立主义和中立主义盛行，尽管罗斯福也曾尝试改变对犹太人的移民政策，但始终没有大的转机。

1938 年 7 月，在罗斯福总统发起下，31 个国家的代表在法国的

埃维昂召开会议,讨论犹太难民问题。在会议上,包括美国在内的各国代表均拒绝大量接收难民,只允许在 1938—1940 年的 3 年内接受 10 万名犹太难民。"水晶之夜"发生后,美国强烈谴责了德国的暴力行为,并从柏林召回了大使,但依旧没有改变其移民政策。

当时流行的一种说法是:世界被分为两种地方,一种是犹太人不能生活的地方,一种是犹太人不能进入的地方。这正是对犹太难民不被接纳的真实写照,圣路易斯号客轮事件就是各国不愿接收犹太难民的最好例证。

1939 年 5 月 13 日,圣路易斯号客轮载着 937 名乘客从汉堡出发,其目的地是古巴的哈瓦那,船上据说有超过 900 名的犹太人,因此这次航行可谓是犹太人的逃亡之旅,但这却是一次"被诅咒的

第五章　空前的民族浩劫

1938年逃亡英国的精神分析大师弗洛伊德与他的女儿

漂泊无依的圣路易斯号客轮

航程",因为没有国家愿意接纳他们。《纽约时报》曾评论说:圣路易斯号的航行,向上帝喊出了人间的无情。

在客轮尚未出港前,古巴就宣布此前签署的难民入境证明无效,将拒绝这批难民入境,但客轮还是按照预定计划起航了。5月27日,当客轮到达哈瓦那时,古巴禁止难民上岸,圣路易斯号只好漂流在哈瓦那的海岸边。由于谈判无果,圣路易斯号只好向北航行,将希望寄托在美国身上,6月4日,美国正式通知不允许该船入境,圣路易斯号与美国擦肩而过。加拿大同样拒绝难民入境。无奈之下,6月6日,圣路易斯号只好返航,重回它的母港,但如果回去的话这些难民势必会被纳粹分子关进集中营。在返航途中,很多人已经绝望,甚至有难民选择了自杀。通过犹太救助组织的多方努力,6月10日,英国政府终于同意接收圣路易斯号上的288名犹太人,紧接着法国、比利时、荷兰3国分别收了224名、214名、181名犹太人。这些重返欧洲的难民中有超过200人最终被纳粹杀害。圣路易斯号的故事后被拍摄成了电影。

"没有什么地方可以去",这是当时身处灾难之中的犹太人最无奈的悲叹。世界经济普遍低迷,多国都出现了不同程度的反犹主义,再加上危机、战争让处于压力之中的人们变得麻木,维护自身的利益成为首选。英美等国冷漠的态度堵住了犹太人的去路,再加上1942年后纳粹禁止辖区内的犹太人向外迁移,900万欧洲大陆上的犹太人成为纳粹分子"最后解决"的猎物。

除了对移民配额进行限制之外,"盟军拒绝轰炸奥斯威辛事件"也是战后广泛讨论的话题。1944年,巴勒斯坦的犹太复国组织等团体曾向英美盟军提出了轰炸奥斯威辛的请求,甚至提交了具体的操作方案。此时,英美政府已经掌握了大量关于奥斯威辛的情况,包

描绘欧洲犹太难民无处可去悲惨境遇的漫画

括具体的位置、主要防守点、焚尸炉的技术能力以及通往奥斯威辛的铁路线。客观而论,在整个战局已发生根本性转变的1944年夏天,轰炸奥斯威辛这一弹丸之地并非脱离现实之举,然而,此项请求却遭到英美方面的断然拒绝。

9月1日,犹太复国协会领袖哈伊姆·魏茨曼接到了英国外交部的通知:因为技术原因皇家空军拒绝了轰炸奥斯威辛的要求。而真正的原因则是英国担心实施这一行动"会浪费有价值的生命"。在华盛顿,陆军部长助理约翰·麦克洛伊的答复代表了官方的意见:

经过研究，道理十分显然，这样一次行动只能使相当大的空军力量改变航线才能完成，而这些空援对于保证在其他地方进行的、具有决定性意义的战役中我方的胜利是必不可少的；而且这种行动的功效无论如何是令人怀疑的，以至不能成为动用我们人力物力的根据。对此值得考虑的意见是，即使是可行的，也可能引起德国人采取更大的报复行动。

美英政府除了以"转移目标会削弱主体战场的力量，会延缓整个战局的胜利，而胜利本身就意味着犹太人的最后解放"为措辞极力掩饰自己的真实意图之外，还强调说即便是轰炸了奥斯威辛，犹太人仍然逃脱不了德军的控制。而当时的实际情况是，苏联军队就在离奥斯威辛不远的地方驻扎着。不仅如此，德军在波兰仅驻守于一些大城市，而且主要是白天巡逻，如果集中营被轰炸，德国根本没有足够的兵力阻止逃跑的人群，因此，成千上万的犹太人被救出是完全有可能的。不管美英政府如何解释，犹太人都无法原谅这种袖手旁观的态度，称之为"一条冷漠的墙切断了最狭窄的逃生之道"。美国著名的犹太活动家格达里亚·布伯里克很无奈地说：

> 漠不关心与奇怪的沉默给了我们一记响亮的耳光，当恶魔拧着犹太人的脖子要使其窒息而死的时刻，除了犹太人自己以外，没有别的人站出来反对。

战后，当人们在大量讨论、批评英美政府的难民政策时，还有一个重要的人物也饱受争议，他就是当时的天主教教皇庇护十二世。

上帝无言:被送往奥斯威辛集中营的拉比

尽管纳粹的反犹与历史上的反犹相比没有过重的宗教色彩,但是大屠杀依然让教会成为关注的焦点。基督教所宣扬的道德戒律是欧洲世界传统的价值观,大屠杀的发生把基督教会推上了道德的审判台。

庇护十二世于1939—1958年任教皇,虽然他并没有公开宣扬反犹言论,但他和纳粹的关系依然引发了大量争议。有观点认为,第二次世界大战期间教皇对大屠杀暴行保持沉默,这是对纳粹的纵容;也有观点认为,教皇曾保护过许多犹太人;中立的看法是,教皇虽然可以开除纳粹分子的教籍,谴责纳粹的暴行,但如果真是那样话就可能会招致纳粹的攻击,污蔑教皇是共产主义和犹太人的代言人。况且,不过多地干预世俗生活也是近代以来教会的一贯主张。

庇护十二世

无论有多少措辞与理由,在大屠杀期间,以庇护十二世为代表的基督教势力,充当了冷漠的旁观者,这是不争的历史事实,也正因为如此,基督教会的道义与良知问题在战后倍受关注、饱经拷问。

愤怒的抗争

大屠杀期间,并非所有的犹太人都束手待毙、听任命运的摆布,他们中的有些人曾在十分困难的情况下进行了英勇的抗争。犹太人对纳粹反犹暴行的抵抗采取了多种形式,有武装斗争,如集中营起义、游击战争;也有地下斗争,包括从死亡营逃跑、为集中营

华沙隔都中学习《托拉》的犹太人

华沙隔都中的犹太拉比

偷运武器及食物、制作假证件、用废纸片记录纳粹的残忍暴行等。在第二次世界大战期间,与其他民族和国家的抵抗运动相比,犹太人所处的环境更加恶劣,很难得到有力的支持。尽管如此,许多地区的犹太人都进行了抵抗运动。

在众多的泣血斗争当中,华沙犹太隔都的抵抗运动最为激烈。1940 年,党卫军将 40 万犹太人围困在华沙犹太隔都里,仅在两三个月时间内就有 30 万犹太人被清走,大多数被运到特雷布林卡的灭绝营。1943 年 1 月,希姆莱视察华沙时,犹太区仅剩下 6 万人。希姆莱下令将这 6 万人尽早"安置",犹太区笼罩在一片恐怖的气氛之中。即使在这种艰难的环境下,隔离区内的犹太人依然没有忘记民族传统,他们经常聚集在一起学习犹太经典。

犹太抵抗战士准备进行最后的决斗!老掉牙的印刷机里印出了一张张令人振奋的宣传单:

> 德寇已开始第二阶段的灭绝行动!
> 千万不可束手待毙!
> 要采取行动自卫!
> 拿起斧头,拿起铁棒,拿起刀子,有什么就拿什么!
> 把你家的门插上!
> 看他们敢踏进你的家来!
> 不起来战斗,只有死路一条!
> 战斗!坚持战斗!

华沙犹太隔都里的抵抗组织已做好了战斗准备。该组织在此之前已同波兰抵抗组织建立了联系,并得到了一些武器。4 月,纳粹与华沙犹太隔都的战斗打响了，起义者拿起武器，利用每一个街道、房屋与入侵者进行战斗，并多次将装备完好的敌军击退。一位当年参加过战斗的犹太战士兹维阿·卢贝特沁回忆道：

> 当犹太战士看到耀武扬威的德军被自制的犹太炸弹和手榴弹打得狼狈逃窜时，他们深为自己所制造的、未曾料到的奇迹欢呼。

犹太战士莱昂·纳吉博格在日记中描述了战斗时的场景：

> 在犹太区，每栋房子都是抵抗的要塞，每一房间都是堡垒，抵抗者从窗户往外扔炸弹……抵抗者通过阁楼从一条街到另一条街重新占领被德国匪帮踩躏过的地方，凶手们用火焰喷射器放火烧房。

纳粹分子对犹太人的抵抗十分恼火，决心摧毁犹太区。4月19日，党卫军的头目雨尔根·施特鲁普，这个沾满犹太人鲜血的刽子手指挥坦克、大炮和爆破队对仅剩下900多米长270多米宽的犹太区发起了猛攻，战斗持续了28天。5月16日，施特鲁普向总部汇报战功：

> 华沙的犹太区已经不复存在，20时15分，炸毁了华沙犹太会堂，这一场大规模的行动至此结束。总共处置了56065名犹太人。

华沙犹太隔都起义沉重打击了纳粹分子的嚣张气焰,在纳粹官方的报告中显示只有16名德国士兵阵亡,90人受伤,但几乎所有的犹太亲历者都否认这一数据。据研究者估计,德国伤亡者约在千人左右。华沙犹太隔都起义失败后,纳粹分子自以为已十分隐秘地消除了心中的一大隐患,但他们万万没有想到,有几十名抵抗战士从下水道里逃脱,他们向全世界揭露了发生在这里的罪恶,同时也叙说了发生在这里的英雄壮举。

第二次世界大战结束后,波兰政府在当年的犹太区废墟上建立了"1943年华沙犹太隔都起义英雄纪念碑",纪念碑的正面是青铜雕像,象征着"战斗的犹太隔都",背面是大理石雕像——"向死亡进军!"以此来唤起人们对犹太英雄的怀念与敬佩,以告示世人:犹太勇士们将含有耻辱内涵的"犹太隔都"一词变成了光荣和荣耀的代名词。

华沙犹太隔都起义的消息传出后,其他犹太区深受鼓舞,并纷纷建立了抵抗组织,许多犹太人还组织了游击队,藏匿于山林之间,奋力抵抗纳粹暴行。受抵抗运动的鼓舞,维也纳犹太隔都一位名叫希尔施·格里克的犹太人写了一首著名的歌曲,它很快成为分布在各地的犹太抵抗组织的战歌,时至今天,在许多哀悼活动上依然会吟唱这首歌:

> 千万别说末日已近,
> 虽然黑暗的天空预示着痛苦的前程,
> 我们期待的时刻仍将来临,
> 前进的步伐将发出吼声:
> "我们将继续生存!"

在华沙起义中被捕的犹太人

从波兰索比堡死亡集中营逃出来的犹太人,他们后来加入了游击队

在犹太人自发组织抵抗的同时，世界各地的犹太人纷纷通过参军的方式与纳粹法西斯主义进行斗争。据学者艾萨克研究，第二次世界大战中共有160万左右的犹太人在同盟国军队中服役，战斗在反法西斯主义的第一线，他们的详细分布情况见下表：

第二次世界大战中服役于同盟国军队的犹太人人数

美国军队	55万
苏联军队	55万
英国军队	7.5万
波兰军队	6万
法国军队	10万
巴勒斯坦地区	3万
南斯拉夫军队	2万
加拿大、南非等国军队	20万
世界各地游击队	10万
总计	168.5万

在这些犹太将士中涌现了一批可歌可泣的英雄事迹，例如巴勒斯坦的犹太人乔治·恩斯特在英军中服役，他是一名优秀的飞行员，20岁时就参加不列颠空战，并且至少击落了6架德军战机，卓越的战功让乔治·恩斯特获得了十字勋章。1941年，在北非战役中，乔治·恩斯特壮烈牺牲。还有一个世人耳熟能详的名字——摩西·达扬，摩西·达扬是以色列著名的军事家，曾担任国防部部长、外交部部长等职务。第二次世界大战时，作为英军中的一员，摩西·达扬参加了争夺叙利亚的战斗，就是在这次战斗中他失去了左眼。

在众多的战斗英雄中，有位女性的名字十分引人注目，她就是汉娜·塞内丝。汉娜·塞内丝于1921年出生于匈牙利首都布达佩斯，

意大利的犹太游击队员

波兰卢布林地区的犹太游击队员

摩西·达扬

汉娜·塞内丝

因为受到反犹主义的迫害，1939 年她移民到巴勒斯坦。1944 年，英军挑选了 32 名志愿者，要将他们空投到意大利、南斯拉夫、匈牙利等地去收集情报，并联络当地的犹太抵抗组织营救更多的遇难同胞，汉娜·塞内丝就是其中一员。不幸的是，汉娜·塞内丝跳伞后不久便被纳粹分子抓获，在受尽严刑拷打之后被处决，她牺牲时年仅 23 岁。她在法庭上诵读了自己创作的诗歌：

> 为火柴祝福吧，
> 它在熠熠的火焰中消耗了自己。
> 为火焰祝福吧，
> 它从静谧的心灵深处燃起。
> 为心灵祝福吧，
> 它为了尊严而倾其全力。
> 为火柴祝福吧，
> 它在熠熠的火焰中消耗了自己……

她的理想主义与自我牺牲精神在这首诗中得到了完美体现，这也是 20 世纪最为流行的希伯来诗歌之一。建国后，汉娜·塞内丝被尊为国家英雄，以色列

第五章　空前的民族浩劫

国内经常举办一些活动，通过朗诵她的诗歌来缅怀这位巾帼英雄。

反思大屠杀

史无前例的纳粹大屠杀活动，不仅在肉体上也在精神上给犹太人带来了沉重的打击，很多人对信仰产生了怀疑。战后，犹太人围绕与纳粹大屠杀有关的神学问题展开了一系列的讨论与反思。焚尸炉的滚滚黑烟、犹太人的累累白骨击碎了上帝存在的美好神话。经历灾难之后的人们不得不重新认识上帝，许多人在怀疑上帝、审问上帝甚至否认上帝。这些人对上帝很失望，对自己多年来所恪守的信仰提出了质疑。大屠杀幸存者海迪·弗雷德在她的回忆录里描述了这样一个故事，一群罗马尼亚犹太人被押送去奥斯威辛，就餐时一个年轻人正在吃火腿，老祖母在一旁静静地坐着，不停地流着眼泪，突然她抬起头来说：

给我一点火腿，我活了76岁，从来没有吃过不"可食"（即犹太人的饮食习惯中允许吃的食物）的食物，但现在我也要吃。上帝能这样对待我们，我将不再遵守他的戒律。

海迪接着写下了一段非常耐人寻味的话：

所有的人都惊愕地看着她，老祖母切下一片火腿，开始若有所思地嚼起来，好像在等待上帝的回答。她不是要停止对上帝的信仰，她只是想挑战上帝。也许她正在期待着出现一道晴天霹雳来结束她自己的苦难。

在犹太教的祈祷书中有许多赞美上帝的话语，如上帝是仁慈和宽恕的，上帝是正义的，上帝是善良并有怜悯心的，上帝从万民中挑选了犹太人，他施爱于子民并得到子民的忠爱，上帝保佑那些爱他的人。许多亲历过大屠杀、生活在大屠杀阴影下的犹太人再也无法认同这样的话语。美国加利福尼亚州立大学的心理学教授阿龙·赫斯愤怒地说道："这些话刺破了我的喉咙，激起了我的愤怒，我无法再读下去！"大屠杀的残酷记忆使身历其境的人无法再保持对上帝的虔敬之心。阿龙·赫斯的舅父是麦达内克死亡营的幸存者，当阿龙·赫斯问起大屠杀对他的宗教信仰有什么影响时，对方的回答是：他失去了一切信仰。还有一位幸存者的后代在接受阿龙·赫斯的采访时说道：没有上帝，只有一场大屠杀。

大屠杀发生后很长一段时间内，人们怀疑上帝的另一原因是安全感的失去，一直以来"上帝被理解为安全之源"，但如果他不能够提供安全，人们怎么维护对他的信仰。大屠杀幸存者、于1986年获得诺贝尔和平奖的美国著名学者埃利·威塞尔认为，如果完全有感觉的上帝只是作为旁观者而听任罪恶的发生，那么就有理由认为上帝本身就是罪恶的参与者。他在《森林之门》一书中提出了一个非常尖锐的问题："当灾难降临的时候，上帝到底在哪里？"在他的另一部作品《审判》中，他把上帝送上了审判台并宣判其有罪——即便说上帝不能被看做是罪恶的直接参与者，但也不能被排除在被告席之外，因为历史事实本身对上帝提出了公诉。

对于幸存者而言，他们可以怀疑上帝，甚至完全背离宗教，但却都强烈地要求自己以及后代保持自身的犹太性。他们的逻辑是：希特勒的最大愿望以及纳粹德国"最后解决"的目的，就是要彻底消除犹太人身上的犹太性，就是要毁灭犹太意识、犹太精神、犹太文化，如果犹太人靠自身的凝聚力与意志力而坚守了这一切，就是宣告了纳粹大屠杀政策的失败，否则就是对自己的背叛，对 600 万无辜亡灵的背叛。

当然，面对大屠杀不是所有人都动摇了信仰，有些犹太人尤其是一些正统派人士依然怀着一种强烈的信念：犹太人不能在苦难面前屈服，而是要为"上帝的圣名"而献身。许多人正是怀着对上帝的虔敬、念着犹太信条和戒律，无所畏惧地走进了毒气室。拉比沙米尔·大卫·乌加尔的话非常具有代表性：

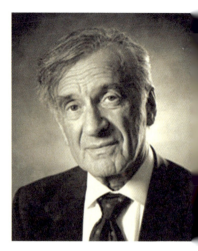

埃利·威塞尔

> 毫无疑问，我们必须要坚持上帝独一，我们必须要怀着对上帝的爱来接受上帝对我们的惩罚。

拉比艾法莲·欧什瑞是立陶宛科夫诺集中营的幸存者，当被囚禁的犹太人带着种种疑问来向他求教时，他用精神的自由来安慰他们。在艾法莲留下的用水泥袋上的纸片所写下的文稿中有这样一段记载：

> 德国人宣布要把科夫诺集中营的犹太人全部消灭，我们完全失去

对命运的把握，大多数人将会被杀死，我们赞美上帝不是因为上帝给了我们肉体的自由，而在于上帝赋予了我们精神上的自由。因此在任何环境下，我们都不能停止对上帝的赞美。相反，尽管我们的肉体受到禁锢，我们却比以往任何时候更虔诚地赞美上帝，并以此向我们的敌人显示：作为人，我们的精神是自由的，是任何暴行都不能禁锢的。

大屠杀后，许多正统派人士用"上帝特征的藏匿"来解释大屠杀，上帝的藏匿是上帝对犹太教信仰者的一种挑战，是对犹太人的考验。马丁·布伯是现代犹太历史上著名的思想家，他认为，当上帝沉默的时候，人们不是要否定上帝，而是要意识到这是上帝的沉默，在变化中上帝会重新显现。

大屠杀不仅促使了犹太人的神学反思，也促使了基督教世界对基督教和犹太教关系的反思。大屠杀的消息已广泛传播之时，基督教世界的总体反应仍然是"温和的、模糊的，并且是迟来的"。随着时间的推移和大屠杀真相的进一步披露，越来越多的人被血腥的事实所震撼。基督教社会与反犹主义有着千丝万缕的联系，因此一些基督徒开始从历史的视角对大屠杀进行全新的、持续的反思，呼吁基督教徒走出狭隘的自我主义，从大屠杀中吸取教训，改变对犹太人的偏见，以宽容与友善之心去接纳他们。

神学反思推动了两教关系的和解和对话，基督教方面先后发布了犹太人和基督徒可以一起构成上帝的选民，耶稣是犹太人、由犹太母亲所生等言论。尤其是梵蒂冈于1962—1965年间召开的第二次大公会议（简称"梵二会议"），更是成为两教关系走向和解的重大转折点。会议发表了《教会对非基督宗教态度宣言》，号召基督教

梵二会议

徒和犹太教徒开展"兄弟般的对话"。该宣言强调反犹主义和迫害犹太人是有罪的,认为两教拥有共同的精神遗产和宗教纽带,承认上帝与犹太人所立圣约仍然有效,承认了耶稣及其门徒都是犹太人,并解除了犹太人是基督谋杀者的指控,强调不能把耶稣之死不加区别地归罪于所有犹太人及其后代。

1986年,教皇约翰·保罗二世对罗马犹太会堂进行了历史性访问,他指出,犹太教"内在于"基督教,两教存在着其他宗教所不具备的特殊关系,犹太人是基督徒的兄长,从而将两教关系提升到了一个新的高度。在此基础上,1993年底以色列同梵蒂冈签署了实现双方关系正常化和相互承认的协定,并于1994年6月正式建立外交关系。

2006年5月，教皇本笃十六世*在访问波兰时来到了奥斯威辛，发表了这样的演讲：

> 在这一见证了残暴、见证了无数违反上帝旨意的史无前例的反人类罪行的地方，发表讲话几乎是不可能的，对一位基督徒、一位出生德国的教皇来说，这更加困难和使人感到压抑。这里，语言显得苍白无力，这里只应该有震惊下的沉默。这一沉默实际上也是内心深处的面向上帝的呐喊——你为什么保持了沉默？

2009年5月，本笃十六世还访问了以色列大屠杀纪念馆，并献上了花圈，教皇在随后的演讲中表示：

> 耶路撒冷的名字意味着"和平之城"，但谁都不能否认对600万犹太人的大屠杀，他们的苦难永远不能被否认。愿那些受害者的名字永远不会消失、被忽视或遗忘。祈祷人类将永远不会再看到如此大规模的犯罪。祈愿和平降临这里。

战后对大屠杀罪责的反思也成为不可回避的一个问题。在战后的审判中，许多直接参与屠杀的纳粹分子都在极力为自己辩护，都否认自己对犹太人有痛恨和仇视之情，冠冕堂皇的回答是：我们只是服从上级的命令。正如赫尔曼·戈林所说："我没有是非之心可言，我的是非之心就是阿道夫·希特勒。"但铁证如山的事实无法

---

* 本笃十六世是一位德国人，第二次世界大战时曾参加过德军，但并没有打过仗。关于他的参军问题曾引起广泛的讨论，因此当本笃十六世访问以色列大屠杀纪念馆时，很多犹太人并不欢迎他。

教皇本笃十六世

以色列总统佩雷斯欢迎教皇本笃十六世到访

让纳粹分子摆脱刽子手的罪名，在审判中，约有三万名纳粹分子被定罪。

战后，围绕着德国民众的集体罪责问题也开展了热烈的讨论，形成了两种截然不同的观点，一种认为："我们毫不知情所以就无能为力"，"民众不该为领导人的错误承担责任"；另一种观点则强调：德国民众必须为大屠杀负责，德国社会各阶层在野蛮的屠犹浪潮冲击下均未能维护其文明理性的价值观，并且有相当数量的德国民众把对犹太人的歧视当成了一种社会规范。希特勒的反犹主义之所以能够步步得逞，离不开广大民众的迎合与支持。

大屠杀已经把德国人和犹太人分别作为施暴者与受害者的身份定格在历史时空之中。奥斯威辛的重负是德国要永远背负的十字架，任何否定、修正的做法都会激起世人的愤怒。值得欣慰的是，战后的德国政府和普通民众能够正视历史、幡然悔过。用德国历史学家克里斯·梅厄的话来说：

> 德国人必须从骨子里进行反思的就是奥斯威辛。

波兰导演安德兹·瓦达也一针见血地指出：

> 奥斯威辛是德国人不可回避的现实，歌德和种族灭绝、贝多芬和毒气室、康德和铁血统治都无一例外地属于德国的遗产。

历史记录了德国的罪名，也同样记录了德国的救赎，战后的德国对大屠杀进行了深刻的反思。在战后初期的一段时间，德国社会

纽伦堡审判现场

1943年4月19日,包括一个小男孩在内的一群犹太人被德军士兵从华沙犹太人区押送出来。在1945年纽伦堡战争罪行审判中这张照片被作为证据提交

对大屠杀保持了"心照不宣的沉默"。到20世纪60年代末历史学家开始公开谈论这一问题,七八十年代以后,学术界越来越细节化地叙述大屠杀,讨论的重点是"为什么无法阻止希特勒?""为什么罪行偏偏发生在德国?"受其影响,德国的历史教科书也开始坦然地讨论集体罪责,并以此来培养年轻一代健康的"历史意识"。

当然,大屠杀的反思过程与德国建构新的民族认同是同步的,德意志民族要想成为一个正常化的民族就必须改变对过去的认识。正是在这样的政治文化背景下,才接连出现了德国领导人真诚对犹太人道歉的历史画面。

1970年12月7日,德国总理维利·勃兰特冒着寒风来到华沙犹太人死难者纪念碑下,在向纪念碑献上花圈后,突然双腿下跪,并祈祷道:"上帝饶恕我们吧,愿苦难的灵魂得到安宁"。勃兰特的下跪表明,德国已经充分认识到所犯的罪孽,并愿意为此而道歉。勃兰特此举震惊了世界,媒体曾这样评论道:跪下去的是勃兰特,站起来的是德意志。

几年后,媒体关于此事采访勃兰特,他解释道:

> 我是联邦德国的总理,我对希特勒上台搞法西斯主义觉得有道义上的连带责任……不仅是对波兰人,实际上首先是对本国人民,因为太多的人需要排除孤独感,需要共同承担这个重责……承认我们的责任不仅有助于洗刷我们的良知,而且有助于大家生活在一起。犹太人、波兰人、德国人,我们应该生活在一起。

勃兰特的观点代表了许多德国人的观点。1971年,勃兰特获得了诺贝尔和平奖。

1995年6月,德国总理科尔继勃兰特之后,再次在犹太人死难者纪念碑前下跪。2000年12月7日,即勃兰特在华沙下跪30周年纪念日这一天,德国总理施罗德来到这里,为受难者敬献花圈,并树立勃兰特纪念碑。施罗德讲道,忘记历史意味着背叛,勇敢地背负起历史的责任,才能走向明天。2005年是奥斯威辛解放60周年,施罗德再次向曾受到纳粹伤害的国家和民众道歉,并要求德国人牢记历史,牢记所犯下的暴行,全体民众都应该进行反思,让悲剧不

勃兰特在华沙犹太人死难者纪念碑前下跪

法国总统奥朗德（左）、德国总统高克（中）与大屠杀事件幸存者拥抱在一起

再发生。

2013年9月4日，德国总统高克与法国总统奥朗德访问奥拉杜尔*，与大屠杀幸存者、88岁的埃布拉拥抱在一起，其场景令世人感动。高克说道：

> 我今年73岁，出生在战争年代，我沉浸在对我们罪行的讨论中……我想告诉那些幸存者和他们的家人：我们知道（德国过去）做了些什么。

法国总统奥朗德也动情地说道：

---

* 1944年6月10日，德军在前往法国诺曼底途中，屠杀了奥拉杜尔村村民和难民共642人，其中包括205名儿童。

> 这代表德国能够正视纳粹的野蛮行径……这次访问让我们再一次认知过去，勇敢地面对未来。

在政府的积极引导下，德国多年的反思教育已经使民众从第二次世界大战的阴影中走出来，并对曾经发生的历史拥有清醒的认识，积极、勇敢地承担历史责任已成为人们的共识。正如费舍尔所说：

> 犹太人不必害怕有"第四帝国"崛起的可能性，因为早有一堵不可逾越的墙阻在其前进的道路上。这就是由纳粹受害者的鲜血凝成的一座坚不可摧的堡垒。它的名字叫奥斯威辛，它将保护犹太人和德国人，以及剩余的全世界，不再经历同样的地狱般的体验。通过某种神秘的历史力量，这一象征性的奥斯威辛之墙将对未来的邪恶产生威慑，很难想象曾经在历史上发生过的事情会再一次发生。邪恶或许会产生以纳粹精神为食的地狱，会吞噬数百万人，赢得一场战争，但究竟会输给正义。从这种层面上看，大屠杀不啻一件燃烧的祭品，受害者并没有做无谓的牺牲，他们或许给了未来一代最为珍贵的生命礼物。

纪念的蜡烛

战前的欧洲特别是东欧是犹太人精神生活的摇篮，许多犹太伟人在这里诞生。可是经过这场战争，一半多的欧洲犹太人灭绝，绝大多数欧洲犹太区从地图上消失，残存下来的也破落不堪，仅留下昔日盛世的余晖。1945年的欧洲，有30万左右无家可归的"地狱幸存者"——犹太难民，其中大约有 20 万是从纳粹的死亡营与劳动营中释放出来的，他们身无分文、衣衫褴褛、眼睛呆滞、干瘪的手背上刺有字号。大屠杀给犹太人所留下的心理磨难与精神创伤从幸存者的身上得到了最明显的体现。

对于"幸存者"*来说，战争虽然结束了，但他们无法从噩梦中惊醒，悲伤与痛楚始终伴随着他们。曾在纳粹集中营里历经磨难的埃利·威塞尔这样表述被解放那一天幸存者的内心感受：快乐是空的，感觉是空的，情感是空的，希望是空的。纳坦·奥尔特曼用他那诗一般的语言记录了这样一个场面：

> 一位犹太小女孩，在集中营被解放的那一天，她那纤弱的背上背着一个专门发给孤儿的饭包，手里拿着一块面包，那是联合国难民处提供的次日的口粮。当她从阴暗肮脏的地方走出，饱享自由、阳光与空气时，她没有任何激动的反应，而是提出了这样一个令人心酸的问题："请问，我可不可以哭？"他们欢乐不起来，因为"伤口在痛苦地开裂着""恐怖的气氛仍在弥漫"。

对生活在以色列的幸存者的调查发现，

> 80%—90% 的人失去了他们大多数的直系亲属——父母、兄弟姐妹、丈夫或者妻子以及孩子，每人至少失去一个亲属，

---

* 专门对大屠杀幸存者进行跟踪调查与研究的以色列学者丹·巴让认为：从纯历史学的观点来看，任何在第二次世界大战期间生活在纳粹占领区，受到最后解决政策的威胁，并且最终设法活了下来的人，都可称为是大屠杀的幸存者。

3/4 的人失去了整个家庭。丧亲之痛对生还者所造成的心理创伤怎么估计也不过分,尤其对十分重视家庭亲情的犹太人来说更是如此。

一位幸存者这样表达自己的心情:

> 我只觉得自己衰老了,对什么都不感兴趣,像一具会说话的尸体一样,所有的记忆都是伤痛与恐怖。你怎么会认为我可以和战前的我一样呢?当年那个生活在犹太隔离区里的有85位成员的大家庭,我是唯一一个、绝对是唯一活下来的人。

巨大的心理创伤,让许多幸存者在心中充满了内疚之情。战后,"幸存者的内疚"成为一种普遍现象,他们为失去亲人而内疚;为自己不择手段地"偷生"而内疚;为自己目睹了暴力与仇恨且无能为力而内疚;为自己没有公开站出来与党卫队战斗而内疚;甚至为自己没有自杀而内疚。连那些有幸被列入"辛德勒名单"的人也同样因为"不正当的生还手段",即辛德勒贿赂了党卫队成员而内疚。总之,他们总是能够从主观上给自己找到愧疚的理由。许多幸存者不停地反省:为什么是我而不是我的兄弟姐妹们活了下来?在许多访谈中都可以听到他们的自责:如果我这样做或者那样做,如果我不这样做或者不那样做,也许他或她今天还活着。

值得注意的是,内疚感和恐惧感不仅支配着幸存者本身,而且还严重影响到他们的后代。丹·巴让在他的《恐怖与希望:大屠杀亲历者的后代》一书中写道:

达豪集中营的幸存者

幸存者及其许多子女发现自己无法游历出过去与未来之间、记忆与遗忘之间、生命与死亡之间。在他们的生活重建里，家庭共同体——家庭机制的保护构架被中断，而且这种重建总是铭刻着失去家庭成员的痛苦。即使这种（因家庭）断裂的冲击会随着时间的消失而弱化，但恐怖的残余仍然可以从大多数第三代人的生活故事里感受得到。

黛娜·沃笛是一位从事精神治疗的医生，在过去的20年里，她的主要治疗对象就是生活在以色列的幸存者的后人。在她那令人瞩目的著作《纪念的蜡烛》一书中，黛娜·沃笛记述了与幸存者后人的真实对话，揭示了大屠杀对幸存者后代的心理影响。她指出，这些人是在失亲之痛的阴影之中长大的，而这种环境往往导致父母对子女的过于呵护或期望值过高。在孩子们的童年时代，他们的父母

位于耶路撒冷锡安山上的辛德勒之墓

无意识地把痛苦传递给了他们，父母把自己所有的记忆与希望都转嫁给了子女，因此，这些子女们就成了那些大屠杀牺牲者的"纪念的蜡烛"。成人之后，他们背负着沉重的精神压力，体验着孤独的人生，不少人出现了心理问题。作者在这些人身上探索一种特殊的治疗方法，就是千方百计使病人摆脱"纪念的蜡烛"这一角色，培养他们正常人的心态。

不仅如此，随着欧洲尤其是东欧犹太社区的毁灭，世界最大的犹太中心转向了以色列与美国，大多数的幸存者战后都不得不移居他乡，这件事情同样要付出心理上的代价，即与自己的家人、童年、故乡、传统、文化以及语言的人为割断。对于成年人来说，割断记忆的伤害更是明显。面对迥异的生存环境，他们的孤独感与无助感油然而生，复杂的内心情感使许多人选择了"沉默的生活"。正如威塞尔所说：

> 他们生活在一种无形的隔离区内，孤立而封闭，不愿与外面世界交流。他们不参与我们的庆典，他们不对我们的玩笑感兴趣。他们的参照框架不是我们的，他们的话语也不是我们的。他们的话语是他们的法典。他们的记忆是他们的规章。

不可否认的是在战后初期，无论是美国犹太人还是以色列社会，都忽略了大屠杀幸存者的内心感受。由于美国在战争期间对犹太人的"冷漠"态度，导致大屠杀问题带有一定的敏感性，美国犹太人出于各种因素的考虑，在战后初期似乎有意识地回避犹太幸存者的问题。

在以色列，自1948年建国到20世纪70年代以前，以色列社会是以挑剔的态度来对待幸存者的。在大多数人的眼里，只有那些参加过犹太区起义或者反德游击队的抵抗者才是真正的"正义之士"，才是"为生存而战"的典范，除此之外的幸存者都被视为软弱与无能之辈。这一崇尚英雄的价值观与同一时期以色列社会的发展潮流密切相关。在建设新国家的过程中，以色列人的理想人格是坚忍不拔与奋力求生精神，即像"沙漠中的仙人掌"那样去生存，主流的社会价值观是强调集体观念、开拓意识与奋斗精神，而把任何群体的特殊利益与感情抱怨都视为不合时宜。这种来自全社会的偏激情绪与忽略态度加剧了幸存者的痛苦，他们强烈地感受到了周围的同胞虽然泪流满面地欢迎他们、同情他们，但从内心来说并不喜欢他们。威塞尔曾尖锐地呼吁道：

> 人们为了政治目的而利用他们，以他们的名义来表达愤慨，来影响投票，来发动新闻攻势，来组织会议。人们撇开他们发表有关幸存者问题的讲话。……逃避者、流浪者，人们就是这样看待他们的。什么都不合格，什么都不合适。他们是制造麻烦的人，败兴的人，带来灾祸的人，只能小心对待。给他们同情是完全正确的，但应敬而远之。

上述种种因素使大屠杀幸存者在战后的二十多年间很少品尝到经济腾飞与国家富强的欢欣，而是处在一种难言的孤苦之中。到20世纪七八十年代时，幸存者已逐渐适应于当地社会，他们的子女对父辈们的受难已有了越来越理性的认识，再加上幸存者的人数越来越少，这一切因素促使一些幸存者觉得自己不能再沉默，他们认为自己应当而且必须承担起两项责任：一是记住并保存大屠杀这个可怕的历史记忆,并要"把个人的经历转化为历史的意识与民族的记忆";二是为纳粹罪行提供新的证据,证明纳粹大屠杀事实的确存在。在幸存者的内心深处,希望终于战胜了恐惧,他们由被动的"沉默者"变成了活跃的见证人。当他们咬紧牙关,把多年尘封的伤疤一一揭开之后,感受到的是前所未有的释然感与解脱感,他们发现自己一直所苦苦追求的"正常人的生活"并未远离他们而去,而是正朝他们靠近。

然而,当大屠杀成为一种公众话语之后,被粉饰甚至被滥用的现象一直存在,对幸存者的苛求与误解也从未消失。一位生活在美国的幸存者曾这样描述他自己的亲身经历:

> 许许多多的人都对大屠杀感起兴趣来……我看到了一种意识的觉醒,但是也同样摆脱不了对现实的困惑。美国的犹太教师们邀请我去他们的教室演讲,但他们不想让我把大屠杀描述成一种悲惨的经历,他们想让我把幸存者变成英雄,并为他们创造出英雄的经历。他们用的是这样一本教材《大屠杀——勇气与抵抗的历史》,但是大屠杀绝对不是勇气与抵抗的历史,它是用火焰来毁灭无辜者的历史。凭空捏造是不应该的做法。我们不是英雄,我们活了下来是因为一些连我们自己都无法理解的偶然机遇。有人对我说:"萨莉,给孩子们讲一些幸存者的欢乐吧!"我明白了他们一点都不理解我们,如果你处在一个独木舟上,生命会在几秒钟内丧失,你活了下来,你还能谈得出幸存的欢乐吗?我们经历了火焰与灰烬,我们的整个家庭被毁灭了,我们自己留下了,我们如何谈论生存的欢乐?

大屠杀纪念馆内的人名纪念堂

如果说幸存者及其后代为自己和亲人的遭遇充当着"纪念的蜡烛"的话,位于耶路撒冷的大屠杀纪念馆则是整个犹太民族"纪念的蜡烛"。

以色列大屠杀纪念馆的官方名称为"亚德·瓦谢姆纪念馆"(Yad Vashem),源自于《圣经·以赛亚书》中的"我必使他们在我殿中、在我墙内,有纪念、有名号"。"有纪念、有名号"的希伯

来文为 Yad Vashem，此词被用来命名大屠杀纪念馆。

大屠杀纪念馆于 1953 年建立，共存放了约 6000 万份文件，26.3 万张图片和其他书面、音频和视频证据。其中比较著名的是名字大厅，9 米多高的圆锥形构造开口朝天，放置了部分在大屠杀中遇难犹太人的姓名与个人记录，可以给每一个参观者以非常震撼的、立体的感受。为了让人们牢记历史，避免类似悲剧再次发生，大屠

以色列大屠杀纪念馆前面的雕塑

杀纪念馆十分注重大屠杀记忆的研究、推广工作，每年都会在世界各地举办多种形式的教育活动。

2005年11月1日，联合国大会通过了由104个国家提交的草案，将奥斯威辛集中营解放之日——1月27日——定为"国际大屠杀纪念日"，从而使纪念大屠杀的活动升格为一种国际社会的共同义务。

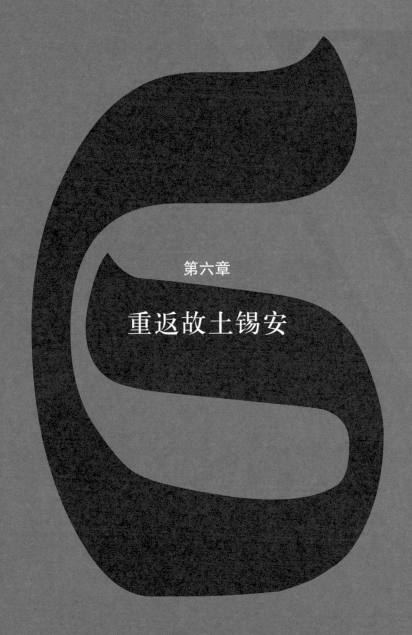

第六章

重返故土锡安

哦,耶路撒冷,
散发着先知的芬芳,
连接着尘世与天堂。
美丽的孩子,指头焦黑,目光低垂……
哦,耶路撒冷,悲伤之城,
泪水充盈着你的眼眶。
谁会冲刷你沾满字迹的城墙?
哦,耶路撒冷,我的挚爱,
明天——柠檬树绽放,橄榄树欢畅,
你的双眼雀跃,鸽子也将飞回你的神圣高塔!

——尼扎尔·加尼巴《耶路撒冷》

漫长的散居生涯使犹太人深切地感受到作为"客居者"的辛酸与无奈，因此回归巴勒斯坦、重建民族家园是一代又一代犹太人的梦想。在巴勒斯坦重建国家的思想扎根于深厚的民族传统之中，从卡里舍尔到赫斯、从平斯克到赫茨尔，犹太复国主义的思想体系与政治蓝图得以逐步成型。在犹太复国主义者的积极推动与多方努力之下，也借助于国际社会的大力支持，犹太人的复国之梦终于得以实现。1948年5月14日是一个见证历史的日子，现代以色列国在《哈蒂克瓦》的歌声中、在《独立宣言》的墨香中宣告诞生。

复国先驱

犹太复国主义又被称为锡安主义，英文为Zionism，词根是Zion。Zion是位于耶路撒冷的一座山的名称，译为锡安山，犹太传统将锡安山作为耶路撒冷的别称，是犹太民族家园的精神象征，犹太人被称为锡安之子。第一圣殿被毁后，被迫流散到巴比伦的犹太人以多种形式表达着对锡安的追思与怀念，留下了许多脍炙人口的优美诗篇，"明年在耶路撒冷见"是犹太人不断重复的祝愿。

1890年4月，内森·伯恩鲍姆在他的德语期刊《自我解放》上最早使用"Zionism"一词，后被第一次犹太复国主义大会正式采用，意指犹太人以回归巴勒斯坦、重建民族家园为目标的政治运动。

兹维·希尔施·卡里舍尔

从犹太复国主义运动的发展历程来看，它不是由单一的社会力量发起和推动的，而是一个主张复国的各种力量的大联盟，容纳了不同的思想派别，如政治犹太复国主义、宗教犹太复国主义、文化犹太复国主义、劳工犹太复国主义、社会主义犹太复国主义等。从本质上来看，犹太复国主义是一场民族主义运动，它的兴起得益于一大批先驱思想家的倡导与呼吁。

兹维·希尔施·卡里舍尔拉比于1795年出生在西波兰的里萨，是早期的宗教犹太复国主义思想家。卡里舍尔主张，犹太人获得拯救的方式，是在认同民族家园的前提下，由流散地逐步向耶路撒冷聚集，并恢复祭坛，在万民中恢复上帝的圣名。1862年，卡里舍尔出版了《追寻锡安》一书，为宗教犹太复国主义奠定了基础。卡里舍尔拉比把上帝的救赎与犹太国家的重建结合起来，他指出，如果

摩西·赫斯

越来越多的、虔诚的犹太人从四面八方来到圣地,通过自己的实际行动向上帝祈祷的话,就会感动上帝,加快上帝拯救的步伐。

摩西·赫斯被誉为"社会主义犹太复国主义之父"。他出身于波恩的一个正统派家庭,从小受到系统的犹太宗教教育,成年后在波恩大学学习哲学,深受黑格尔思想的影响。摩西·赫斯曾把恩格斯介绍给马克思,并一度与马克思、恩格斯进行合作。

摩西·赫斯在1862年出版了《罗马和耶路撒冷》一书,集中体现了他的犹太民族主义思想。他指出,在各个民族中间,犹太人永远是外来者、异己者,一个犹太人不管主观上是否愿意,都与本民族的命运休戚相关,都与以色列的复兴生死与共。解决犹太人问题的可行性方案是在巴勒斯坦建立一个社会主义性质的犹太国,它的建立将标志着"生产劳动取得胜利,寄生状态得以结束,道德和生活得到统一"。

利奥·平斯克于1821年出生在俄国，其父亲是著名的希伯来学者，热衷于"哈斯卡拉"运动。平斯克自幼接受现代世俗教育，他曾大力倡导"俄罗斯化"，积极向犹太青年讲授俄语和世俗课程，鼓励犹太人融于主流社会。但是，反犹势力的猖獗尤其是1881年俄国发生的事件彻底改变了他的思想。残酷的现实使利奥·平斯克认识到，在俄国这样的国度里，犹太人的地位是十分尴尬的。"对于生者来说，他们是死者；对主体民族来说，他们是流浪汉、外来者；对富人来说，他们是乞丐；对爱国者来说，他们是无国籍的异己者；对各个阶层来说，犹太人都是仇敌。"犹太人正是由于自身的软弱才成为暴力侵害的牺牲品，犹太人必须有一个独立生存的民族国家，在物质上、智力上、道德上、文化上实现全面复兴，才能彻底改变自己的命运。他强调说，犹太人不要坐等弥赛亚的最终降临，因为除了"自我解放"没有别的途径。

平斯克的思想集中体现在《自我解放——一个俄国犹太人对其同胞的警告》中，1882年9月，这本小册子在柏林匿名出版，对东欧犹太复国主义运动的发展起到了积极的促进作用。与摩西·赫斯的不同之处在于，平斯克除了提出复国理想，而且还有具体的操作步骤。他主张召开全俄犹太人大会，筹措资金、购买土地，以供数百万人定居；然后争取大国的支持，并获得各地犹太人的响应。

《自我解放》出版后，立即获得了俄国犹太上层人士的响应。同年，"圣山热爱者"协会成立，其宗旨是鼓励犹太人移居巴勒斯坦，并在敖德萨大学建立了一些犹太复国主义社团。1884年11月6日，"圣山热爱者"在波兰召开了第一次代表大会，决定要筹措资金，为移民巴勒斯坦做出努力。会议推举平斯克为中心协会主席，

阿哈德·哈姆

并在敖德萨与华沙建立执行机构。"圣山热爱者"协会共召开了四次代表大会,但由于内部分裂,影响逐渐减弱。1891年,平斯克去世后,"圣山热爱者"协会宣布解散,但作为第一个犹太复国主义组织,在激发犹太民族复国热情等方面起到了不可磨灭的作用。

阿哈德·哈姆出生于俄国的一个哈西德家庭,是文化复国主义的代表。阿哈德·哈姆反对盲目向锡安定居,认为尽管移居巴勒斯坦非常重要,但巴勒斯坦目前不能吸收所有的犹太人,它应该被建设成为散居犹太人的精神、文化与宗教中心,以便为建立犹太国家奠定基础。他指出,定居巴勒斯坦仅仅是恢复犹太精神的一个步骤,"移民建国"很难解决一切问题,因为它忽略了对犹太精神的培养。

阿哈德·哈姆认为犹太社会正面临两种危机:第一种是因为没有故土、没有权力而导致的犹太人的危机;第二种是由于世俗主义与同化主义所导致的犹太教的危机，而最核心的问题还是犹太教的危机，如果这一危机得不到解决，最终必然葬送犹太人的一切理想与热忱。阿哈德·哈姆在1891年、1893年对巴勒斯坦进行了考察，这更加验证了他的思想，他呼吁教育工作必须要先于移民行动。1896年，他创办了出版社，并担任希伯来语月刊《使者》的编辑工作，以之为阵地，宣传文化复国思想。

阿哈德·哈姆主张从普及希伯来语入手来恢复犹太精神，塑造新的犹太人与民族魂，把巴勒斯坦建设成世界犹太人的精神中心与文化家园。他的思想感动了许多犹太人，他的作品几乎影响了犹太复国主义的所有流派。哈伊姆·魏茨曼称赞他"在犹太人的心目中占有圣雄甘地在印度人心目中同样的地位"。

西奥多·赫茨尔

在犹太复国主义史上，西奥多·赫茨尔是一个充满传奇色彩的人物，他为犹太人的复国大业倾其全力，不辞劳累地忘我工作，以至于积劳成疾、英年早逝。尽管赫茨尔未亲眼看到犹太人的国家——以色列——的成立，但他却用自己的努力创造了一个思想上的犹太国，在千百万犹太人心中，西奥多·赫茨尔无愧"帝王"与"国父"的称号。

1860年，西奥多·赫茨尔出生于匈牙利首都布达佩斯，父亲雅各·赫茨尔是一位犹太富商，曾经担任过匈牙利银行的总裁，母亲耶安尼特是一位聪颖善良的女性。西奥多·赫茨尔自幼接受了良好的教育，在布达佩斯读完小学与中学后，1878年，随父母迁移到维也纳，在维也纳大学学习法律。1884年，赫茨尔在维也纳开始了

西奥多·赫茨尔

他的律师生涯，但一年之后，他便放弃了律师工作，专注于写作。1891年，赫茨尔获得了《新自由报》驻巴黎通讯社记者的职位，在巴黎他接触到了大量的反犹文章，并被非犹太世界强烈的排斥情绪所震撼。赫茨尔曾经认为，犹太人可以通过洗礼与通婚而缩小与非犹太人之间的鸿沟，可眼前的现实使他不得不改变看法，他决定站出来，为犹太人辩护、为犹太人呼吁！

1894年，赫茨尔完成了一部剧作《新隔都》，剧中的主人公雅各在临终前留下的肺腑之言是："犹太人啊，我的弟兄们，你们为什么要紧紧抓住我？我想要出去！出去！出去！逃出隔都去！"《新隔都》被认为是赫茨尔的自传体作品，因为主人公身上体现了他个人的毅力、信念与个性。剧本完成以后，虽然许多剧院拒绝上演，但赫茨尔本人却感受到了巨大的精神解脱。他在致施内茨尔的信中写道："我要沿着这条路走下去———一条全新的路！我相信会得到保佑！"

在法国大革命后，欧洲犹太人陆续被赋予公民权，迎来了解放的春天，许多犹太人在解放后逐渐抛弃了民族传统，抱着"受洗是进入欧洲文明的入场券"的思想，以为只要同化于欧洲文化就能被欧洲人接受。但是欧洲人的傲慢与冷漠，一再伤害着犹太人的炽热之心，特别是1894年发生的德雷福斯事件，无情地击碎了许多犹太人的同化梦。

1894年9月，一名在德国驻巴黎大使馆内打扫卫生的女性在废纸篓里发现一份情报，遂将其报告给了法国情报部门。法国情报部门判断是军队中有人向德国泄密。德雷福斯是一名法军参谋部的炮兵上尉，他曾在德国生活过，经过简单的笔迹核对，情报部门便断定德雷福斯就是那个叛国贼，决定革去德雷福斯的军职，并把他流放到圭亚那魔鬼岛服刑。后来，经过调查发现，泄密者并非德雷福

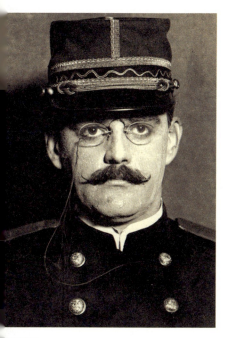
德雷福斯

左拉

斯,但直到 1906 年时德雷福斯才被平反并恢复军职。

德雷福斯是一位被同化的犹太人,在案件的审理过程中,法国民众表现出了强烈的反犹情绪,"犹太人该死!""枪毙犹太人!""犹太人滚出去!"等反犹口号充斥于法庭。许多人上书政府要求剥夺犹太人的公民权,这种状况使一些有社会良知的人深感忧虑。法国著名作家左拉对此发表了文章——《我控诉》:

> 反犹主义是应当受到谴责的,这场使我们倒退一千年的野蛮运动是与博爱、宽容、解放的信条相背离的。再回到宗教战争之中,再对犹太人进行种族歧视是十分荒谬的。

1894 年,赫茨尔以记者身份目睹了德雷福斯案件的整个过程,

"他觉得天塌地陷,巨大的深渊出现在眼前,他被无限的孤独感所吞没,他为人性而绝望"。赫茨尔在文章中写道:"德雷福斯案件使我成为一个犹太复国主义者。"

德雷福斯事件之后,赫茨尔又亲身经历了这样一件事:有一次他从维也纳街头走过,看到一位身穿哈西德教服的长者正站在一个角落痛哭。赫茨尔走上前去询问,长者说:

> 今天是安息日啊!我终生的梦想就是让我的儿子能找到一种有效且有益的谋生方式。当他在工厂里终于找到了一份这样的工作时,他被告知,如果他坚持自己的安息日不工作,而不是按法定的礼拜天休息的话,他将不得不放弃这份工作。我该怎么办呢?我该在儿子的前程与我们民族的安息日之间做怎样的选择呢?

听完长者的叙述,赫茨尔泪流满面。他跑回家中,坐下来开始奋笔疾书地写作他的《犹太国》,他立志为犹太民族解除这种无所适从的苦衷,他认为一旦有了自己的国家,这一切问题便可以迎刃而解。

1896年2月,赫茨尔的思想结晶——充满激情的《犹太国》——在维也纳一经出版,立即在犹太世界掀起了一阵狂澜。《犹太国》一书的开卷之言写道:

> 我在这个册子里所要发挥的是一个古老的思想:即犹太国家的重建。世界回响着反犹太的呼声,同时也唤醒了这一沉睡的信念。

赫茨尔的思路是：把地球上某个地方的主权授予犹太人，其面积能够满足一个民族的正常需要，这块土地的主权必须有法律上的保证，由欧洲大国批准，并在国际法中正式注明。在拥有土地后，全世界犹太人要积极提供财力支持这一国家的建设。

为了有步骤地实现计划，赫茨尔主张成立一个代表全体犹太人利益的机构——"犹太协会"，负责政治事务，并提供科学指导；同时还要成立"犹太公司"，负责具体的移民事宜，并组织商业与贸易。犹太国家实行7小时工作制，并对银行、铁路、保险业、造船业等实行国有化，要建立一支男性人口占1/10的常备军。犹太国实行政教分离的政治体制。

在具体的建国地点上，赫茨尔提出两个方案：一是巴勒斯坦——犹太人的历史家园；二是阿根廷，这里人口稀少，土地肥沃，已有不少犹太人前往那里定居。在具体的移民步骤上，赫茨尔主张先移走最贫穷的犹太人，他们的离去不会影响主体民族，也不会给已经同化的犹太人带来任何麻烦，这批人定居下来之后，可以为大批移民的到来创造必要的条件；然后才是知识分子、中产阶级以及犹太富人的迁移。在《犹太国》的结尾，赫茨尔激扬的感情溢于纸上：

> 犹太复国主义运动将以不可压倒之势兴起，为此而奋斗的无私的战士们最终会获得荣耀；
> 我相信：令人惊奇的犹太国将从地球上诞生，马卡比英雄会再度闪现。
> 让我重复我的卷首之言：有志的犹太人必将获得自己的国家；

我们终将作为自由人生活在我们自己的国土上，并在此颐养天年。

　　我们的自由将解放这个世界，我们的财富、我们的成就将丰富、美化这个世界；

　　我们在那里为自己的发展而做的一切尝试都将有利于世界并造福于人类！

《犹太国》的出版在犹太世界产生了巨大的轰动效应，赫茨尔不仅阐述了完整的、充满逻辑性的复国思想，而且制订了切实可行的行动计划与操作步骤，因此点燃了许多人的热情与信念，魏茨曼在他的回忆录中曾将《犹太国》的出版比作晴天霹雳。但是，也有人嘲笑《犹太国》只不过是"被犹太狂热症弄得精神错乱者的痴心妄想"；更有部分犹太人似惊弓之鸟，担心此举会激起欧洲社会更大的反感，从而给犹太人带来更大的灾难。

　　赫茨尔意识到复国事业只有团结更广泛的参与者，才能获得成功。这时，欧洲许多国家都成立了犹太复国主义组织，于是，赫茨尔就广泛联络各国复国组织领导人，积极筹办第一届犹太复国主义代表大会。

　　在赫茨尔的号召与组织下，第一届犹太复国主义代表大会于1897年8月29日至31日在瑞士的巴塞尔举行，共有204名来自世界各地的代表参加了会议。代表们身着礼服，佩戴白色领结，会议在象征着民族复兴的隆重礼仪中开始。当赫茨尔这个"代表着崇高、完美与国王般形象的人物"出现的时候，整个会场沸腾了，雷鸣般的掌声与欢呼声长达15分钟之久，许多人淌下了激动的热泪。赫茨尔在开幕词中宣布：

参加巴塞尔会议的代表

  犹太复国主义代表大会的任务就是为犹太人未来的民族大厦奠定基石,这是一项伟大而又艰巨的任务。我们需要一个强有力的组织,我们需要复兴我们的民族意识!

  经过激烈的争论,大会最后通过了《巴塞尔纲领》。该纲领宣称:犹太复国主义运动的目标就是在巴勒斯坦为犹太民族建立一个由公共法律所保障的犹太人之家,并对实现步骤进行了规划。

  巴塞尔会议是一个划时代的事件,它标志着犹太复国主义运动进入了有组织的阶段,成为一个统一的、世界性的政治运动,从此以后,犹太复国主义运动把实践政治诉求、获得国际社会支持及鼓励犹太人移居巴勒斯坦作为自己的主要策略。赫茨尔在自己的日记中写道：

> 我把巴塞尔会议总结为一句话：在这里我奠定了犹太国！如果我今天这样说出来，会引起许多人嘲笑，但是也许五年之内，毫无疑问在五十年之内，每个人都会看到。

巴塞尔会议之后，赫茨尔继续从事他的外交努力，以寻求大国的支持。赫茨尔的首选目标是德国，1898年，趁德国皇帝威廉二世访问中东之际，赫茨尔在君士坦丁堡和耶路撒冷两次拜见了他，但德皇对他的提议不置可否，推脱了之。从1899年开始，赫茨尔极力接近土耳其苏丹阿卜杜拉·哈米德，甚至不惜用重金贿赂土耳其官员，双方的接触几起几落，最后也一无所获。1900年，赫茨尔把外交活动的目标转向英国，英国并不同意在巴勒斯坦建立犹太国家，但表示可以考虑让犹太人在英国的某个殖民地定居。

1903年4月，英国提出了"乌干达方案"，即在当时的乌干达（现在的肯尼亚地区）划出一片15000平方千米的土地供犹太人建立家园。8月，第六届犹太复国主义代表大会对"乌干达方案"进行了讨论，赫茨尔试图说服与会代表接受这一应急方案。来自英国的犹太代表表示同意，他们认为，犹太人目前急需一块安家之地，至于在什么地方安家并不十分重要。但是，来自东欧的代表则坚决反对，在他们看来放弃巴勒斯坦就等于背叛了《巴塞尔纲领》。当对是否向乌干达派遣"领土考察团"进行表决的时候，俄国代表愤然离场，犹太复国主义运动面临着分裂的危险，赫茨尔本人也被斥为"叛徒"。

在1904年5月召开的执行委员会上，赫茨尔本人遭到非常严厉的批评与非议，为了顾全大局，他放弃了"乌干达方案"。这次会议召开前，赫茨尔已经病倒了，心脏状况很差。会后，他对一位友人说："这是最后的几周或者几天了，我必须抓紧！"他因突发肺炎，不断咳嗽、吐血，但仍然坚持写作、会谈，6周之后，即7月3日，赫茨尔在维也纳溘然长逝，年仅44岁。

赫茨尔逝世后，曾对他发起过最严厉批评的阿哈德·哈姆也充满深情地写道：

> 赫茨尔给我们留下了犹太复国主义代表大会、世界犹太复国主义组织、银行以及国民基金……他使自己成为我们民族复兴圣歌的主旋律。

在赫茨尔的葬礼上，有6000多人为他送行。以色列建国后，于1949年将赫茨尔的遗骨运回以色列，以极其隆重的仪式安放在耶路撒冷城西的一座山上，并将这座山改名为赫茨尔山。时至今日，总有犹太人前往凭吊、缅怀这位伟大的英灵。他那忧郁而光辉的形象被看做是犹太国家的象征，他被誉为是一个帝王般的英雄人物。

《贝尔福宣言》

从第一届犹太复国主义大会到第一次世界大战前，犹太复国主义运动在有条不紊地进行着，到1913年时，全世界已有13万名犹太复国主义组织成员。第一次世界大战导致国际势力重组，给犹太人提供了机遇，《贝尔福宣言》的发表成为犹太复国主义史上一个划时代的事件，极大地推动了复国事业向前发展。

当第一次世界大战爆发之时，犹太人认为这是一个建国的大好时机，希望能站在胜利者一方。由于犹太人的分散性，犹太阵营出现了"亲德"与"亲英"两派。以弗兰茨·奥本海默为首的"亲德派"认为，德国与土耳其必胜，德国的犹太复国主义组织甚至公开发表声明，鼓励犹太青年为德国而战；以哈伊姆·魏茨曼为代表的"亲英派"认为，犹太复国主义事业应该把目标投向英国。事实证明哈伊姆·魏茨曼的主张是正确的。

哈伊姆·魏茨曼于1874年出生在俄国的平斯克，在那里读完中学后留学德国，于1899年获得弗雷堡大学博士学位。在柏林期间，魏茨曼深受《犹太国》的影响而成为一名犹太复国主义者，曾参加第二届犹太复国主义大会。1904年，魏茨曼移居英国，在曼彻斯特大学教授生物化学，并以曼彻斯特大学为基地，确立了他对英国犹太复国主义运动的领导权。为了扩大影响，魏茨曼大力结交英国上层人士，包括英籍犹太人、内政大臣赫伯特·塞缪尔，英国军需委员会主席劳合·乔治，以及后来担任了外交大臣的詹姆斯·贝尔福，表现出了出色的政治与外交才能。

战争期间，英国的炸药生产供不应求，劳合·乔治邀请魏茨曼在海军部主持新炸药的研制工作，魏茨曼成功发明了丙酮生产的新工艺，短期内便解决了英国的炸药供应问题。根据劳合·乔治的《战争会议录》，他与魏茨曼有这样一段对话：

"你为国家做出了巨大的贡献，我要请求给予你荣誉。"
"我个人什么都不需要。"
"那我们该如何来认可你对国家所付出的重要帮助？"
"好，那我希望你们为我的民族做点什么。"

20世纪犹太复国主义运动领袖,以色列第一任总统哈伊姆·魏茨曼

接着,魏茨曼表述了犹太人对巴勒斯坦的渴望。劳合·乔治在其回忆录中写道:

> 那是在巴勒斯坦为犹太人建立民族家园的著名宣言的源泉与起点。我当了首相之后,立即把所有的经过告诉了外交大臣贝尔福……那时我们急于获得中立国家犹太人的支持。魏茨曼博士也直接与外交大臣接触,那就是《贝尔福宣言》的开始……这样魏茨曼博士的发明不仅帮助我们赢得了战争,而且在世界地图上打上了一个永久的标记。

1916年,英国发生内阁危机,劳合·乔治上台组阁,并把占领巴勒斯坦列上了议事日程。魏茨曼不顾反对派的阻挠,于1917年1

月底向英国外交部正式递交了备忘录,即犹太人迁徙巴勒斯坦的计划草案。草案的主要目的是希望英国承认巴勒斯坦是犹太人的民族家园,并给予他们公民权、政治权与宗教权。在与英国的谈判过程中,曾流传着这样一段对话:

> 贝尔福问魏茨曼:"为什么犹太复国主义的中心议题是巴勒斯坦而不是别处?"
> 魏茨曼回答道:"其他地方都是假的偶像。贝尔福先生,这就像拿走您的伦敦,换成巴黎,您会同意吗?"
> 贝尔福反驳:"魏茨曼博士,可伦敦已经是我们的了。"
> 魏茨曼回答:"是,不过在伦敦还是一片沼泽的时候,耶路撒冷就是我们的了。"

魏茨曼的努力也遭到了许多犹太人的反对,他们认为建立犹太国的主张与犹太人付出极高代价所争取的解放运动是矛盾的,会使散居犹太人处于一种很尴尬的地位。

魏茨曼在总结1917年的形势时写道:

> 一个大国准备领导这一建国行动,其他国家也表示出了善意的关心。然而,这个民族中少部分衣食无忧、无所追求、安于现状的人却站出来反对这个建议,并以极大的愤怒来阻止建设家园行动的实施……这些少数人进行着艰苦的努力去剥夺大多数人独一无二的利益,他们虽然不能阻挡这一正义的行为,但至少是损害了这一事业。

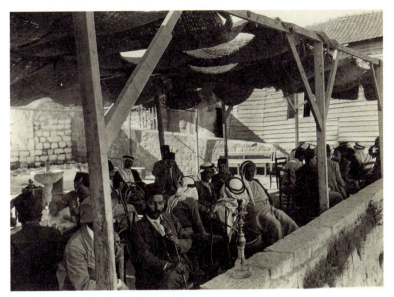

20 世纪初，耶路撒冷露天咖啡馆中的阿拉伯人正悠闲地抽着烟享受午后的阳光

1917 年，当整个战局逐渐明朗化时，英国与法国都为占领土耳其在中东的属地而展开了一系列的外交活动，双方都希望把犹太复国主义运动作为渗透巴勒斯坦的工具。10 月 31 日，英国战时内阁在经过激烈讨论并听取了美国总统威尔逊的意见之后，决定授权外交大臣贝尔福，代表英国政府发表宣言。

1917 年 11 月 2 日，贝尔福以致函英国犹太复国主义联盟副主席沃尔特·罗斯柴尔德的方式发表了如下声明：

尊敬的罗斯柴尔德勋爵：

我非常愉快地代表英王陛下向您转达同情犹太复国主义愿望的宣言，该宣言已经提交内阁，并获得批准。英王陛下政府赞成在巴勒斯坦建立犹太人的民族家园，并尽最大的努力促使这一目标的实现，应该明确理解的是，绝对不能使巴勒斯坦现有非犹太社团的公民权利和宗教权利受到损害,正如在任何其他国家犹太人所享有权利与政治地位不容损害一样。

如果您能把这一宣言通知犹太复国主义联盟,本人不胜感谢。

顺致崇高的敬意。

阿瑟·詹姆斯·贝尔福

这就是著名的《贝尔福宣言》,它的发表标志着犹太复国主义运动在经过20年的努力之后终于得到了第一个大国的明确支持,是一次重大的外交胜利。犹太复国主义者为此而欢欣鼓舞,称之为"通向自由幸福的钥匙""通向神圣土地的门槛""肇始着新世纪的开端"等等。随着《贝尔福宣言》的发表,魏茨曼成为犹太复国主义运动的新一代领袖,被誉为犹太民族家园的缔造者。

《贝尔福宣言》发表的时候,巴勒斯坦有近70万阿拉伯人居民,占巴勒斯坦总人口的90%以上,拥有当地土地的97%,《贝尔福宣言》虽提到"非犹太社团"的利益,但实际上并没有真正考虑阿拉伯人的处境与困难,为阿以冲突埋下了新的因子。《贝尔福宣言》发表仅一个月之后,英国艾伦比将军率领的军队就占领了耶路撒冷。劳合·乔治曾告诫魏茨曼:现在您有了自己的国家,至于如何赢得人民的支持那就是您自己的事情了。

《贝尔福宣言》的发表,标志着犹太复国主义事业向前迈出了重要一步,但仍有许多问题摆在犹太人面前,巴勒斯坦这个弹丸之地怎能容下流散于全世界的犹太人呢?又有多少犹太人愿意真正地舍弃生活多年的家园重返贫穷落后的巴勒斯坦呢?建立民族家园和建立民族国家之间还有多少路要走?世世代代生活在那里的阿拉伯人情愿接受那些"外来人"吗？一系列的问题既困扰着复国主义者，也困扰着许多普通的犹太人。

"伊休夫"的发展壮大

"伊休夫"意指巴勒斯坦犹太社团，人们习惯上把1882年作为新旧伊休夫的分界线，因为在这一年，受复国思想影响的犹太人开始向巴勒斯坦移民。因此，与旧伊休夫相比，新伊休夫带有明显的复国色彩。通过这些移民先驱们的艰苦垦殖，巴勒斯坦发生了翻天覆地的变化。伊休夫的不断发展与壮大，为以色列建国打下了坚实的基础。

中世纪以来，巴勒斯坦的主要居民是阿拉伯人，虽然这里的犹太人口从未消亡，但数量很少。十六七世纪时，估计有三四千人左右，到1845年，犹太人口大约有1.2万人，他们大部分居住在耶路撒冷、萨费德、希伯伦等地。1882年时，巴勒斯坦的阿拉伯人口大约为30万，犹太人为2.4万，其中有1.5万犹太人居住在耶路撒冷，大多是正统派犹太教徒。

19世纪末20世纪初的耶路撒冷

第六章 重返故土锡安

1882年对犹太人移民巴勒斯坦来说是具有重大意义的一年，它掀开了犹太复国主义运动史上新的一页，一个名为"比卢"的激进派别，拉开了近代犹太人向巴勒斯坦移民的序幕。"比卢"是俄国犹太青年组织，它以《圣经·以赛亚书》第二章第五节中的诗句为座右铭，即："雅各之家，来吧！让我们一起行走！""比卢"是这段诗歌的希伯来首字母的缩写。"比卢"发表的宣言这样呼吁：

> 如果说1882年以前你们还沉睡在同化的梦想之中，那么发生在眼前的屠杀事件足以使你们惊醒。犹太人是一个拥有宗教、律法与圣殿的民族，犹太人的希望在那遥远的东方，在那神圣的锡安！

在"比卢"的号召下，有大约3000人准备移民巴勒斯坦，但许多人没有坚持到底，抵达君士坦丁堡时还剩40人，最后来到巴勒斯坦的仅有16人。1882年7月31日，这些先驱者在雅法东南部1200米处的一块无人开垦、也无人定居的土地上，建立了定居点，他们称之为里申—列锡安，这是外来移民在巴勒斯坦建立的第一个定居点。在这里，他们还建立了第一所希伯来语幼儿园与小学。为了纪念这一城镇的建立，罗马尼亚犹太诗人依姆伯尔创作了一首悲凉而凝重的《哈蒂克瓦》（意为"希望之歌"），这首歌在犹太复国主义者中广泛流传，后来成为以色列国歌的蓝本，歌词写道：

> 只要我们的心中，
> 还深藏着犹太人渴望东方的灵魂；
> 只要我们的眼睛，

第二次移民的定居者

还仰望着锡安山顶,
数千年的希望就不会化为泡影。
我们所期盼的是:
回归到父辈们的热土上,
生活在大卫王居住的圣城里!

对于第一批定居者而言,生活非常艰苦,几乎难以维持下去。在他们最困难的时候,法国银行家埃德蒙·罗斯柴尔德慷慨解囊,他出资在里申—列锡安建造葡萄园,这个种植园种植出来的葡萄在1900年的巴黎展览会上获得了金奖。他还出资修建学校、医院,购置农业设施,对移民生活的改善起到了积极的作用。

"比卢"拉开了犹太人向巴勒斯坦移民的序幕。从1882年开始

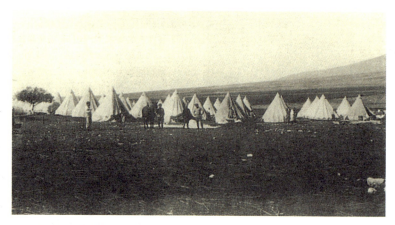

1921年巴勒斯坦的某处犹太定居点

到1939年英国开始对移民严格限制时，共有5次大规模向巴勒斯坦移民的活动，巴勒斯坦的犹太人口由2.5万左右上升到45万，约占巴勒斯坦总人口的29%。

在巴勒斯坦垦殖的过程是十分困难的，许多移民来到这里后很快就又离开了，因为长期的流散与商业生涯已使犹太人很难再适应农业劳动，在他们看来，想要把荒漠变成绿洲，根本是一个不可能完成的任务。但农业恰恰是巴勒斯坦的经济支柱，脱离农业就无法在这里生存。面对这一情况，第二批移民中的一位、犹太左翼思想家阿龙·大卫·戈登提出了"劳动征服论"，强调犹太人必须从头做起，塑造一种脚踏实地、吃苦耐劳的性格，而劳动观念的培养是实现这一目标的第一步。戈登把培养"犹太新人"作为现代犹太史的新起点，事实证明了他的正确性，正是"这批新人成为以色列国家奠基者中的主导力量"。他们中间涌现出了第一代政治领袖与国家的缔造者，如以色列第一任总理本·古里安、第二任总统伊扎克·本·兹维、第一位国会议长约瑟夫·斯普林扎克等。魏茨曼在其回忆录中也写到参加农业劳动的重要性：

> 我仍旧相信我们工作的支柱是，而且永远都是农业垦殖。只有在村庄里，一个民族的真正灵魂——它的语言、诗歌、文学、传统——才会从人类和土壤的亲密联系中迅速发展。城镇仅仅是对村庄成果的加工而已。

在这些榜样的影响下，犹太移民的民族主义与理想主义思想被发扬光大，许多人唱着歌曲去劳动——"我们来改造这块土地，同时也被它所改造"。

在艰难的处境下，犹太移民只有团结起来才能生存下去。由于移民大多来自中东欧国家，深受社会主义思潮影响，他们崇尚集体生活，讲究团结协助、同甘共苦。移民们建立了多个集体农庄，大家共同生活、共同劳动、共享财产。这些集体农庄的存在对安置移民、组织生产、实现复国理想起到了很大的作用。在大家的共同努力下，伊休夫的社会风气发生了巨大变化，移民们热情高涨，形成了一种重视劳动、赞赏创业精神、淡化私有财产、鄙视怯懦品质与享乐情绪的风气，也保持了比较好的团结局面。

经过这些移民先驱的辛勤努力，到1939年时，犹太人获得的土地已经增加到150万杜纳姆（每杜纳姆约为1.4亩），占巴勒斯坦总土地的5%，而1882年时仅为2.2万杜纳姆，占总土地的0.09%。土地意味着生存，与巴勒斯坦阿拉伯人在贫穷时纷纷出售土地的行为相比（伊休夫有一半多的土地是阿拉伯人出售给犹太人的），伊休夫当局规定：土地是犹太人的财产，是犹太人不可分割的财产。犹太移民也在土地上获得了丰厚的回报：到1948年时，伊休夫的农业可以满足自身约50%的需求，伊休夫生产的柑橘、葡萄等水果享誉国际市场，这曾是移民们当初想都不敢想的事情。

1935年特拉维夫的花车游行,图案上展示的是圣经故事

1930年代从中东其他地区坐火车移民到巴勒斯坦的犹太人

1941 年的特拉维夫

　　伊休夫的工商业是在 20 世纪 20 年代发展起来的。特拉维夫的变化可以体现出工商业在伊休夫的发展。1911 年，移民开始在这里建设定居点，1914 年时建成了 139 座住宅，居住有 1419 名移民，这个定居点被命名为特拉维夫（意为"春之山"）。1926 年，特拉维夫的人口已增长到 4 万，有 170 多家工厂与商店，100 多家饭店与旅馆。特拉维夫的变化是伊休夫发展的一个缩影，20 世纪 20 年代时，伊休夫的城市规模不断扩大，犹太人建立的电力公司、钾矿公司、水泥厂、食油厂、纺织厂等都有了相当的规模。1933 年，伊休夫的企业为 3388 个，到 1937 年时增加到 5600 个。

　　第二次世界大战爆发后，英国在开罗设置了"中东供给中心"，急需大量的军事订货，伊休夫充分抓住了这个发展经济的大好时机。战争时期的特殊需求促使伊休夫涉足了许多新的生产领域，如机器制造、汽车零件、纺织业、农业设备、医学仪器、电器、化工与药品、造船业、钻石加工业、炼油业等。到1942年，海法附近新建的钢铁厂所生产的产品在质量上已经能与国际市场上的产品相媲美。伊休夫生产的轮船部件、工业容器、电线、电池、灭火器、起重机、反坦克地雷、液压工具、信号灯、剃须刀、帐篷、救生用品、橡胶、光学仪器等充斥于中东市场。从1939—1945年，伊休夫工业产值增长了约258%，为以色列建国打下了坚实的基础。

伊休夫农业和工商业的发展也推进了文化事业的发展。教育在移民生活中占有重要的地位，儿童被送进正规学校接受教育，而针对成年人的技术培训场所也遍布伊休夫，教育成为犹太移民获得技能的重要方式。据估计，在英国委任统治期间，只有一半的阿拉伯人能接受4年以上的教育，相比起来，犹太人建立了规范的教育体系，到1948年时，受教育的犹太学生总计达到10万人。

为发扬犹太文化，培养人才，犹太人积极筹备高等学府的建立，1925年，希伯来大学在巴勒斯坦建成，贝尔福被邀请参加开学典礼。身穿红色剑桥礼服、白发苍苍的贝尔福讲道："希伯来大学的建立是伟大前程中的里程碑。"希伯来大学迅速成为中东最优秀的高等学府之一，被誉为"以色列文化生活的第一束烛光"。

希伯来语的复兴被称为是伊休夫最大的文化成就之一。随着移民的增多，一个突出的问题随之出现，即用什么语言作为伊休夫的官方语言？犹太民族的母语是希伯来语，但随着大流散的开始，犹太人分散到世界各地，在2世纪的时候希伯来语已经在口语中消失，除了拉比们之外，只有少数研究哲学、历史、文学的学者们掌握希伯来语，因此，希伯来语被称为"死亡的语言"。流散时期，欧洲犹太人最通用的语言是意第绪语，也有许多犹太人使用当地的语言。

贝尔福在希伯来大学开学典礼上演讲

当移民们到达巴勒斯坦之后,才真正感受到统一语言的必要性。在选择哪一种语言作为通用语言时,犹太人之间产生了分歧,有人主张意第绪语,有人主张德语,有人主张英语,也有人主张法语,但最后更多的人选择了希伯来语。因为希伯来语不仅体现了民族文化的源头,而且能激发犹太人独有的宗教热情与民族意识。

希伯来语的复活与一个语言学家的辛勤努力密不可分，他就是埃利泽尔·本·耶胡达。本·耶胡达出生于俄国，他把复兴语言与民族家园的重建紧密结合，他曾在1879年的一篇文章中写道：

今天我们死气沉沉，但明天我们必定充满生机；今天我们也许生活在陌生的土地上，但明天我们要居住在父辈们的土地上；今天我们可以说外来的语言，但明天我们要说希伯来语！希伯来语只有在一个犹太人口超过了非犹太人口的国家里才能复活。因此，愿犹太人口在荒凉的土地上不断增长，让我们的人民更多地回到父辈们的土地上去，让我们的国家与她的语言一起复兴吧！

本·耶胡达于1881年携全家来到巴勒斯坦，1889年，他发起成立了"希伯来语语言委员会"，承担起了创造新词汇，规范拼写、发音与语法的工作，其宗旨是把希伯来语复兴为一种实用、规

现代希伯来语之父本·耶胡达

鼓励学习希伯来语的宣传画

为新移民开设的希伯来语班

范的现代语言。本·耶胡达的热情感染了许多教育家,也逐步获得了犹太复国主义者的支持,最终希伯来语成为学校的教学语言。1922年,英国当局宣布:希伯来语、英语与阿拉伯语均为巴勒斯坦的官方语言。以色列建国后也将希伯来语定为官方语言。希伯来语的复兴被称为是:

> 决定新生犹太社会的精神象征,并赋予它一种价值体系和同一载体。换言之,它为较老的宗教价值及观念体系提供了一种合法的替代选择。

相比起经济、文化领域的长足发展,伊休夫的政治势力尤为不

犹太工总的创始者

可或缺,它是维持伊休夫正常运转和推动以色列建国的重要支撑。

伴随着移民的增多,伊休夫出现了政治组织。1905年前后,移民们成立了政党组织,锡安工人党和青年工人党是比较有影响的政党。1920年,劳工联盟、青年工人党、青年卫士等组建了"巴勒斯坦犹太工人总会",简称"犹太工总"。"犹太工总"不仅是一个有影响的政治组织,更是一个生产组织,其经营领域涉及工业、农业、建筑、交通、运输、贸易、销售、社会服务、文化娱乐、保险、福利等方方面面。它还担负起在全国范围内建立犹太自卫武装的责任,其管理下的军事组织"哈加纳"是以色列军队的雏形,到建国前伊休夫的武装人员已超过3万人。

1929年,第16届犹太复国主义大会通过了成立犹太代办处的决定，主要职责是管理伊休夫，协调世界犹太人与托管当局的关系。1930年，托管当局正式承认犹太代办处取代犹太复国主义组织的职能，犹太代办处成为犹太人在巴勒斯坦建设民族之家的唯一权力机构。从1929—1948年，犹太代办处管理着伊休夫的政治、经济、文化、对外交往等一切事务，圆满地履行了准政府的职责。

到1948年以色列建国前，伊休夫在政治、经济、军事、文化等方面都取得了惊人的成就。到这时，已经再没有人像几十年前那样讽刺说——"在巴勒斯坦建国只是疯狂的幻想"，在大屠杀的浩劫之后，全世界的犹太人已经将伊休夫视为犹太民族建立国家的希望所在。

决裂英帝国

随着犹太移民不断涌入巴勒斯坦，两种矛盾逐渐凸显出来，一种是犹太人与阿拉伯人之间争夺生存空间的矛盾，另一种是英国托管当局与巴勒斯坦定居者（包括犹太人与阿拉伯人）之间的矛盾。摩擦最初在犹太人与阿拉伯人之间爆发，但随着事件不断发展，不管是犹太人还是阿拉伯人都认为，英国才是最大的敌人，英国时而扶犹、时而扶阿的外交政策是造成巴勒斯坦矛盾不断升级的重要原因。英国的尴尬角色让其成为巴以双方乃至国际社会声讨与指责的对象，最终英国决定将巴勒斯坦问题移交给联合国，彻底从巴勒斯坦抽身。

出于对《贝尔福宣言》的抵制，巴勒斯坦阿拉伯人与犹太人的矛盾愈演愈烈。1921年5月，双方矛盾再度激化，冲突首先在犹太移民进入的门户雅法发生，然后蔓延到拉马拉以及沿海地区。断断

1920年，进驻耶路撒冷的英印军士兵守备圣城旧城著名的新门

续续的冲突延续了近一年时间，其间，有47名犹太人死亡，146人受伤；48名阿拉伯人死亡，73人受伤。

　　冲突发生之后，英国政府主张对双方予以安抚。1922年，英国殖民事务大臣丘吉尔代表政府发表了一项声明，即《丘吉尔白皮书》，《白皮书》指出：

　　　　如果要问起在巴勒斯坦建立一个犹太民族之家的意图是什么，那么答案应该是并非要强迫巴勒斯坦的所有人接受这一个犹太国，而是要在全世界犹太人的支持下，发展现已存在的犹太社团；犹太人应该有自由发展的空间与施展才能的机会，鉴于犹太人与巴勒斯坦的历史联系，建立民族家园是他们的权利而不是宽容。

《白皮书》虽然肯定了《贝尔福宣言》所确立的支持犹太人建立民族家园的政策，但同时又规定，外约旦不受有关建立民族家园托管条款的约束，巴勒斯坦移民的数量不能超过当地的"经济吸收能力"。《白皮书》还建议成立有双方代表参加的立法议会，处理移民纠纷问题，立法议会包括10名官方委员与10名民选委员，由英国专员担任主席。为了安抚阿拉伯人，《白皮书》暗示，未来的自治政府并非以犹太人的发展为前提条件，而是在阿拉伯人仍占多数的情况下建立。

犹太人虽然有情绪，但还是接受了《白皮书》。阿拉伯领导人则断然拒绝，他们要求建立独立的巴勒斯坦阿拉伯国家，并提出了成立民族政府与立宪议会的主张，这些要求自然被英国政府所否定。《白皮书》显然不能终止阿以间的矛盾，1929年8月，阿以双方又因为西墙问题爆发了更大规模的流血冲突。

西墙的归属权一直是犹太人与阿拉伯人争执不休的问题。在犹太人看来，西墙是圣殿的唯一遗存物。犹太人经常聚集在西墙，面壁哭泣，或缅怀先人或追忆苦难。在穆斯林的心目中，西墙位于伊斯兰教第三圣地上，是他们"尊贵圣地"的一部分，也是最负盛名的阿克萨清真寺与岩石圆顶清真寺的外界。西墙与穆斯林的关系可以追溯到先知时代。按照伊斯兰传统，西墙是穆罕默德"夜行登霄"升天前拴马的地方，所以穆斯林用穆罕默德所骑飞马的名字奥尔·布拉格来命名西墙，在阿拉伯人统治耶路撒冷的时代里，西墙长期被伊斯兰宗教组织所管理。英国委任统治确立后，一些犹太人

西墙与岩石圆顶清真寺

主张从阿拉伯人手中买下西墙，魏茨曼等人曾多方筹措资金，但始终未能成功。阿拉伯人对西墙十分敏感，认为"购买西墙是犹太复国主义者占领巴勒斯坦的尝试与象征"。

1929年9月24日，这天是犹太人的赎罪日，犹太人在西墙前设立了把男女祈祷者隔开的屏障（正统派要求男女必须分开祈祷），阻挡了只有3米多宽的过道——这是周围阿拉伯区居民的必经之路。因此，阿拉伯人向托管当局提出，尽快移走屏障，第二天，阿拉伯人带领警察前来撤除了屏障。这件事情在整个巴勒斯坦以至全世界的犹太人中激起了强烈的反应，国际联盟和英国政府很快就收到了犹太人的抗议信。阿拉伯人同样不甘示弱，情绪也被激发起来，西墙问题成为宗教摩擦的焦点，宗教情绪最终发展为暴力冲突，并从耶路撒冷蔓延到希伯伦、特拉维夫以及萨费德等地。在这场冲突中，双方各有400多人死伤，另有数千人被托管当局逮捕。西墙事件发生后，英国立即派出了调查组，并就巴勒斯坦政策问题向政府提供对策。

1930年，英国殖民事务大臣帕斯菲尔德发表了一项声名，即《帕斯菲尔德白皮书》。帕斯菲尔德批评了犹太人的移民政策，强调巴勒斯坦阿拉伯人严重的失业状况，并要求犹太人做出一定的让步。这一声明立即引起了犹太人的反对，魏茨曼等犹太复国主义领袖展开了广泛的外交活动，帕斯菲尔德在压力之下不得不收回成命。1931年初，英国政府重申其支持犹太人建立民族家园的政策不变，英国政策的摇摆严重伤害了阿拉伯人的感情。

随着希特勒在德国上台，日渐猖獗的反犹活动导致大量的犹太人外逃，一些人来到了巴勒斯坦，这些情况刺激了阿拉伯人敏感的神经，阿拉伯人针对犹太人以及英国政府的敌对活动不断增多。再

伊休夫抗议白皮书的宣传海报

1936年春,英国警察在耶路撒冷街头驱散一群阿拉伯游行示威者

加上第二次世界大战即将爆发，英国政府认为，要保住在中东的利益，就必须依靠阿拉伯人。在这种形势下，1939年，英国发表了《麦克唐纳白皮书》，对巴勒斯坦问题重新做了规定。《麦克唐纳白皮书》犹如英国对巴勒斯坦政策转变的新坐标，是对《贝尔福宣言》的修正，标志着英国巴勒斯坦政策转向了"扶阿抑犹"。白皮书宣称：

> 把巴勒斯坦变成一个犹太国家并不是其政策的一部分，这有悖于委任统治下对阿拉伯人的义务，未来的巴勒斯坦国是由阿拉伯人与犹太人共同组成政府，要保证双方的主要利益。在今后5年内，可允许7.5万犹太人进入……5年之后禁止犹太移民进入，除非巴勒斯坦阿拉伯人愿意他们进入。英国驻巴勒斯坦高级专员有权限制或者禁止土地的转让；阿拉伯人出售给犹太人的土地将限制在某些特定区域。

在《麦克唐纳白皮书》发表的第二天，伊休夫的犹太人举行了为期一天的总罢工与示威游行，犹太代办处向国际联盟递交抗议书称：

> 《麦克唐纳白皮书》否定了犹太民族在他们祖先的国土上重建民族家园的权利……这是纯粹的背信弃义以及对阿拉伯恐怖主义的投降……伊休夫的犹太人将会采取措施捍卫犹太移民、捍卫犹太家园、捍卫犹太人的自由！

几个月后，第二次世界大战爆发了，在对待英国的态度上，大

1939 年,伊休夫的犹太人集会抗议《麦克唐纳白皮书》

1939 年,犹太女性在耶路撒冷大卫王饭店附近举行反英示威活动

1940 年，法国邮轮帕特里亚号被英国当局征用，负责将抵达海法港的犹太移民遣返回欧洲

多数人认为在大敌当前的情况下，伊休夫应以克制的态度对待托管当局，要与英国政府保持合作。本·古里安的声明很值得玩味，他号召犹太人：

> 就像没有《麦克唐纳白皮书》一样，与大英帝国并肩打击希特勒；就像没有战争一样，与《白皮书》斗争到底！

战争爆发以后，英国严格按照《麦克唐纳白皮书》的要求执行其巴勒斯坦政策，限制犹太移民的进入。1940 年 11 月 11 日，英国海军在海法港拦截了两艘破旧的轮船，太平洋号与米洛斯号，船上有 1900 名犹太难民。托管当局拒绝这些人登陆，要把他们转到另外一艘轮船帕特里亚号上，然后驶往毛里求斯岛。巴勒斯坦的犹太武装力量哈加纳得知这一消息之后,决定破坏这一船只,强迫英国留下这批难民。11月25日,哈加纳在执行这一计划时,因行动失误导致了240名犹太难民与12位英国警察死亡。犹太代办处当时隐瞒了帕特里亚号事件的真相,说这些犹太难民因不愿离开巴勒斯坦而选择了自杀。

在不断发生的移民事件中,斯特鲁马号是最大的悲剧。斯特鲁马号是一艘具有100年历史的大帆船。1941年12月,斯特鲁马号上装着769位犹太难民从罗马尼亚的康斯坦察港出发,驶出多瑙河,开往土耳其方向。斯特鲁马号当时已严重超载,船上只有一个厕所,没有洗浴设备,没有足够的床位,也没有救生设施,乘客们为了呼吸新鲜空气不得不排队上到顶层的甲板上。12月中旬,斯特鲁马号终于到达了伊斯坦布尔,当时船身出现漏水,发动机也发生故障,急需修理。由于乘客们是非法移民,土耳其政府担心他们得不到英国托管政府的移民许可,因此拒绝斯特鲁马号在土耳其境内逗留。此时,巴勒斯坦犹太人正在与托管当局交涉,乞求英国允许这些乘客以限额内移民或者难民的身份从海法登陆,但遭到拒绝。最后双方达成这样一项协议:巴勒斯坦只允许16岁以下的乘客登陆。但是,当这一通知传达到土耳其的时候为时已晚,土耳其政府已命令斯特鲁马号离开伊斯坦布尔,驶入黑海。1942年2月24日,传来了一则可怕的消息:斯特鲁马号在距离博斯普鲁斯海峡入口约四五海里的地方沉没,仅有一人生还。事件发生后,英国托管当局虽然对遇难者表示同情与惋惜,但对犹太移民的限制并没有放宽。

英国的限制政策也遭到了伊休夫的报复。伊休夫的激进组织主张武装抗英,到处袭击托管当局,不少高级官员和士兵被暗杀。1944年11月,英国中东事务大臣莫因勋爵被刺杀,莫因是丘吉尔

的挚友,得知消息后丘吉尔暴怒,严厉谴责犹太代办处放纵恐怖行为,并且公开宣布说:

> 这一可耻的行为震惊了世界,也震惊了像我这样长期以来对犹太复国主义抱以友好态度的人。

此时,**魏茨曼**等人正在就建立犹太国以及战后问题而与伦敦政府频繁交涉,丘吉尔改变了以往的态度,对他们的努力刻意保持沉默。

由于在对英政策上分歧较大,伊休夫的犹太人也分裂为温和派和主战派。1943年底,贝京率领"伊尔贡"(一只犹太武装的名字)公开与犹太代办处决裂,不服从任何政治权威,独自以武力抗击英国。1944年1月,伊尔贡宣布起义,贝京在起义声明中指出:

> 犹太民族与英国托管政府之间不再休战——该政府把犹太同胞交给了希特勒。我们要与该政府交战,直到胜利。……我们的要求是:立即把权力移交给以色列地的希伯来临时政府。我们将要战斗!民族家园上的每一个犹太人都将战斗!以色列人的上帝会帮助我们!我们绝对不会退却,不自由毋宁死!

第二次世界大战结束后,幸存下来的欧洲犹太难民成为关注的焦点,大屠杀的发生让犹太人建立独立国家的愿望迫不及待。1945年5月,犹太代办处向英国政府提出建立犹太国家、允许更多的犹太人定居巴勒斯坦等要求。8月,犹太代办处执委会主席本·古里安提出为欧洲犹太难民签发10万张移民许可的请求。本·古里安强

布满铁丝网的欧洲犹太难民营

调说,如果英国继续执行《麦克唐纳白皮书》政策,那么,犹太复国主义者的最终选择是"野蛮的暴力"。10月,巴勒斯坦的犹太武装力量联合起来成立了"希伯来抵抗运动",对英国人的袭击活动逐渐地公开化、激烈化。

1945年底以后,迫于多重压力,英国一直在寻找解决巴勒斯坦问题的折中方案,尽管英国政府非常期望能与犹太复国主义者及阿拉伯人达成和解协议,但由于各方势力分歧太大,每次会谈都以失败告终。随着阿以双方斗争逐渐白热化,英国民众已经普遍失去了

1945年7月15日,布痕瓦尔德集中营的幸存者抵达海法,但随即被英国当局逮捕。图为犹太人高举"大卫之星"旗帜与英军对峙

对解决巴勒斯坦问题的耐心与信心,英国政府也深感厌倦与疲惫。犹太抵抗运动与移民纠纷无疑增加了英国的经济负担,从1945年工党上台到1948年委任统治结束,3年时间内,英国在巴勒斯坦投入了约2.2亿美元。自委任统治以来,英国在巴勒斯坦投入了大量的兵力,失去了许多年轻的生命。因此,许多政治家,包括丘吉尔在内,都极力呼吁:"让那些孩子们回家吧!"与此同时,英国经济出现了危机,煤炭、粮食供不应求,整个英格兰南部电力缺乏,许多工厂因缺乏能源而关门,失业工人剧增。

第六章 重返故土锡安

1945年,在安全形势日益紧张的耶路撒冷,一辆英军布伦式装甲车在希伯来大学校园外巡逻

一方面是犹太人的武装袭击,另一方面是面对困境心力交瘁,在这样的背景下,英国政府最终放弃了为解决巴勒斯坦问题的努力。1947年2月,英国政府发表声明:

> 我们已经决定我们不能接受犹太人或者阿拉伯人的主张,也无法把我们自己的决定强加给他们,因此,我们得出了这样的结论:目前唯一的途径是让联合国来解决问题。

4月2日，英国政府向联合国正式提交议案——把巴勒斯坦问题提上联合国议事日程，由联大全体会议讨论解决方案。

联合国181号决议

1947年4月28日至5月15日，联合国召开了巴勒斯坦问题特别会议。会上提出了四种解决方案：第一，建立一个犹太人与阿拉伯人享有平等权利的阿拉伯—犹太联邦；第二，在巴勒斯坦地区建立两个独立国家，即犹太国与阿拉伯国；第三，只建立一个阿拉伯国家；第四，只建立一个犹太国。在会议发言中，本·古里安表明了这样的立场：

> 整个中东的新生有赖于犹太人与阿拉伯人建立一种伙伴关系。我们理解阿拉伯人民对统一、独立和进步的渴望，我们也希望阿拉伯邻居能够理解，犹太人在其历史家园再也不能像历史上的散居地那样，仍然是居于从属地位的、不独立的少数民族。犹太民族在自己的土地上必须建立自由而独立的国家，并成为联合国的一员。我们期望与阿拉伯邻邦和平相处，共同发展，实现中东所有闪族国家的真正独立。

阿拉伯国家的态度是：重申阿拉伯人在中东的主权。如果犹太人的愿望得以实现，建立了犹太国，巴勒斯坦必定要爆发战争，整个中东地区将会失控。

会议期间，苏联代表葛罗米柯于5月14日的发言非常具有代表性，也产生了很大的震动。葛罗米柯指出，犹太民族对巴勒斯坦

1947年5月犹太代办处赴联合国的代表团

联合国巴勒斯坦特别委员会成员

有着巨大的渴望之情,没有哪个欧洲国家能保护他们免遭希特勒的侵害,拒绝犹太人拥有自己国家的愿望是不合理的,也是不可能的。犹太人与阿拉伯人都与巴勒斯坦有着历史性的渊源,他们都在那里占据着重要的地位,因此,否定任何一方的权利都是不公正的。葛罗米柯的结论是:必须要建立一个兼顾两个民族利益的独立国家,使两个社团都充分享有平等的权利,才是最佳的解决办法。如果这个方案行不通的话,由于两个民族之间的关系,可以另外考虑分治计划。

葛罗米柯的发言使代表们"深感吃惊",苏联与阿拉伯世界关系密切,甚至连美国也一直猜测苏联会在巴勒斯坦分治问题上投反对票。葛罗米柯的发言也被看做是巴勒斯坦走向分治的一个里程碑。

苏联政府态度的转变具有一定的国际背景。长期以米,中东一直是英国的势力范围,当英国在巴勒斯坦的委任统治出现危机的时候,苏联认为有必要调整外交策略,转变对犹太复国主义运动的态度,打开进入中东的渠道。因为许多巴勒斯坦犹太复国主义领导人来自东欧,他们是社会主义事业的热诚支持者,苏联政府甚至设想如果能在巴勒斯坦舞台出现一个亲苏的社会主义国家,无疑是苏联外交的一大成功。另外支持建立犹太国家,也有利于稳定苏联国内的数百万犹太人。联合国特别会议决定成立"联合国巴勒斯坦特别委员会",委员由澳大利亚、印度、伊朗等11个国家的代表组成。联合国授权其就巴勒斯坦的争端进行调查,并提出可行性建议。就在委员会调查期间,巴勒斯坦发生了出埃及号事件。

出埃及号是一艘移民船,船上有4539位大屠杀幸存者,他们抵达巴勒斯坦海域后,企图冲破英军的封锁而靠岸。但托管当局强行命令出埃及号返回到装载港——法国的小城塞特。委员们目睹了英

满载大屠杀幸存者的出埃及号

船上乘客齐唱 *HaTikwa*（希望），这首歌后来成为以色列国歌

难民被禁止下船

出埃及号上的 4500 多名犹太人被分别塞进了此前围堵他们的三艘驱逐舰返回欧洲

军粗暴地把这些大屠杀幸存者驱回欧洲的凄惨场面,心中留下了深刻的印象。这一事件被媒体曝光后,许多对犹太复国事业原本持反对态度的人转为支持与同情。

8月31日,特别委员会向联合国提交了两个方案:第一个方案主张把巴勒斯坦分为犹太国与阿拉伯国两部分,耶路撒冷由国际托管;第二个方案是建立一个以耶路撒冷为首都、由阿拉伯实体与犹太实体共同组成的独立的联邦国家。

9月,联合国召开例会,讨论上述报告,并专门听取了英国、阿拉伯最高委员会与犹太代办处三方的意见。英国表示不提任何建议,不为在巴勒斯坦推行的任何一种强制性的政策承担义务,并准备尽早撤军,结束对巴勒斯坦的委任统治。

巴勒斯坦阿拉伯最高委员会完全拒绝这两个方案,认为这是对巴勒斯坦的肢解,巴勒斯坦只能建立一个独立的阿拉伯国家,犹太人只是这个国家内的少数民族。阿拉伯代表还批评分治方案对犹太人的袒护,强调联合国在巴勒斯坦问题上只有建议权,没有强制执行权。犹太代办处认为,尽管犹太人内部对方案分歧很大,但只有接受分治方案才能实现尽快建国的目标。

为了保证分治决议能够在联大会议上以 2/3 的多数票通过,1947年9月以后,犹太复国主义者派出了多支外交队伍,进行了大量的游说与斡旋,魏茨曼等老一代领导人也出面为犹太人建国做最后的冲刺。

11月29日,一个历史性的日子,经过长达几个月的讨论与争议之后,联合国大会对巴勒斯坦分治议案进行最后表决,以33票赞成、13票反对、10票弃权的结果通过了"巴勒斯坦将来治理问题的决议",即联合国181号决议。投赞成票的是美国、苏联、大多

1947年11月29日，联合国大会投票通过了"巴勒斯坦将来治理问题的决议"

数拉丁美洲国家以及英联邦成员国，投反对票的是阿拉伯国家等，弃权的是英国等。

分治决议规定：英国必须在1948年8月1日以前撤出巴勒斯坦，在委任统治结束后两个月内成立阿拉伯国与犹太国。地理疆域大致根据民族分布的情况来划分：阿拉伯国家的面积为1.12万平方公里，占巴勒斯坦总面积的42.8%，包括西加利利、约旦河西岸大部分地区、雅法市的阿拉伯区等。阿拉伯国的总人口是73万，其中阿拉伯人72万，犹太人1万。犹太国的面积为1.49万平方公里，占巴勒斯坦总面积的56.4%，包括上加利利、胡拉盆地、太巴列湖、贝桑地区以及从黎巴嫩边界到雅法南部的沿海地区，犹太国的总人口是99万，其中犹太人50万，阿拉伯人49万。耶路撒冷及其周围158平方公里的土地作为"在特殊国际政权下的独立主体，并由联合国

第六章 重返故土锡安

艾伦·坎宁安离开巴勒斯坦

管理"。

随着托管机构的萎缩与英国军队的陆续撤出,犹太代办处开始为接管政权做准备,对建立国家的细节问题,如国名、宪法、国旗、发行钞票、公债、邮票等进行讨论,并起草了《独立宣言》。

1948年5月14日,英国高级专员艾伦·坎宁安和一批官员登上了英国军舰,在离开巴勒斯坦海域之后,他才发出了结束委任统治的信号,在巴勒斯坦上空飘扬了30年的英国国旗终于降了下来。

当天下午4点钟,以色列建国仪式在特拉维夫的艺术博物馆举行。建国仪式之所以在当天下午举行,是因为英国委任统治的法定终止时间是当天子夜时分,可是第二天是安息日,犹太律法禁止在安息日从事过多活动。在赫茨尔的巨幅画像下,当本·古里安用木槌击打着桌子发出信号后,全场200人齐声唱起了由依姆伯尔的诗

本·古里安宣读《独立宣言》

改编而成的以色列国歌——《哈蒂克瓦》:

> 只要我们的心中,
> 还深藏着犹太人的灵魂;
> 只要我们的眼睛,
> 还眺望着东方的锡安山。
> 两千多年的希望,
> 就不会化为泡影;
> 我们将成为自由的人民,
> 矗立在锡安和耶路撒冷。

接着,本·古里安以执行委员会主席的身份宣读了《独立宣

签过名的《独立宣言》

言》，庄严宣告世界上唯一的犹太国家以色列国诞生。《独立宣言》对犹太人建设民族家园的艰难历程以及立国的基本原则作了高度的概括：

> 以色列地是犹太民族的诞生地……基于历史与传统的凝聚力量，一代又一代的犹太人为了重新在自己的土地上站稳脚跟而不停地奋斗。数十年来，他们大批地返回故土，先驱者、移民们、护卫者一起，使沙漠中开出了鲜花。他们复兴了希伯来语，建设了城镇与乡村，缔造了一个兴旺发达的社团。
> ……
> 近年来降临在犹太民族身上的大灾难——欧洲几百万犹太人的毁灭——再次成为尽快解决犹太人问题的无可争辩的明

犹太人欢庆耶路撒冷独立

证。犹太人必须在以色列地重建犹太国,以结束无家可归的状况。这个国家将对每一位犹太人开放,并保证犹太民族在国际大家庭中享有平等的地位。

……

今天,即英国人结束委任统治的日子,在此举行会议,根据我们自己自然的或历史的权利以及联合国大会的决议,庄严宣布:在以色列地上建立了犹太国家——以色列国。

……

以色列国将对犹太移民开放,并成为散居犹太人的积聚地;以色列国将促进国家的发展以造福于所有的居民;以色列国将奠基在先知们所设想的自由、正义与和平的基础之上;以色列国将不考虑宗教、种族与性别,保证全体公民享有社会与政治的完全平等权；以色列国将保证信仰、道德、语言、教育与文化的自由；以色列国将保护所有宗教的圣地，并忠诚于联合国宪章的各项原则……

宣读完毕，代表们依次上前签名，接着用希伯来语祈祷："我们的上帝、普天之王，您使我们得以生存，保佑我们并使我们看到这一天。"仅16分钟后，美国政府便宣布承认以色列国。

赫茨尔的《犹太国》问世半个世纪以后，犹太人梦寐以求的民族国家终于得以建立。以色列得以建国的原因是多方面的：民族家园的既成事实、伊休夫的成长以及犹太复国主义者的成功外交等，这些构成了以色列建国的内部因素。大屠杀造就的独特的国际环境、对犹太民族的同情心态、大国势力与联合国的支持和干预，再加上巴勒斯坦阿拉伯社团的软弱、涣散，阿拉伯世界缺乏统一的外交目标与灵活务实的应变策略等等，这些外部因素无疑促成了犹太人复国梦想的实现。但以色列建国成功也为巴勒斯坦的阿以矛盾埋下了祸根，成为半个多世纪以来中东冲突不断的主要原因之一。

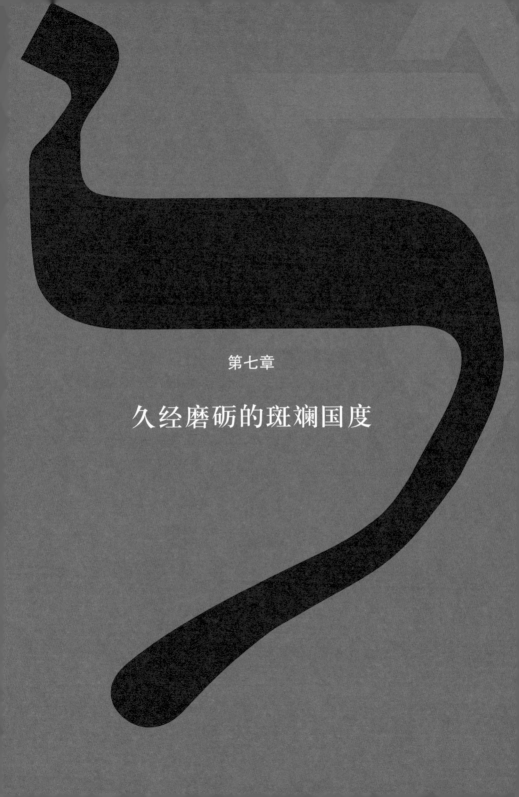

第七章

久经磨砺的斑斓国度

事实上,今天的以色列之所以能够如此强大,是多重因素交织的结果:建国者的爱国主义、使命感、缺乏意识和灾难意识,以及以色列人和犹太人骨子里的好奇和逍遥自在的秉性。佩雷斯说:"犹太人最大的传统就是不满足,这对于政治来说或许不是好事,但对于科学来说绝对是好事。"

——丹·塞诺、索尔·辛格
《创业的国度:以色列经济奇迹的启示》

外部的军事威胁以及内部的社会矛盾,致使以色列国从诞生之日起就处在重重困难之中。在以色列宣布建国的第二天,以埃及为首的阿拉伯国家就从四面发起进攻,发誓要将这个犹太国家赶入地中海,双方随即展开了激烈的厮杀。建国初期大量移民的涌入,对国土的承受能力提出了严峻考验。不仅如此,宗教与世俗的冲突、犹太人与阿拉伯人的矛盾、东方犹太人与西方犹太人间的差异,以及围绕着政治体制、安全战略、经济与文化政策所产生的分歧与隔阂,使年轻的以色列面临着巨大的挑战与考验。然而,在种种压力之下,凭借着犹太人数千年的传统积淀所凝练而成的民族精神,凭借着建设新家园的巨大热情与坚强意志以及全世界犹太人的大力支持,以色列在政治、经济、军事等方面取得了长足的发展,奠定了其地区强国的地位,创造了当代史上的发展奇迹。

地中海岸的"民主孤岛"

　　作为一个移民国家,迁移而来的犹太人曾生活在多个国家和地区,受到多种文化的熏陶,因此在价值观、政治诉求上差异较大。为了充分体现多数人的意愿,以色列曾在政治体制选择上展开过激烈讨论,最终确立了以议会民主制、多党并存、三权分立为主要特色的政治制度。

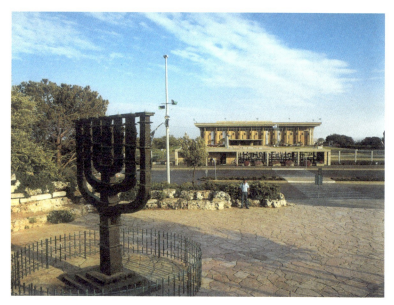
以色列议会大厦

以色列是中东唯一一个实行议会民主制的国家,因此被美国称为是"中东集权主义汪洋中的民主孤岛"。以色列宣布建国时,成立了临时议会。在犹太历史上,第二圣殿时期成立了大议会,名为"克奈塞特",设有120个席位,主要负责犹太人的宗教文化生活。出于传承民族传统的考虑,临时议会于1949年2月14日改名为"克奈塞特",这也是以色列的第一届议会。

议会虽然成立了,但是立宪的问题始终没有解决。《独立宣言》提到"宪法将不迟于1948年10月1日由立宪议会拟订",但实际的情况是,议会根本无暇顾及立宪问题。第一次中东战争爆发后,保家卫国成为第一要务,暂缓立宪的主张占据了上风。1949年1月战争结束后,以色列立宪议会成立,当就立宪问题进行讨论时,各党派争吵不休。主张立宪的人士认为,宪法是一个国家的根本标志,

魏茨曼在希伯来大学演讲,1948年以色列建国后,他成为以色列国的第一任总统

对于以色列这个在仓促中建立的国家来说更需要一部宪法来规范政治生活;反对立宪的人士则认为,如果立即立宪,必然使以色列陷入一场文化斗争之中,会激化民族主义者与个人主义者、社会主义者与资本主义者以及宗教主义者与世俗主义者之间的矛盾,这些矛盾势必影响到这个新生国家的稳定;宗教人士认为,以色列根本不需要再立新宪法,《托拉》以前是、现在是、未来依然是犹太国家的宪法,它优于一切世俗法律。

在各方激烈的争吵下,以色列议会只好采取折中办法,于1950年采纳了议员伊扎尔·哈拉里的意见,通过《哈拉里决议》,决议规定:

> 每一届议会责成宪法、法律和司法委员会起草国家宪法。

宪法必须逐章写成，每一章本身就是一部独立的基本法。当委员会完成一章的内容之后要提交议会讨论通过。所有章节将组合起来构成国家的宪法。

这种逐章通过构筑宪法的方式是以色列的独创，以色列议会先后制定了10多项基本法，如1958年制定的《基本法·议会》、1964年制定的《基本法·总统》、1976年制定的《基本法·军队》、1984年制定的《基本法·司法》等，但至今仍没有制定出一部完整的宪法。

以色列议会选举实行单一比例代表制。单一比例代表制是指，将全国划分为一个大选区，参加议会选举的政党按照获得选票的比例，分配进入议会的席位。世界上通行的议会制选举方法以多数选举制和比例代表制为主，以色列采用单一比例代表制有深刻的历史原因和社会背景。散居在世界各地的犹太人，生活在不同的国度，受到不同社会思潮的影响，必须要找到一个大家都认可的选举办法，只有这样才能代表大多数人的利益。采用单一比例代表制的优点是，只要有一定数量的群众支持，即可选出相应的代表，这样既能够充分代表不同犹太人的意愿，又可以激发他们的参政热情。参加犹太复国主义大会的代表就是通过这种方法选举出来的，在伊休夫内部，犹太人也实行比例代表制，所以以色列建国后也延续了这种选举制度。

1958年的《基本法·议会》规定，以色列议会实行一院制，议会席位为120个，议会所在地为耶路撒冷，希伯来语和阿拉伯语为议会官方语言，议会每4年选举一次，选举实行单一比例代表制。《议会选举法》规定，凡以色列公民满18岁即拥有选举权，满 21 岁拥有被选举权，被剥夺政治权利的人员及部分公职人员禁止参选。根据法律规定，以色列实行多党制，任何政党只要争取到 2500 名选民的签名，在缴纳部分保证金后就可以参加议会竞选，如果赢得竞选，保证金将返还。投票结束两周后，中央选举委员会通过媒体公布选举结果，各党派可根据得票的多少算出自己应该得到的议席数，其计算方法是：议席总数（120 位）乘以某党派的得票率，若所得出来的数不为整数，余数则根据另外一套缜密方案进行再分配。

在选举结果公布后，总统授权在议会中占席位最多政党的领袖出面组阁，并任命他为总理，只有获得议会 61 席以上才算组阁成功。组阁时间为 28 天，如果时间不够可以再延长两个星期，届时若还不能完成组阁，总统有权让其他党派组阁，如果其他党派也无法完成组阁，此届议会将解散，重新进行大选。

半个多世纪以来的实践证明，以色列的民主政治特别是比例代表制虽然充分反映了公众意愿，但也存在着不少弊端：

首先，造成了党派林立的局面。政党进入议会的门槛太低，导致议会中政党林立。据统计，历届议会大选中，最多的曾有 33 个政党参加竞选，最少也有 14 个政党参加竞选，议会中获得席位的政党数量一般在 10 个左右，最多的时候曾有 15 个。几十年来，以色列从未有一个政党可以单独组阁，工党曾在 1969 年的选举中获得了 56 个席位，创造了历届议会选举中的最高纪录。由于任何党派都无法单独组阁，必须联合一些中小党派才能获得半数以上的席位，这就使得中小党派常常对以色列政治拥有特殊的影响力，他们很容易把自己的成员安排在政府机关之中，而且可以对大党施加压力，讨价还价，捞取政治资本，甚至联合起来制约总理，导致内阁危机。

截至2013年3月内塔尼亚胡上台，以色列共进行了19次议会选举，但政府却更换至第33届，最短命的第16届政府在任不足3个月，以色列仅有第15、18、32届政府完成了4年任期，这说明以色列联合政府的脆弱性。联合政府的脆弱与以色列选举制度造成的党派林立密切相关。要组阁成功，大党必须要拉拢小党，甚至是反对党，艰难地组阁过程正是一个相互"敲诈勒索"的过程，为以色列政坛的动荡埋下了伏笔。

其次，比例代表制投票是针对政党的，而不是候选人，在一个党派内，某一名候选人能否当选议员，取决于他在候选人名单中的排列位置，名字越靠前，当选的机会就越大。例如，如果一个政党在议会中获得了30个席位，那么这个政党的前30名领导人便可当选议员。但是，排名的顺序往往是由该党的中央机构，尤其是党魁们的意志所决定的，候选人的排名不仅仅取决于他的政治才能，而且包括他在党内的威望以及人际关系。另外，如果在议会中，议员过分脱离该党利益，在下次选举中他的排名就可能靠后，导致其当不上议员，这就给民主政治打了折扣。

如今，以色列的政党可分为五大类：以工党为代表的左翼政党、以利库德集团为代表的右翼政党、中间派别、宗教党和阿拉伯政党。从政策倾向上分，这五类政党可划分为左、中、右三大阵营，左派与右派之争制造了以色列政治的主要矛盾。以色列政党政治的变化大致可分为几个时期：1948—1977年，工党处于主导地位，左翼政党势力强大；1977—2001年为利库德与工党轮流执政时期；2001年至今，工党再未赢得大选，以利库德为代表的右翼集团强势崛起，向右转成为新世纪以来以色列政治的一大特点。

沙漠中的经济奇迹

20世纪后半叶,世界经济进入了高速发展期,一些经济基础薄弱的国家,经过几十年的发展一跃成为经济强国,如亚洲四小龙等。与亚洲四小龙相比,以色列的处境相对艰难,可谓是在夹缝中发展。以色列矿产资源匮乏,淡水资源紧缺,国内2/3的土地为荒漠,可耕地面积仅有4000多平方公里,再加上复杂的地缘政治,长期处于阿拉伯国家的政治、经济封锁之中。尽管如此,内外交困之中的以色列却探索出了一条独具特色的经济发展之路。以色列在工业、农业、高科技等领域取得了令世界瞩目的成就,被冠以"中东硅谷""世界高新技术中心"等称号。经过几十年的发展,以色列顺利挤入世界发达国家之列,创造了经济腾飞的奇迹。

《圣经》中曾用优美的语言来形容巴勒斯坦的美丽富饶,称那是"流奶与蜜之地",但是真实的巴勒斯坦却沙漠广布,资源匮乏。闻名于世的美国小说家马克·吐温就曾怀着美好的期待来到憧憬已久的巴勒斯坦,但眼前却是人烟荒芜、植被缺乏、土地贫瘠、没有生机的凄凉场景,他百感交集,不由地感慨道:

> 在所有景色凄凉的地方中,我以为,巴勒斯坦当可首屈一指。那里山上寸草不生,色彩单调,地形不美。谷地是难看的沙漠,沙漠周围是一些荏弱的植物,这些草木对环境也露出忧愁失望之态……周围的一切看起来都很扎眼,无遮无拦,没有远近的感觉——在这里,距离不产生魅力。这是一块没有希望的、令人沉闷伤心的土地。

在基布兹劳动的妇女

尽管如此,犹太人深深知道,正是因为千百年来没有自己的祖国,才遭人欺负凌辱,他们决心靠自己勤劳的双手在这里重建国家,重建犹太民族的尊严和荣耀。顽强执著的移民先驱,一砖一瓦、一锄一镬地开始了漫长的重建之路,大量的荒地被开垦,从而扩大了定居范围,为农业发展奠定了基础,更为以色列的经济发展创造了必要条件。

移民巴勒斯坦的犹太人,首先要解决的就是生存问题,在恶劣的生存环境面前,移民依托社团,充分发挥团体力量,建立了集体农庄——基布兹(意为"集体定居点")。基布兹内部实行公有制,一切财产归公,实行集体劳作,内部没有金钱关系与工资报酬,社员由食堂统一供餐,衣食住行、生老病死等都由集体统一承担,以色列的基布兹被誉为是"世界上最成功的社会主义运动"。

自1909年东欧移民建立第一个基布兹以来,集体农庄成为以色列建国前后农业发展的主要模式(基布兹中也兴建了一些工厂,但主要以农业为主）。基布兹不仅为以色列经济做出了重大贡献，也在政治和社会文化生活中占有重要地位。以色列先后有4位总理出自于基布兹，1948—1977年间，曾有1/3的内阁成员来自基布兹，第三次中东战争中以色列近1/4的陆军军官为基布兹成员。

建国之后，在百业待举的情况下，以色列政府制定了一条优先发展农业，以农业为基础，促进国民经济全面发展的路线。1948—1965年间，随着移民的大批迁入，全国人口很快增加了两倍以上。为了给移民安排住所、提供就业，政府确立了内向型、粗放型的农业发展政策，采取多种方式把新移民组织起来，开垦荒地、改造沼泽，使耕地面积由1948年的160万杜纳姆增加到1953年的350万杜纳姆，比建国初扩大了一倍，粮食产量也翻了一番。

20世纪60年代中期以后，以色列逐渐调整农业政策，改变种植结构，把发展经济作物作为主要方向。政府根据土地与水源状况，大幅度削减粮食的种植面积，集中力量推广经济收入高的水果、蔬菜、花卉等作物，发展高效农业。如今，园艺作物的产值已占到以色列农业总产值的80%以上，成为农业发展的主导产业。以色列也赢得了"欧洲果篮""欧洲冬季厨房""花卉王国"的称号。

为保证农业快速发展，以色列政府大力提倡科技兴农，鼓励技术革新。国家投入大量资金，把各种科研力量组织起来，有目的、有计划、有策略地集体攻关，帮助农民解决生产中的疑难问题，利用新技术，创造高效率。到70年代末，以色列农业已改变了传统的产业模式，跻身于农业现代化国家行列之中。时至今日，以色列农业就其增殖能力、发达程度、机械化水平以及高科技应用的广泛性而言，均处于世界领先地位。

高科技在以色列农业中运用得非常普遍，科技对农业增长的贡献超过 90%。如节水喷灌、滴灌技术就是以色列农业技术人员发明的。以色列一半面积以上的土地年降水量不足 180 毫米，人均水资源约为 300 立方米，80% 水源分布在北部，而 65% 的耕地分布在南部。建国后，以色列政府把节水灌溉技术作为重点攻关项目之一，将沙漠农业作为发展方向。1950 年代，农业专家在传统灌溉的基础上，发明了喷灌技术，减少了蒸发和渗漏，大大节约了用水量。到 60 年代，以色列又普遍推行更先进的滴灌技术，直接把水注入植物根部，让植物对水的利用率提高到 95% 以上，而传统灌溉方法中水的利用率仅为 45%，喷灌为 75%。农业专家还将计算机技术运用到了滴灌中，埋在土壤中的传感器可将植物根系生长情况、用水情况等反馈到计算机系统中，如果需要灌溉，该系统会自动运行，灌溉、施肥、农药喷洒等可同时进行，一次完成。滴灌技术被称为"灌溉农业的一大奇迹"。另外，以色列覆盖全国的污水处理系统让水资源综合利用率达 75% 以上。专家估计，如果推广以色列的节水方法，地球可养活现在三倍以上的人口。如今，以色列的灌溉设备、中水处理系统因性能优良、技术过硬，已出口到多个国家，成为国际市场上的畅销品牌。

广泛使用计算机技术也是以色列农业的一大特点。例如：在花卉种植方面，以色列科学家设计出两套计算机系统：一套是信息库，提供诸如种植、处理、病虫防治、施肥、加工等方面的信息；另一套是个人计算机系统，为种植者提供经济性检测报告。在温室种植方面，科学家们设计了一系列软件，对温室的供水、施肥、气候及作物生长状况进行自动化控制，例如番茄的种植，计算机系统随时测量土壤和植物叶片的养分含量，通过计算机分析，再利用软件和传感器实现自动化施肥，做到精准补充养分。畜牧业领域中，以色

沙漠中的农业

享誉世界的温室种植技术

列已经实现了全方位的自动化管理,例如奶牛脖子上都戴着一个电子监测器,通过它能精确地监控奶牛进食、反刍、身体状态,并可以对其身体数据进行分析,提前预防疾病发生。

与农业领域一样,以色列在工业领域中取得的成就同样令人瞩目。建国初期,随着大批新移民的到来,安排就业、提供日用消费品成为当务之急。为此,以色列政府在大力振兴农业的同时,把工业发展也提上了议事日程。以色列工业是在伊休夫工业的基础上发展起来的,经过二三十年的努力,以色列挤进了工业强国之列。

建国后,以色列政府结合自身情况,首先扩展了伊休夫的传统产业,如皮革、食品、烟草、纸张、肥皂等,并在内格夫及加利利等偏远地区兴建了一批以加工工业和轻工业为主的开发区,以解决附近移民的消费需求。1970年代以后,以色列一方面在传统工业中推广先进技术,一方面大力发展光学和精密仪器、计算机硬件和软件、光学玻璃纤维、航天及航空设备、生物和化工尖端产品,最终建立了部门齐全的现代化工业体系。

以色列的工业企业主要集中在海法与阿什杜德之间的沿海平原地区,工业部门主要有:食品加工业、纺织服装业、钻石加工业、军事工业、化学工业、计算机工业等。这些部门中,军事工业和计算机工业非常具有代表性,是以色列科技发展、力求创新的象征。

以色列是中东小国,但却是地区强国,严酷的外部环境促使以色列大力发展军事工业。以色列的军事工业是1960年代后发展起来的。第三次中东战争结束后,迫于世界舆论与阿拉伯国家的压力,西方一些国家开始对以色列实行武器禁运,特别是法国的禁运,对以色列打击很大。在此情况下,以色列开始把部分民用企业转为军工企业,一方面对进口的或在战争中缴获的武器进行改良,如把法国的"幻影"战斗机改组成"幼狮"战斗机,把英国的"百人队长"式坦克改组成"战车"式坦克,把苏联的"卡拉什尼克夫"式冲锋枪改组成"加利利"式自动步枪等,从而节省了大批的研究经费;另一方面以色列自行设计、制造了1000多个武器品种,包括各式战斗机、多种口径的火炮及所需弹药、常规炸弹、舰对舰导弹、巨型舰只、卫星、通信系统与电子设备等。

经过几十年发展,以色列许多武器装备已达到世界一流水平。例如:以色列无人侦察机制造技术在世界上遥遥领先,可适应多种气候和多种环境。以色列也是少数能生产预警机的国家之一,其生产的"费尔康"预警机性能优越,可同时处理约100个目标,且价格相对便宜。坦克方面,"梅卡瓦"坦克被评为防护力、火力和机动性三大要素最佳结合的产物。在导弹和导弹拦截方面,以色列建立了覆盖全国的导弹防御系统,甚至连飞行数十秒的短程火箭弹都有能力拦截下来。

以色列的军工产品在保证国内需求之余,远销多个国家和地区,近几年来,以色列已成为军火出口强国,出口数额位居世界前列。军火出口产品主要有无人机、主战坦克、反坦克导弹系统、预警机、巡逻艇、雷达、火炮系统和近程防空导弹系统等。以色列是世界上非常重要的武器出口国,武器出口也是其外交政策的一部分,以色列与土耳其、印度、巴西等国的关系曾因武器出口而升温。

与军事工业一样,计算机工业也是以色列工业发展的缩影。在以色列北部城市海法,有一个被称作"中东硅谷"的地区,已成为国际计算机行业的投资热点。微软公司在美国本土外建设的第一家研发基地就位于这里,英特尔公司、摩托罗拉公司等也先后在海法建立了自己的研制中心。这里曾研制出了一系列高科技产品,如世

以色列"箭"系列反导系统

界上最早的五接头视频数字构件、第一个浮点单芯片矢量信号处理器、U 盘、防火墙、ZIP 压缩技术、ICQ 即时通信、英特尔的 P4 芯片和迅驰芯片等等。高科技产业早已成为以色列经济增长最主要的推动力之一。

以色列经济在几十年间,完成了一个质的飞跃,快速实现了从传统向现代的转型。以色列的经济腾飞主要有以下几个原因：

第一，创新是以色列快速发展的核心要素。自建国以来，以色列先后通过了多部法律，鼓励投资和创新。以色列建立了许多首席科学家办公室，把研发基金分配到各个首席科学家办公室，由首席科学家办公室的专家负责筛选适合资助的企业，对入选的项目一般可以资助研发金额的50%，这种方式在鼓励工业研究与开发、筹措工业资金、分担经济风险等方面发挥了非常重要的作用。

为了给中小企业提供科研起步资金，20世纪90年代，在以色列政府的推动下，国内成立了多家风险投资公司。风险投资对鼓励科技创新和完善资本市场起了积极的推动作用。现如今，以色列风险投资已成为经济发展的重要引擎。

第二，教育为以色列经济发展提供了持久动力。建国后不久，以色列便颁行了《义务教育法》，推行免费义务教育。从20世纪70年代至今，以色列的教育经费投入占GDP的比例位居世界前列。在教育方法和模式上，以色列学校秉承犹太教育的优良传统，鼓励学生质疑和创新。

第三，源源不断的移民浪潮，为市场提供了充足的劳动力和购买力，并且有相当一部分移民还具备技术特长，促进了经济发展和技术革新。特别是苏联解体后，几年间，有将近100万前苏联犹太人移民以色列，其中有大量的高学历、高技术人才，据估计，这些前苏联犹太人对以色列经济贡献了约150亿美元。有人甚至称，苏联免费为以色列培养了一支研发队伍。

第四，和平进程创造了良好的国际国内环境，军工科技纷纷转向民用，为高科技产业增加了技术力量。据估计，20世纪80年代末90年代初，以色列军工领域汇集了全国一半以上的科学家和工程师。冷战结束及阿以局势的缓和，为军工产业转向民用提供了基础，例如：吉文成像公司将军事卫星上使用的摄像头技术应用到医疗方面，微型摄像头被安在胶囊中，病人吞服后，通过摄像头对消化系统进行检查。

第五，注重国际合作交流。以色列十分注意拓展对外交流，70年代中期以来，以色列与美、德、加等国建立了一系列的双边基金会，涉及生命科学、医学、化学、物理、数学、工艺学、农业、社会科学等多个领域的研究，所资助的研究成果也由双方共享。以色列在承担国际合作项目、进行科技交流方面堪称世界之最，大大推动了本国的科技进步与经济发展。

第六，源源不断的外援资助。巨额的外援一方面提供了发展基金，另一方面也在很大程度上弥补了贸易逆差与财政亏空，成为国家经济运行的重要支撑。据埃及《金字塔报》政治战略研究中心估计，自1948—2000年，以色列共获得了约1500亿美元的外援，主要来源是美国、德国和散居犹太人。其中美国的经济、军事援助约为650亿美元，德国的战争赔款约为600亿美元，散居犹太人的捐赠约200亿美元。源源不断的外援让以色列拥有了起步资金，修建了基础设施，可以说以色列的经济腾飞与外援有着密切关系。

万花筒般的社会

作为一个熔炉式的现代移民国家，以色列社会容纳了多种文化。多元化的社会、多元化的需求造成了多样化的矛盾。文化的巨大差异让以色列社会长期受到三大矛盾的困扰，即东方犹太人与西方犹太人的矛盾、境内犹太人与阿拉伯人的矛盾、世俗与宗教的矛盾。这三大矛盾严重阻碍了以色列社会的融合步伐,对社会的发展造成了负面影响。

以色列建国对饱尝千年流散之苦、缺乏归属感的犹太人来说是一件值得欢庆的大事。1950年7月,以色列政府颁布了《回归法》:把居住在以色列之外的犹太人称为"流散中的犹太人",将移民以色列表述为"回归自己的祖国",这样就赋予每个犹太人移民以色列的权力,仅那些从事反对犹太民族的活动、有可能危害公共安全的人除外。《回归法》从理论上结束了犹太民族无家可归的流浪生涯。1952年4月,以色列议会又通过了《国籍法》,年满18岁的犹太人只要一踏上以色列的国土,就自动具有以色列的公民身份,除非他自己申明拒绝这一身份。但《国籍法》对阿拉伯人作了严格的限制:他们必须在建国前夕是巴勒斯坦公民,并提供文件,证明他们事实上在此居住。

随着大批移民的进入,以色列社会从政治、经济、思想观念上越来越明显地分裂为三大群体:西方犹太人、东方犹太人、阿拉伯人。不同群体的分化是以色列建国后一段时间内社会矛盾凸显的标志。

以色列建国后,人们习惯于用"东方"和"西方"的概念来区别不同背景的犹太人。西方犹太人是指来自欧美的犹太人,而生活在亚非国家的犹太人及其后裔被称为东方犹太人。犹太复国主义运动兴起后,早期的开拓者基本上都是西方犹太人,作为国家的缔造者与主体文化的创造者,他们支配着以色列的政治、经济、文化,占据国家权力机构的主要职务。相对而言,西方犹太人崇尚西方价值观念,有较高的文化素养,他们在就业、收入、教育、文化等方面具有明显的优势。东方犹太人的经济地位与文化素养普遍低于西方犹太人，许多人不会读写，他们原来生活在摩洛哥、也门、伊拉克、埃塞俄比亚等以家长制为特色的东方社会中，传统的社团机制支配着他们的思想意识，他们对犹太复国主义缺乏热忱，对按照西方模式建立起来的以色列社会感到陌生。东方犹太人处于无权的边缘地位，多被安排在不发达的地区或者大城市的边缘，从事农业的人数居多。东方犹太人多讲阿拉伯语，西方犹太人则讲意第绪语、波兰语、德语、英语等欧洲语言。西方犹太人认为，来自落后的东方社团的犹太人会成为社会进步的负担，会削减以色列的"西方化"色彩，东方犹太人则明显感到被歧视。族群矛盾造成社会分化，有人曾把这种现象称之为"两个以色列"。

50年代末期，东西方犹太人的对立与冲突日益明显。在年轻一代的东方犹太人中间，追求独立和平等的意识逐渐增强，他们对西方犹太人的主导地位强烈不满，不断采取游行、静坐、罢工等方式发泄自己的情绪，力图改变自身的无权地位。在政治上，东方犹太人常常支持反对党。为缩小东西方犹太人之间的差异，以色列政府采取了多种方法，在生活补贴、就业、教育等方面给东方犹太人以照顾，还有意识地让不同文化背景的人群混合居住，扩大并鼓励不同定居点之间的经济往来与文化交往，希望通过"熔炉"政策来消除差异。

东西方犹太人的分裂状态在第三次中东战争后出现了转机。在战争中，拼杀在第一线的东方犹太人用鲜血与生命洗刷了被称为"寄生者"的耻辱，赢得了西方犹太人的认可与尊重。再加上希伯来语的广泛推广，东西方犹太人的融合步伐明显加快。这种融合从通婚率上可明显地看出来，据统计，东西方犹太人的通婚率从1955年的11.8%上升到1975年的19.2%。经过几十年发展，在当代以色

获得以色列签证的苏联犹太人

来自埃塞俄比亚的犹太移民

列社会中，东方犹太人大多已成为中产阶级，两大群体在价值理念上也更加趋同。

在以色列国内，如果说东西方犹太人的矛盾只是犹太族群内部矛盾的话，那么生活在国境内的阿拉伯人与犹太人的矛盾则是活生生的对立矛盾。以色列与周边阿拉伯国家长期处于战争状态，身为以色列公民但却是阿拉伯人的血统，双重身份让以色列境内的阿拉伯人进退两难。

以色列建国后，大量的阿拉伯人离开了自己的家园，联合国分治决议中划归以色列版图的阿拉伯人口由1948年11月的49万减少到1949年底时的15万。以色列《独立宣言》中虽然明确规定所有居民都享有平等的权利，阿拉伯语也被规定为官方语言之一，但以色列是犹太国家的现实决定了阿拉伯人只能扮演二等公民的角色。

1948—1966年间，阿拉伯人被置于隶属于国防部的军事部门管制之下，军事当局往往以安全问题为由，对阿拉伯人进行限制，规定他们不得随意集会、搬迁；进入别的地区必须获得许可证；限制阿拉伯人的就业机会；强迫一些阿拉伯人撤出边境地区的"安全区"而移居内地等。阿拉伯人被隔离于以色列主流社会之外，处于"文化与经济的孤岛之上"。

第三次中东战争是以色列社会融合的一个分水岭。东西方犹太人的融合也带动了犹太人与阿拉伯人的融合，战后更多的犹太人开始愿意与阿拉伯人交往，以色列国内的族群关系有了较大改善。1967—1977年，执政的工党对阿拉伯人实行文官统治，阿拉伯人的政治、经济地位有所改善。1975年，以色列共产党成员、阿拉伯诗人陶菲克·齐亚德当选为拿撒勒市市长，标志着阿拉伯人在政治上取得突破性进展。越来越多的以色列阿拉伯青年掌握了希伯来语，他们能熟练阅读犹太人的报纸与书刊，其中有些人对犹太文化与宗教的了解甚至超过了一些世俗犹太人，越来越多的"以色列阿拉伯人"被犹太社会所接纳。第三次中东战争后，以色列国内犹太人与阿拉伯人相互融合的趋势一直延续到80年代末，1987年爆发的"因提法达"中断了民族融合的进程。

"因提法达"（意为"摆脱""驱逐"）是指1987年巴勒斯坦阿拉伯人反对以色列的斗争。1987年11月8日，加沙发生了一起车祸，一位以色列司机驾驶着卡车撞上了一辆巴勒斯坦阿拉伯人的汽车，造成4人死亡5人受伤。事件发生后，有传闻说以色列司机是蓄意杀人，因为前几天一位巴勒斯坦阿拉伯人驾驶的小型飞机撞入加沙的以色列军营，造成了多名以色列军人死亡，而此车祸肇事者正是其中一名军人死者的亲属。事后，一些巴勒斯坦人抬着死者的棺材，

巴以冲突,愤怒的巴勒斯坦女性

要求惩办凶手。第二天晚上,上千的巴勒斯坦人参加完死者的葬礼之后,向驻扎在加巴里阿难民营(加沙地带最大的难民营)的以色列士兵投石头,巴勒斯坦人还走上街头,举行大规模的游行示威活动,以色列军警采取了镇压措施,导致2人死亡,15人受伤。巴勒斯坦人极其愤怒,起义从加巴里阿难民营迅速蔓延到27个难民营。巴勒斯坦难民营的起义,使以色列政府颇为惊慌,决心以武力镇压,以色列军队毫不犹豫地挥起了铁拳,催泪瓦斯以及真枪实弹被用来对付手无寸铁的起义者。

巴勒斯坦的平民起义,终于引爆了以色列阿拉伯人内心中的压抑情绪,他们无法再沉默下去,尤其是以色列军队镇压起义者的残酷手段使他们无比愤怒。起义发生一周后,以色列阿拉伯人举行了

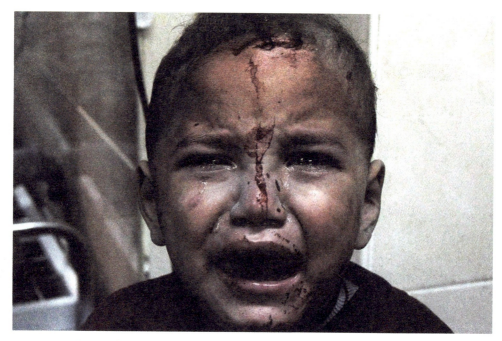

巴以冲突,战争阴影下的儿童

声势浩大的罢工与集会,声援巴勒斯坦同胞的斗争,他们为起义者送去食品、药品,并踊跃捐血。以色列阿拉伯人的表现,让以色列政府和民众感到震惊,犹太民族主义情绪也随之上升。

随着巴以冲突的不断加剧,特别是人体炸弹的肆虐,以色列犹太人对巴勒斯坦人的憎恨之情愈加强烈,境内的阿拉伯公民也受到了牵连,防备与排斥成为犹太人与阿拉伯人间的一道无形的心理屏障。在以色列,每发生一次恐怖事件,总有阿拉伯居民被怀疑、被调查。2003年7月,以色列通过了一项法案,规定任何一位以色列公民,只要他的配偶是巴勒斯坦人,以色列政府就不会给予其配偶取得以色列公民权的机会。阿拉伯人甚为不满,因为大约有超过十万巴勒斯坦人与以色列阿拉伯人结婚,新的婚姻法案实际上是从法律角度否定婚姻的合法性。

　　对于以色列境内的阿拉伯人来说，他们一直被边缘化，无法与主体民族一起分享国家繁荣与富强所带来的喜悦。四次中东战争的腥风血雨以及以色列的辉煌胜利留给他们的是充满苦涩的记忆，面对巴勒斯坦人的反抗情绪与一幕幕人体炸弹的惨烈场面，他们甚至不知道自己应该欢呼、沉默还是愤怒。在许多阿拉伯人的眼里，以色列越来越陌生，越来越无法认同。2004年6月，以色列海法大学对1016名以色列人进行了调查，结果显示，64%的犹太人认为政府应该鼓励阿拉伯人离开以色列。

　　近些年来，随着阿以局势有所缓和，以色列犹太人对境内的阿拉伯人的排斥情绪有所缓和，阿拉伯人的生存环境也得到了很大的改善，但犹太人对阿拉伯人的偏见却始终存在。如今，以色列阿拉伯人禁止参军的法令依旧没有改变。以色列国内的一些政党仍然对阿拉伯人较为敌视，例如右翼政党"以色列我们的家园党"的领袖利伯曼，就经常发表激烈言论，要求议会去除阿拉伯议员，并主张以色列境内的阿拉伯人宣誓效忠。在多届议会中，阿拉伯政党一般占有4—10个席位，阿拉伯政党自1948年至今尚未参加过一届联合政府，在议会中的声音极为微弱。另一方面，无论以色列左右翼政党在组阁过程中如何艰难，他们也不愿意与阿拉伯政党合作，据此可以看出以色列阿拉伯人的尴尬地位。

　　除族群问题之外，以色列社会的宗教与世俗之争、传统与现代之争同样激烈。

　　以色列建国的初衷是建立一个世俗化的国家。以色列的《独立宣言》明确强调：以色列公民不分宗教信仰，都可享受社会和政治平等，以色列是一个世俗国家而非神权国家。但受历史传统的影响，犹太教在国家政治及社会生活中的影响力十分巨大，成了事实上的国教，并在以色列建国后形成了一个等级鲜明、组织严密、职责明确的组织体系，成立了最高拉比总署，负责裁决有关犹太教的重大事务，如解释律法、制定新教法、监督宗教法院裁决等。拉比总署还负责管辖全国各地的地方拉比署及军队拉比署，总管全国的犹太会堂。

不仅如此，宗教势力极力在犹太人身份认定问题上施展影响力。以色列的《回归法》虽然赋予了犹太人都有返回以色列的权力，但并没有给"犹太人"下明确的法律定义。长期以来宗教界与世俗社会对这一问题实行两套标准，双方争论不休，让"谁是犹太人"的问题成为一个敏感的话题。宗教界认为，判断犹太人的标准要看他是否信仰犹太教，并且要由宗教机构来认定；世俗人士则认为，以色列是一个现代世俗国家，不能因为宗教信仰而否定世俗犹太人的民族身份，主张以出身和血缘来进行判别。

1958 年，以色列最高法院审理了著名的"丹尼尔修士案"，引发了广泛的社会关注，被视为是宗教与世俗之争的典型事件。案件的当事人叫奥斯瓦尔德·鲁斐森，1922 年出生于波兰，父母都是犹太人。他曾参加过犹太复国主义运动，第二次世界大战期间为躲避迫害，隐居到一所修道院并改宗基督教，改名为"丹尼尔修士"。1958 年，丹尼尔申请移民以色列，遭到拒绝之后，他向以色列最高法院提交了诉讼，从而在举国上下引起了一场大讨论。最后两种势力妥协的结果是：丹尼尔因不信仰犹太教而不能登记为犹太人，但可以根据以色列《国籍法》认定其为以色列公民。

1970 年通过的《回归法》修正案，对"谁是犹太人"的问题有了比较明确的规定：凡是犹太母亲所生或已皈依（犹太教）且不

犹太宗教学校的儿童正在上课

属于另外宗教的人才能被认定为犹太人。这一法律试图把宗教与民族的概念结合起来,实际上在更大程度上满足了宗教势力的要求。

宗教势力与世俗势力的斗争体现在多个方面。极端宗教人士在安息日聚集在一起,袭击过往的汽车,殴打在安息日从事娱乐活动的人们,反对在报刊上刊登女性的照片。宗教势力还控制了宗教学校,掌握着犹太人结婚、离婚的审批权,并且操纵着"可食"食物(符合犹太饮食传统的食物)的制作与出售大权。

犹太教势力不仅干预公共生活,而且还干预政治生活。以色列建国以来,之所以一直没有一部完整的宪法,宗教党派的反对是重要原因之一,他们认为《托拉》即是最完美的宪法。1976年,处于内忧外患的拉宾政府就是在宗教党派的反对下提前下台的。12月10日,星期五的下午,美国出售给以色列的F系列战斗机抵达机场,能得到这样的尖端武器,以色列政府十分高兴,拉宾带领政府首脑

"背过脸去"——极端正统派犹太教徒对女子服兵役的反应

在机场举行了隆重的欢迎仪式。但是,由于飞机延迟了一个小时,当太阳已经落山安息日正式开始的时候,参加仪式的官员们还没返回驻地。这一事件成为宗教党派弹劾总理的借口,几天后以色列正教工人党以"内阁阁员驱车违背安息日教规"为理由,对政府提出了不信任案。当国会表决这一提案时,与工党联合组阁的全国宗教党没有维护内阁,投了弃权票,其他宗教党派的议员投了反对票,结果不信任案以 55 票对 48 票通过。12 月 21 日,拉宾辞职。拉宾政府的倒台对工党造成了很大的创伤,终结了工党长达 29 年的执政地位,为右翼政党利库德集团的上台提供了契机。早在伊休夫时期就有广泛基础的工党渐渐跌下神坛,在以色列政治中的影响力日趋下降。

以色列各政党围绕着中东和平进程形成了左派和右派两大派别，大部分宗教党派属于右派。在领土问题上，宗教党派态度十分强硬，认为这些领土是上帝早已承诺给以色列人的，以色列在战争中占领的领土是"古老契约的现代应验"，因此犹太人应该不受限制地移居约旦河西岸及加沙地带，占领整个巴勒斯坦地区。持有"大以色列"主张的信仰者集团这个宗教政党，把犹太人的宗教狂热与被占领土问题交织在一起，要求犹太人从宗教义务出发，到被占领土地上去，不顾工党政府的反对与国际舆论的谴责，在西岸和加沙地带建立了大批定居点，并强烈反对以色列政府撤出在1967年战争中所占领的任何一部分阿拉伯领土，成为中东和平的逆流。

如今，以色列50%左右的犹太人为世俗主义者，15%左右为正统派，约35%为保守派。占人口大多数的世俗主义者崇尚现代生活方式，主张摆脱传统的束缚，特别是许多年轻人崇尚西方文化，这些现象让许多宗教人士感到担忧。保守派和正统派热衷于民族文化，想要在现代和传统之间找到切入点，但极端正统派却抵制任何离经叛道的东西，反对世俗分子对传统进行改革。以色列的宗教与世俗之争一直是社会整合的突出难题。

以色列社会的多元特征，再加上复杂多变的地缘政治，内外部矛盾经常交织在一起，给政府决策和社会整合造成了巨大困难，这也是以色列政府频繁更迭、社会整合较慢的主要原因。

枕戈待旦的现代斯巴达

描述以色列的历史，除了政治建构、经济模式、文化现象之外，还离不开血与火的战争记忆，这个年轻的国家在战火中诞生、在战火中成长，也需要在战火中反思。以色列几乎就是一个现代斯巴达，为了实现国家安全这个最高目标，不惜在民族冲突和地区冲突中采取先发制人的政策。

联合国巴勒斯坦分治决议的通过，成为阿以矛盾激化的导火索，双方的武装冲突愈演愈烈。1948 年 5 月 14 日，英国宣布巴勒斯坦委任统治结束，以色列立即宣布建国，第二天第一次中东战争便爆发了。埃及、叙利亚、约旦、黎巴嫩、伊拉克等多个阿拉伯国家先发制人，分兵多路向以色列发起了进攻，决心夺回阿拉伯人的土地，将犹太人赶入地中海。

阿拉伯国家共投入兵力约 4 万人，拥有 200 多辆坦克和 40 多辆装甲车。以色列此时尚未组建国防军，匆匆将国内分散的军事力量整合起来，共动员了约 3.5 万人，仅有一辆坦克、两辆装甲车和 20 多架轻型飞机。战争来得如此之快，让以色列猝不及防，阿拉伯军队在战争初期取得了巨大的优势，埃及军队一路攻到仅距特拉维夫 40 公里处，约旦军队进入了耶路撒冷，叙利亚、伊拉克军队也攻克了不少城池。以色列明显抵抗不住来自多面的进攻，眼看就要支撑不住的时候，美国等国促使联合国出台了停火方案——从 6 月 11 日起停火四周。此时，阿拉伯军队已是强弩之末，急需补充军火和人员，遂同意了停火协议，交火双方都获得了短暂的喘息机会。

第一次停火期间，阿以双方充分补充了武器弹药，实力都有所增强，而以色列方面实力增长最快，军火和志愿者源源不断地从欧美运送而来，胜利天平逐渐向以色列方向倾斜。与此同时，阿拉伯国家却暴露出分裂倾向，由于各方战争意图迥异，导致在军事上配合不够默契，给以色列提供了可乘之机。

阿拉伯国家认为，英国撤出后，巴勒斯坦已成为"权力真空

1948 年，第一次中东战争时耶路撒冷城被袭击的场景

地带"，他们都想从中获得足够的战利品。约旦国王阿卜杜拉想夺得约旦河西岸的阿拉伯区，建立一个"大约旦王国"；叙利亚企图吞并巴勒斯坦北部地区；黎巴嫩与伊拉克对战争缺乏兴趣，只是服从阿拉伯联盟的统一行动；巴勒斯坦阿拉伯领导人、前耶路撒冷大穆夫提侯赛尼的主要目标是驱逐犹太人，建立一个独立的阿拉伯国家；埃及国王法鲁克刚刚成为阿拉伯世界的领袖，急于发挥自己的领导作用，极力遏制阿卜杜拉的扩张企图，支持侯赛尼的立国主张。由于各方战争目的不同，再加上缺乏统一指挥，错失多次战机。可以说，阵营的分裂是第一次中东战争中阿拉伯国家战败的重要原因之一。

当停火结束、战火重燃的时候，以色列逐渐掌握了主动权，一步步地夺回了被阿拉伯军队占领的土地，而阿拉伯联军之间却愈加分裂，步步败退。

"成长对抗包围"——以色列宣传画

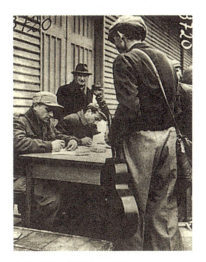

1948 年的一个犹太征兵处

1949 年 1 月,阿以双方实现了停火,第一次中东战争结束。以色列伤亡约 2.1 万人(以色列人口约为 65 万,伤亡比例为 3.2%),阿拉伯方面伤亡约 4 万人。战争除了带来巨大的伤亡之外并没有解决巴勒斯坦问题,反而制造出了更多的矛盾,为日后的阿以冲突埋下了长久的祸根:

首先,战争肢解了巴勒斯坦。战争结束后,以色列的领土面积达到了 2.11 万平方公里,占到巴勒斯坦总面积的 80%,比联合国分治决议上规定的 1.49 万增加了 6220 平方公里,战争的停火线成为以色列的新国界。在战争中,约旦占领了约旦河西岸(包括东耶路撒冷)约 5900 平方公里的土地,1950 年 4 月 23 日,约旦宣布将这一地区并入约旦版图,改国名为"约旦哈希姆王国"。埃及占领了加沙,但未将其并入版图,将加沙作为收容巴勒斯坦难民的地方,帮助加沙实行自治,并对其进行经济援助(1978 年,埃及宣布与加沙脱离关系)。

其次,战争造成了大量难民,成为日后解决巴以问题的难题。

在战争期间,大约 70 万巴勒斯坦阿拉伯人逃离以色列占领区,流入约旦河西岸、加沙地带以及周边国家。这些人大多过着贫困的生活,对以色列比较敌视,是巴勒斯坦抵抗组织的重要支持者。逃离到周边国家的难民,由于人数庞大,安置费用高昂,本身就很落后的阿拉伯国家不愿意背负过多的经济负担,至今许多难民仍没有取得公民权,难民的回归、安置、赔偿等问题是阿以矛盾中不可回避的问题。

赢得第一次中东战争,让以色列迎来了一个短暂的和平期,对其发展是一个重大机遇,这也是以色列政府的过渡期,以色列国家体制建设也逐步地走向了正轨,社会各方面都取得了较大发展。但是以色列的胜利对阿拉伯国家来说是一个巨大的耻辱,双方冲突也在不断升级,不久便爆发了第二次中东战争。

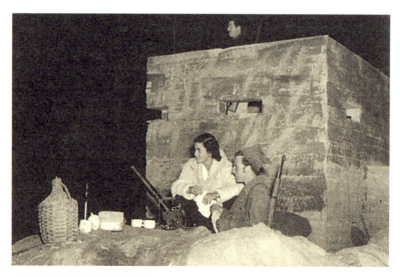

1948 年以色列某个基布兹的哨卡

1956年7月26日,埃及总统纳赛尔宣布将苏伊士运河公司收归国有,从而引发第二次中东战争

第二次中东战争发生在1956年10月29日至11月6日,又被称为苏伊士运河战争,战争是围绕苏伊士运河的归属权而爆发的。

1952年,埃及爆发了七月革命,奉行民族主义的纳赛尔走上权力巅峰。纳赛尔执政后,为扩大农业灌溉面积,决定在尼罗河上修建阿斯旺大坝,大坝建成后可使埃及国民收入增加1/4,该项目预计耗资达10亿美元,英法等国起初同意贷款,但谈判条件非常苛刻,最终埃及拒绝了英法的无理要求。作为对埃及的报复,1956年7月20日,英法宣布撤回援助。26日,纳赛尔宣布将苏伊士运河的管辖权收回国有,用苏伊士运河的收入来建造大坝。自苏伊士运河修建以来,英法一直掌控着运河的收入,例如1955年运河收入为1亿美元,而埃及仅能分得3%。一旦埃及收回运河的管辖权,将严重冲击英法在中东的权益。英法决心付诸武力,逼迫埃及就范。

而此时，以色列也正对埃及虎视眈眈。自纳赛尔上任后，从苏联等国陆续进口了数亿美元的武器，军事实力的增强使以色列感受到了威胁。以色列认为，纳赛尔扩军备战的行为打破了地区平衡，企图对埃及实施军事打击，只是找不到合适的借口。当埃及宣布苏伊士运河国有化后，以色列与英法一拍即合，很快便达成了出兵协议。

1956年10月29日，以色列出动4.5万人的军队，在英法空军的掩护下分兵四路，对西奈半岛发起全线进攻。10月30日，英法借口保护运河向埃及发出最后通牒，要求埃以双方停火，各自从运河区后撤10公里，由英法军队进驻运河区。纳赛尔断然拒绝了英法的无理要求，并发表声明称埃及要战斗到底。31日，英法调动了16万兵力，100多艘军舰，并出动飞机对开罗、亚历山大、塞得港、苏伊士运河等地区进行狂轰滥炸。几天后，以军占领西奈半岛，抵达了苏伊士运河附近。

英、法、以的侵略行为遭到了国际社会的一致谴责，甚至连英法国内也掀起了强大的反战运动。迫于美苏等国的压力，11月6日，英、法、以宣布停火。12月，英法撤军，几个月后，以色列也退回到了1949年的停火线。

第二次中东战争历时8天，被称为"是一场除了英法之外，所有参战国都是赢家的战争"。本·古里安在议会演讲中称苏伊士运河战争是"犹太民族编年史上最伟大、最辉煌的军事行动，也是世界历史上最令人瞩目的战例之一"。苏伊士运河战争让以色列从军事上打击了埃及，使以埃边境出现了长达10年的相对平静期。战争的胜利还确立了以色列的国际地位，从此英、法、美、苏等任何大国势力要想在中东地区有所作为都不可忽视以色列的存在。对埃及来说，战争让其成功收回苏伊士运河，纳赛尔成为阿拉伯世界的英雄与领袖第二次中东战争后10年间,阿以双方没有爆发大的冲突,但是在边境地带,小的冲突不断。第三次中东战争的导火索就是叙以边境的小摩擦。1967年4月7日上午,戈兰高地的叙军炮击以色列在非军事区耕作的拖拉机,以军迅速发动了反击。下午,以军战机击落了6架叙军战机,其中两架是在叙利亚首都大马士革上空击落的,叙利亚感到颜面扫地。埃及曾在1966年与叙利亚签署了共同防务条约,叙利亚的紧张局势让埃及开始为战争做准备。

1967年5月13日,苏联向埃及转达了以色列将要在17日进攻叙利亚的情报*。15日,埃及向西奈半岛增派了两个师的兵力,19日,埃军进入加沙,23日,埃及又封锁了以色列南部的出海口——亚喀巴湾。亚喀巴湾是以色列通往红海与印度洋的直接通道,也被誉为是以色列的运输生命线,埃及的封锁让局势迅速恶化,这一举措使阿以危机达到顶峰。以色列广泛展开外交活动,向国际社会求援,力图早日解除封锁。26日,美国总统约翰逊对以色列外交部部长阿巴·埃班表示:美国将尽力打开水路,但必须要获得联合国的同意。以色列不会孤立无援,除非他自己决定要孤立行事。最后一句话约翰逊重复了三遍。但当安理会就这一问题讨论时,因为苏联和阿拉伯世界的不配合,安理会并没有提出可行的解决方法。

在展开外交活动的同时,以色列也在积极为战争做准备,筹划以武力破除封锁。1967年6月5日上午7点45分,第三次中东战争爆发。以色列空军为躲避防空雷达,一路上超低空飞行,沿地中海飞行到尼罗河三角洲上空,从西奈半岛的后方发起进攻,目标是

---

* 后来的事实证明,苏联的情报是捏造的,其目的就是给已经陷入越战漩涡中的美国再找点麻烦,让美国尝尝一味偏袒以色列的后果。

对埃及的 10 个空军基地进行轰炸。以军飞行员奉行"先炸跑道，后炸战机"的作战思想，导致许多埃及战机因无法起飞而成为被攻击的活靶子。同时，以军采用背光攻击方式，导致埃及士兵在利用防空火炮射击时因阳光刺眼而无法准确瞄准，在第一波攻击中，埃及空军有 197 架战机被摧毁，其中 189 架战机是在跑道上被炸毁的，8 架战机是在升空后被击落的。之所以攻击时间选择在 7 点 45 分，是因为情报分析这个时间是埃及防空雷达的交接班时间，中间有 15 分钟的空歇期，许多军官也正在上班途中，这时也正是尼罗河和苏伊士运河烟雾消散的时刻，能见度较好。紧接着在第二波袭击中，埃军的 14 个航空基地遭到轰炸，又有 109 架战机被摧毁。至此，埃及空军几乎全军覆没。以军的此次行动，创造了空战史上的奇迹，被誉为是现代空战的典型案例，促使了空军战略战术的变革，特别是战机保护、跑道设置、停机坪等设施的改进。

埃及政界与军界领导人被这场突如其来的袭击震慑了，他们根本没有想到以色列军队有如此迅速而又猛烈的作战能力。短短的一场交战就让纳赛尔积攒了 10 年的复仇之梦化为泡影。那一天，埃及军官不敢向总统报告实情，反而说是前线打了胜仗。开罗电台还播送着这样的广播词：

> 摩西·达扬你在哪里？1956 年你是胜利部长，今天你将成为败将！我们的叙利亚人挖掉了你的一只眼睛，今天，我们要挖掉你的另一只！

直到下午 4 点，纳赛尔总统才接到真实的报告：埃及空军已经覆没！

当以色列战斗机瞄准了目标之后，空袭警报才在特拉维夫响起，然后蔓延全国。8点钟的新闻节目中，国防部发言人发布了这样的消息："随着敌人向以色列逼近，空战已于凌晨早些时候开始了"。显然，"敌人向以色列逼近"只是一个政治宣传的谎言而已，并非"敌人"而是以色列首先挑起了战火。

然而，空袭只是整个战略的一个环节。8点15分，地面部队出击，直取西奈沙漠，西奈的12万埃及守军几乎在3天时间内被全歼，8日以色列占领了西奈半岛，并把战火推进到苏伊士运河西岸。

第三次中东战争的第二个战场在以色列与约旦之间展开。6月5日上午12点25分，以色列军队在内坦尼亚等地与约旦军队交火。在要不要攻占东耶路撒冷的问题上，以色列内阁产生了很大的分歧。反对派认为，占领阿拉伯人控制下的东耶路撒冷不是明智的行为，"与其说是我们占有了东耶路撒冷，倒不如说是东耶路撒冷占有了我们"；但支持者则认为，这是一个千载难逢的历史机遇，以色列绝对不能错过。

6月7日上午7点，以色列政府命令国防军占领东耶路撒冷。约旦军队虽然进行了非常顽强的抵抗，但他们已经被切断了外援，很快就被击溃。6月9日，整个耶路撒冷老城被以军占领。疲惫不堪、满身尘土的以色列士兵们涌到西墙下面，他们敬畏地拥抱、抚摸、亲吻着墙上的石头，孩子般地抽泣、哽咽、痛哭。当天中午，达扬在总参谋长拉宾等人的陪同下经过狮门来到西墙下，庄严宣布：

国防军已经解放了耶路撒冷！我们已经回到了我们最崇高的圣地，这是永远的回归，再也不会分离！

1967年以军占领耶路撒冷后,犹太人站在犹太教最神圣的圣迹哭墙边祈祷、诵经

拉宾后来回忆道:

> 这是我一生中的巅峰时刻,数年来我一直悄悄地怀揣着这样一个梦想,我可能会在收复西墙中发挥作用,此刻梦想已经实现,我突然感到困惑,众生之中,我何德何能可享受此项殊荣。

而远在埃及的纳赛尔总统却充满悲情地说:

> 这是我一生中最暗淡的时光,我无法接受耶路撒冷被夺走的现实。

诗人诺梅·谢末尔

占领西墙的消息传出后,以色列人激动不已。在以色列军队挺进老城的时刻,著名女诗人诺梅·谢末尔正在阿里什为部队演出,她怀着激动不已的心情,随即写下了她那优美的叙事歌谣《金色的耶路撒冷》,与战士们一起演唱,这首歌很快成为第三次中东战争的战歌,至今仍被广泛传唱,被视为是犹太歌曲中的经典之作,曾被用作电影《辛德勒的名单》的片尾曲:

> 我们又看到了陈年古泉,
> 重回繁华喧嚣的市场,
> 在古城的圣殿山上,
> 悠扬的"朔法尔"鸣起。
> 从悬崖的幽洞里,
> 领略金光万顷。
> 沿着去往杰里科的长路,
> 我们再到死海寻觅典故。

在占领了约旦河西岸与东耶路撒冷后,以军于9日大举进攻戈兰高地。当天下午,叙利亚全线退缩,以军迅速占领了戈兰高地,控制了通往大马士革的公路。戈兰高地处于约旦、以色列、黎巴嫩、叙利亚四国的交界处，南北长约71公里，中间最宽处43公里，面积约为1800平方公里，最高处海拔2800米。戈兰高地处于战略要地，可以俯瞰大马士革和以色列加利利地区，相距大马士革仅几十公里。

6月11日，以色列与叙利亚实现停火，第三次中东战争结束，这场战争因历时6天，也被称为六日战争。这场战争对交战双方产生了重要影响，进一步加深了阿以矛盾，双方矛盾主要集中在以下几个方面：

首先，被占领土问题。第三次中东战争中，以色列占领了西奈半岛、戈兰高地和约旦河西岸、加沙的部分地区，以色列疆域达到8万多平方公里，为原来国土面积的4倍。收复失地成为阿拉伯国家的首要目标，为日后的冲突埋下了因子。尽管联合国通过242号决议，规定以色列必须从占领土上撤离，1967年战争前的国界是解决领土争端的重要前提。但以色列拒绝执行该决议，如今戈兰高地依旧被以色列占领。

其次，耶路撒冷归属问题。战后，以色列议会很快就通过了合并东、西耶路撒冷的决议，并将其定为以色列的首都。这一行为激发了阿拉伯人的民族感情，宗教圣城的归属成为阿以矛盾的新焦点。

再次，定居点问题。以色列占领了约旦河西岸和加沙的大量领土，为了扩大对被占领土的占有权，政府鼓励国民向那里定居，建立了大量的定居点。以色列国内一些政党和定居点居民不愿意从定居点撤离，为领土谈判造成了极大困难。

最后，水资源问题。水资源缺乏是中东的一大特征，为了争夺有限的水源，以色列、约旦、叙利亚等多次展开斗争，以色列占领戈兰高地的一个重要目的就是掠取水资源。高地上的太巴列湖（又

正在建设的定居点

称加利利海）被誉为"中东水塔"。同时，对约旦河河水的争夺也是阿以矛盾中一个突出问题。

第三次中东战争后，埃及与以色列之间进行了为期3年的消耗战，双方小冲突不断，消耗战被称为是第三次中东战争的延续和第四次中东战争的序曲。消耗战没有拖垮以色列，反而让埃及损失惨重，以色列战机经常深入埃及腹地轰炸电站、油厂等战略设施，给埃及造成了巨大的损失。1970年8月，埃以双方停止了消耗战。

经历过3次中东战争和消耗战的埃及，在军事理念上更加务实。1970年9月，纳赛尔去世，萨达特接任总统。萨达特认为，埃及的实力不足以打一场全面战争，遂提出"有限战争"理论，即通过战争给以色列造成心理上的打击，从而加大谈判筹码，通过政治方式收复西奈半岛。经过严密的准备之后，埃及等阿拉伯国家决定在

1973年10月6日发动打击以色列的战争。当阿拉伯国家磨刀霍霍的时候，以色列却依旧沉醉在和平美梦之中。

1973年10月6日，这一天是犹太人的赎罪日，全国处于放假状态，埃及、叙利亚同时向以色列发起突然袭击，第四次中东战争爆发，这次战争又叫做"十月战争"，犹太人称之为"赎罪日战争"。10月6日当天，埃及集中了250架飞机和4000门大炮，向西奈半岛的以军阵地发起猛攻。20分钟之后，以色列在西奈的空军指挥部、雷达中心、导弹基地、炮台等遭受到严重打击。6个小时之后，埃及主力约8万人渡过运河，突破了"巴列夫防线"*，从170公里长的战线上向西奈地区渗透，9日，埃及控制了运河东岸10—15公里宽的区域。与此同时，叙利亚分兵三路攻击戈兰高地，收复了大片失地。

战争爆发后的第4天，梅厄总理向美国发出了"拯救以色列"的呼救，美国向以色列运送了大量坦克及各种新式武器。在初战告捷的情况下，由于埃及没有乘胜追击，扩大战果，让以色列得到了喘息的时机。以军很快稳住了阵脚，先集中兵力在戈兰高地反击成功，然后把重兵转向西奈，与埃及军队展开了为期4天的坦克战，埃及损失了200多辆坦克、600多名士兵，以色列转败为胜，战局向不利于埃及的方向发展。10月24日，为期18天的第四次中东战争宣告结束。

第四次中东战争是第二次世界大战以后中东地区爆发的规模最大的一次现代化战争，最新式的美苏武器都投入了这场战争。在这

---

* 巴列夫防线位于苏伊士运河西岸，因由以色列前总参谋长巴列夫主持修建而得名。该防线长123公里，厚10余米，高17米，沿线建立了许多据点，构筑了坚固的防御工事，以色列称其为不可逾越的防线。

有中东"铁娘子"之称的以色列第四任总理梅厄夫人,她以果敢、坚毅的执政风格和强硬的外交手段著称

第四次中东战争中的以色列士兵

次战争中，埃及收复了运河东岸 3000 平方公里的土地，以色列却在运河西岸新占领了 1900 平方公里的埃及领土。叙利亚最终也没能收复戈兰高地，反而丢掉了高地以东 440 平方公里的土地。尽管阿拉伯国家没有取得决定性的军事胜利，战争没有造成大的领土变更，但终于打破了以军"不可战胜"的神话，尤其是埃及血洗了 1967 年战争所蒙受的耻辱，恢复了民族自信心，基本上达到了"有限战争"的预定目标。

第四次中东战争让阿拉伯国家空前团结，尤其是石油生产国为抵制西方对以色列的偏袒，以石油为武器，限制石油出口，对西方经济产生了巨大影响，1973 年的世界经济危机就是因此而引发的。第四次中东战争严重打击了以色列的经济和民众心理。受经济危机影响，以色列经济增长速度放缓，1973—1977 年间，增速为 3% 左右，国内通货膨胀严重。战争也影响了犹太人的民族心理，瓦解了他们的自信心，许多人失去了第三次中东战争之后的自豪感与安全感，海外犹太人支援以色列的狂热心理明显降温，移民人口也出现下降。因此，有人评论说，第四次中东战争摧毁的不仅仅是苏伊士运河边上的"巴列夫防线"，而且也摧毁了犹太人心理上的"巴列夫防线"。

第四次中东战争打破了中东地区"不战不和"的战略僵局，促使西方大国纷纷调整其中东政策，美国也充分认识到了如果一味偏袒以色列的话，只能使自己陷于孤立，用基辛格的话来说：

> 阿拉伯国家就会被赶到苏联人的怀抱。石油就会丧失掉，全世界都会反对我们，在联合国将没有一个国家投票赞成我们。

战争结束后，基辛格开始了他的"穿梭外交"，频繁来往于耶路撒冷、开罗与大马士革，企图在以色列与阿拉伯国家之间寻找一个折中点。

阿以矛盾由最初的领土、民族争端而引发，双方都选择了战争的方式来解决问题，但是多次的战争不仅没有解决问题，在带来巨大生命及财产损失的同时，反而又制造出了新的问题。老问题没有解决，新问题又叠加累积，让阿以矛盾更加错综复杂，积重难返。第四次中东战争之后，无论是阿拉伯世界还是以色列都对阿以关系有了更现实、更理性的态度，通过和谈解决阿以矛盾成了双方的共识。

为和平献身的勇士

第四次中东战争之后，阿拉伯国家与以色列的对抗形势发生了巨大变化，和谈的声音占据了主流。一方面，国际社会多方努力，为阿拉伯国家与以色列和平谈判创造机会；另一方面，在阿拉伯国家和以色列国内，和平势力也迅速发展，民众已经对战争的威胁感到厌倦，和平的呼声越来越高。但是，阿以双方毕竟在刀光剑影中斗争了几十年，特别对弱者一方来说，伤痛是难以愈合的，双方民族主义情绪依旧高涨，许多问题没有回旋余地、不容妥协。这些激进思想与和平主张相互斗争，让和平之路充满了崎岖。在强大的阻力面前，萨达特与拉宾的人格魅力尤为彰显，两人更是为了和平而献出了宝贵的生命，是阿以和谈史上的传奇式人物。

其实早在第一次中东战争结束后不久，阿以间便出现了和平谈判，和谈首先在以色列与约旦之间展开，但这次和谈不仅没有取得实质性的成果，约旦国王阿卜杜拉还成为政治解决阿以冲突的第一个牺牲者。约旦与巴勒斯坦本为一体，英国为了方便统治，以约旦河为界，将约旦河以东称为外约旦，以西称为巴勒斯坦。第一次中东战争后，约旦越过约旦河占领了西岸大片属于巴勒斯坦的领土，1950年4月24日，约旦宣布合并约旦河东西两岸，约旦的做法遭到了阿拉伯国家的广泛批评。在此背景下，以色列将约旦视为阿拉伯世界链条上的薄弱环节，积极拉拢约旦展开和平谈判，双方互有所需，不久便草签了和平条约。约旦与以色列的媾和遭到了阿拉伯国家的强烈谴责，1951年7月20日，阿卜杜拉国王被巴勒斯坦激进分子刺杀。在多种压力之下，和谈被束之高阁[*]。

自第一次中东战争后，阿拉伯国家与以色列之间的仇恨情绪上升到顶点，阿拉伯国家对以色列奉行不配合、不和谈的外交政策，反对单独与以色列谈判，约旦国王被刺杀也说明了和谈时机的不成熟。与阿拉伯国家一样，在以色列内部反对和谈的声音也非常强大。对于犹太人来说，在历经了千百年的流散后建立了自己的国家，当这个国家遭受到外部入侵的时候，全世界犹太人只有一个信念，即团结一心、保家卫国。由于犹太人在历史上的特殊遭遇，以色列国内的右翼势力非常有影响力，他们强调国家利益高于一切，坚信只有强大的以色列才能生存下去，以色列要不惜代价地维护国家利益和国民安全。

不可否认，多年的战争已经让阿以双方饱受伤害，参战的军人对战争伤痛的体会更加真切。第三次中东战争后，以色列总参谋长

---

[*] 第四次中东战争后，约旦积极与以色列展开和谈，西岸的巴勒斯坦激进组织不同意和谈，频频制造冲突，1988年7月31日，约旦宣布与约旦河西岸脱离，西岸由巴勒斯坦解放组织控制，约旦从巴勒斯坦抽身。1994年，约旦与以色列正式签署和平条约，结束了战争状态。

希伯来大学授予拉宾名誉博士学位

拉宾在国内获得了很高的声誉。1967年6月28日,希伯来大学邀请他去做演讲,并授予他名誉博士学位。这位凯旋归来的总参谋长在欢呼声中表现得极为理性,他在演讲中充满深情地说:

> 还有更让我们难以忘怀的。当举国沉浸在胜利的喜悦之中时,我们的战士却摆脱不了另一种让人辛酸的情怀。他们的欢乐中渗透着悲伤,许多人甚至不参加任何庆祝活动。前线的战士不仅亲身经历了胜利的喜悦,也亲眼看到了胜利的代价——那些倒在自己身边的浸透了鲜血的战友。我也知道,敌人付出

的可怕代价同样震撼着许多战士的心。或许,犹太人民从来没有体验过战胜和征服的感觉,他们无法适应眼前的现实。

第四次中东战争前,阿以内部的和平势力处在积蓄力量的阶段,双方真正的并取得成效的和谈是在第四次中东战争之后。在阿以问题上,埃及充当着重要角色,本·古里安曾说过,"无埃不战、无埃不和",埃及的态度至关重要。

战争的巨大消耗以及经济发展的沉重压力等因素,迫使埃及政府走上了和谈之路。据统计,在四次中东战争中,埃及伤亡70多万人,耗费资产达400多亿美元。埃及经济学家根据70年代中期的物价水平做了这样的估算:战争所耗费的巨款可以使埃及每个家庭建筑一座别墅、购买全套电器设备和一辆小汽车。第四次中东战争之后,埃及债台高筑,百业待兴,人民渴望和平安宁的生活。具有远见卓识的萨达特总统决心向以色列人伸出橄榄枝,对以色列进行访问。1977年11月9日,在埃及人民议会上,萨达特讲道:

> 为了让埃及士兵一个也不在战争中死伤,我准备走向天涯海角,到以色列议会去,到犹太会堂去,到犹太人的老家去,谈我们的和平愿望。

萨达特的讲话震惊了整个会场。事后连美国大使都请求证实他所说的访问耶路撒冷的计划,萨达特的回答是:

> 如果我不想走到底,你以为我会说出这样的话吗?

与此同时，以色列方面也对萨达特的态度做出了积极回应，表示愿意和谈。

1977年11月19日傍晚，一架标号01的埃及波音客机在以色列卢德机场降落，以色列前总理果尔达·梅厄夫人、国防部部长达扬、外交部部长阿巴·埃班以及沙龙、拉宾等人成为这一历史性时刻的见证者。据说美国一家新闻社愿出10万法郎买下萨达特踏上以色列国土的第一张照片。

萨达特与梅厄夫人握手时，梅厄夫人说："我们等您很久了。"

萨达特回答道："这一刻终于到来了！"

在与阿巴·埃班致意之后，萨达特看到了沙龙——这位曾在战场上与他较量并一直打到运河西岸的将军，萨达特调侃说："如果你再到运河西岸来，我们的监狱在恭候你。"

沙龙笑着说："不会了，我现在是农业部长。"

萨达特所到之处受到以色列人的热烈欢迎，50多万人举着埃及的国旗涌上耶路撒冷街头。这次出访，打破了两个敌对民族的"心理壁垒"，《金字塔报》评论说："这比人类第一次踏上月球还要了不起！"萨达特下榻在大卫王饭店，他去了阿克萨清真寺祈祷，也访问了大屠杀纪念馆。11月20日，萨达特在以色列议会发表了著名的演说，他讲道：

和平属于我们大家，属于在阿拉伯土地上的，在以色列的，在这个充满着血淋淋的争斗、为尖锐的矛盾所困扰、不时

萨达特抵达特拉维夫

遭受流血战争威胁的所有人……今天，我以坚定的步伐来到你们面前，为的是创建一种新的生活并营造和平……让天空荡漾和平的旋律吧，让我们的心胸充满和平的热望吧……

萨达特访问以色列为埃以和谈打开了通道。1978年9月，在美国的协调下，埃、以代表在美国总统休闲胜地戴维营展开会谈，并最终通过了著名的《戴维营协议》。协议指出：联合国安理会242号决议的全部内容是解决中东问题的基础；埃以双方承认并尊重对方主权，通过和平手段解决一切争端问题；以方在规定时间内从西奈撤军，将领土归还埃及，等等。埃及总统萨达特与以色列总理贝

贝京、萨达特与卡特签订《戴维营协议》

京的和平努力得到了国际社会的广泛赞赏,他们一起分享了1978年的诺贝尔和平奖。

戴维营和平框架协议的签署,为敌对双方开辟了一条解决冲突的新途径。1979年3月26日,萨达特、贝京、卡特在白宫正式签署了《关于阿拉伯埃及共和国与以色列的和平条约》。1980年2月15日,埃以正式建交。1982年4月,以军全部撤出西奈半岛,埃及恢复了对西奈半岛的主权。埃以关系的正常化终于打破了阿以冲突的对峙僵局,尽管中东和平进程依旧艰难曲折,但萨达特等人所开辟的和平道路,是解决冲突的唯一现实的道路。

和平与正义的事业同样也要付出代价。埃及国内只有一部分人理解与支持萨达特。阿拉伯世界除了苏丹、阿曼和摩洛哥等少数国家之外，大都持反对态度。在萨达特访问以色列的当天，沙特国王去麦加清真寺祈祷时，他的祷词变成了对萨达特的诅咒："真主啊，让他的飞机在抵达耶路撒冷之前坠落，以免大家因他而蒙受耻辱"；叙利亚总统阿萨德称萨达特是"阿拉伯民族事业的叛徒"；卡扎菲声称要"杀死萨达特"，并在埃利边境集结重兵。有17个阿拉伯国家先后宣布与埃及断绝外交关系，并对埃及实行政治经济制裁，埃及被开除出阿拉伯阵营，阿盟总部迁到了突尼斯，产油国终止了对埃及的援助，埃及陷入空前孤立的境地。

为了平息国内的不满情绪，也为了向世界展示埃及的雄风，萨达特决定举行第四次中东战争8周年庆典活动。1981年10月6日，在检阅台上，萨达特突然遭到枪击，不久身亡。凶手自称是霍梅尼的崇拜者、"赎罪和迁徙组织"的成员。以色列总理贝京，美国总统卡特，美国前总统尼克松、福特以及前国务卿基辛格等人参加了他的葬礼。萨达特总统被安葬在离他遇刺之处不远的无名战士纪念碑下，一块大理石墓碑上刻上了这样一行小字：

> 忠诚的总统安瓦尔·萨达特，战争与和平的英雄。他为和平而生，为原则而死于1981年10月6日胜利日。

就在萨达特去世几个月后，黎巴嫩战争让阿以冲突又进入高潮。1982年6月，为了打击藏匿在黎巴嫩首都贝鲁特的巴解组织，以色列发动了黎巴嫩战争。据统计，在这两个月的战争中，有近1万阿拉伯人死亡，1.5万人伤残，50万人失去家园，许多村庄化为焦土。战争中，一场针对巴勒斯坦难民的大屠杀震惊了世界。9月

1982年夏天,以色列军队围攻黎巴嫩贝鲁特,街道两侧的建筑物无一幸免

16—18日,以色列支持的黎巴嫩长枪党在得到沙龙(时任以色列国防部长)的默许之后,伊利·胡贝克带领多名对巴勒斯坦人怀有极端仇恨的武装分子,进入到萨布拉与夏蒂拉两个巴勒斯坦难民营,对1000多名巴勒斯坦无辜平民进行了惨绝人寰的大屠杀。该举动遭到国际舆论的强烈谴责,以色列国内也爆发了大规模的抗议活动,沙龙被斥责为"贝鲁特屠夫"。

黎巴嫩战争是一场失去民心的战争,被许多以色列人认为是一场赤裸裸的侵略。以色列全国各地发起了声势浩大的抗议示威活动,贝京政府饱受批评。以色列国内的民间组织"现在实现和平运动"刊发文章呼吁:

以色列政府：住手吧！现在是邀请巴勒斯坦人加入和平谈判的时候了！现在是实现基于相互承认基础上的全面和平的时候了！

工党领袖佩雷斯也发表演说：

做出这种可鄙决定的人没有权力在今后再做决定了，战争必须结束，以色列国防军必须离开贝鲁特。

一位伤心的父亲获悉儿子捐躯战场的消息后给贝京写了这样一封公开信：

我，一位拉比家庭的后代，我的父亲是一位犹太复国主义者、社会主义者、华沙犹太隔都起义的英勇牺牲者，作为他唯一的儿子，我从大屠杀中幸存下来，迁移到我们的国土上，我服了兵役、结了婚并有了一个儿子，可现在，我可爱的孩子却因为你的战争而离去。

因而，在迫害不再延续的岁月里，你却折断了一个古老的、世代忍受痛苦的犹太家庭的链条，我们古老的、智慧的、饱经磨难的民族的历史将要用无情的鞭笞来审判你、惩罚你！让我的悲哀永远萦绕在你的梦境！让我的忧伤作为杀人罪的标记而永远附着在你的前额！

不久，该事件的两个主角贝京和沙龙都被迫辞职，以色列作家伊扎尔·斯米莱斯基发表了一首诗，标题是：《贝京为何辞职？》

夜复一夜——他倍受煎熬，
当他躺在床上的时候，
发现卧室里飘荡着幽灵，
是 500 个？
不！甚至更多！
幽灵默默地站在他的面前，
一言不发。
幽灵充斥了整个房间，
他难以入眠。
幽灵默默地站在他面前：
"是你！"

阿以在冲突中又走过了十年，冲突所造成的伤痛让更多人开始反思。1992 年拉宾上台时，阿以问题迎来了新的转机。拉宾在就职演说中说道：

> 本政府决心尽一切可能的努力、铺平每一条道路、致力于一切可能的甚至是不可能的事情，为了个人的和国家的安全，为了阻止战争和实现和平……我呼吁阿拉伯世界的领导者沿着埃及及其总统的足迹，迈开将给我们也给他们带来和平的这一步……在战争中，有赢家和输家；在和平中，只有赢家。

为了妥善处理占领区定居点问题，拉宾取消了在占领区建造 6681 套住房的计划，积极释放温和信号，表示愿意与巴勒斯坦展开和谈。

《奥斯陆协议》签字仪式

不同寻常的握手

1993年9月13日，在美国白宫南草坪上，3000多名政要一同见证了《奥斯陆协议》的签字仪式。克林顿致了简单的开幕辞，他说：

> 勇者的和平只在咫尺之遥。整个中东都期待着能够过上平静的生活。但是我们知道这条道路有多么艰难，每个和平都有它自己的敌人。

签字仪式开始了，在曾经用来签署《戴维营协议》的同一个签字桌前，佩雷斯和当时巴解组织中的二号人物马哈茂德·阿巴斯在协议文本上签了字，在热烈的气氛中阿拉法特首先伸出了手，拉宾带着一言难尽的复杂表情迎了过去，克林顿把自己的手也放了上去，全世界通过新闻媒体看到了这一历史性的握手，成千上万的人流下了感动的热泪。

签字之后，拉宾发表了热情洋溢的讲话：

> 今天签署这样一个宣言，无论是对像我这样参加了以色列历次战争的军人来说，还是对以色列人民以及散居世界各地的犹太人来说都是不容易的。……我们无意报仇，我们不憎恨你们，我们同你们一样是正常人——想建立一个家，想栽一棵树，渴望爱情，希望和你们一道自由、体面、和平地生活在一起！……今天，在华盛顿的白宫，我们将在人民之间、在厌倦了战争的父母之间、在不谙战事的儿童之间开辟双边关系的新篇章。……今天我们给和平一个机会。我要对你们说：够了！我们共同祈祷：告别武力，让和平来临吧！

协议的主要精神包括：建立一个巴勒斯坦临时自治权力机关，即经过选举产生的委员会，该委员会享有行政权、立法权和司法权。以色列军队从加沙和杰里科撤出后，开始为期 5 年的过渡期，以便最终在联合国决议的基础上实现和平；巴勒斯坦自治机构的大选不得迟于宣言生效后 9 个月；双方最终地位的谈判不得迟于过渡期第三年的年初，谈判将涉及耶路撒冷、难民、定居点、边界、与邻国的关系、经济合作以及其他问题。

在中东地区，以暴力与恐怖为基本特征的民族极端主义势力作为一种强大的暗流，自始至终威胁着和平进程，而且和平果实越大，反和平的逆流就越强，萨达特的遇害就是明显的例证。《奥斯陆协议》签订以后，以色列国内的反和平力量主要包括超级鹰派人物、狂热的民族主义者、极端宗教主义者，其中许多人生活在加沙与西岸的定居点。巴勒斯坦方面的反和平势力主要有"哈马斯"等伊斯兰激进组织。

1994 年 1 月，一位垂死的癌症患者、以色列前军事情报官员耶霍舒法特·哈尔卡巴在接受本·古里安大学两位研究人员采访时说：拉宾会不得好死的，不是我期望的，而是上帝的意思。一个月后，2 月 25 日凌晨 5 点 45 分，一位 38 岁的以色列上尉军医戈尔斯坦持着冲锋枪进入希伯伦的易卜拉辛清真寺，当场打死 29 位祈祷者，上百人受伤。"希伯伦惨案"震惊了全世界，阿拉伯方面宣布中止正在华盛顿举行的第 12 轮双边会谈，联合国安理会于 3 月 18 日通过 904 号决议，对屠杀事件进行谴责，拉宾称惨案是"犹太民族和以色列国的耻辱"，以色列成立了调查委员会，收缴了一些犹太极端分子的武装。

"希伯伦惨案"发生后，哈马斯扬言要替希伯伦死难者报仇。4

月6日,哈马斯在奥夫拉制造爆炸,杀害了6名以色列人,7天之后,哈德拉再度发生自杀性事件,造成6人死亡。在激进势力的扰乱下,巴以关系再度趋于紧张。

1995年11月4日,这一天是星期六,10万人在特拉维夫的国王广场(后改名为拉宾广场)上隆重集会,集会是由"支持和谈、结束以阿争端总委员会"组织的,宣传口号是"要和平,不要暴力"。7时左右,人群中发出了阵阵欢呼声,拉宾总理在外长佩雷斯和其他内阁成员的陪同下,出现在公众面前。面对情绪高涨的人群,满头白发、精神饱满的拉宾开始演讲,他那洪亮而富有魅力的声音随着晚风回荡在广场上空:

> 我一直深信,绝大多数人民需要和平,并且准备为和平而承担风险。今天我们来这里集会,你们与许多没有与会的人共同证明:人民是真正渴望和平、反对暴力的。暴力正在瓦解以色列民主的基础,必须予以谴责和孤立。暴力不是以色列的治国之道。民主政体中会有分歧,但是最终将由民主选举来决定。1992年的选举就授权我们去进行现在正从事的工作,而且还要在这一道路上继续前行。
>
> ……
>
> 这是一条充满困难和痛苦的道路。对于以色列,没有痛苦的道路是不存在的。但是和平之路比战争之路更为可取。我之所以对你们说出此话,是因为我曾经是一名军人,而作为现任国防部长仍在目睹国防军士兵家庭的痛苦。为了他们的缘故,为了我们的子孙后代,我要求本届政府尽一切努力,抓住每一个机会,去促进并赢得一个全面的和平。

拉宾与佩雷斯出席和平集会

　　这次集会必将给以色利公众、全世界所有犹太社团、阿拉伯世界的大多数人民,而且确实是给全世界传递这样一个信息:以色列人民需要和平,支持和平。为此,我感谢你们。

　　演讲之后,拉宾从口袋中取出了《和平之歌》的歌词,与全场群众一起高唱:

　　　　让太阳升起,让清晨洒满光明。
　　　　最圣洁的祈祷也无法使他们复生。

生命之火被熄灭的人，
血肉之躯被埋入黄土的人，
悲痛的泪水无法将他唤醒，
也无法使他复生。
无论什么人，
无论是胜利的欢乐，
还是光荣的赞歌，
都不能使他从黑暗的深渊中，
回到世上与我们重逢。
因此，唱一首和平之歌吧，
不要低声地祈求神灵。
引吭高唱和平之歌吧，
这才是我们最应当做的事情。

10万人放开歌喉，发出海啸般的声音，台上台下热烈激动的情绪将集会推向最高潮。拉宾转过身，张开双臂，与站在身边的外长佩雷斯紧紧拥抱在一起。当集会结束拉宾走向停车场时，早已潜伏的凶手、27岁的巴伊兰大学的学生伊格尔·阿米尔用他那闪着寒光的手枪对准了拉宾。拉宾应声倒下，一个小时后，浑身浸透鲜血的拉宾在手术台上逝世，拉宾的同事们从他上衣的口袋里掏出了染着血迹的《和平之歌》。

以色列随即向全世界宣布："以色列政府深切悲哀、极度震惊地宣告：总理拉宾遇刺身亡。"当噩耗传到美国的时候，克林顿总统情不自禁地跑到白宫前的草坪上，他痛心不已，嘴里迸出了两个希伯来单词：Shalom, haver（再见，朋友）！当天，以色列内阁举行

世界上最隆重的葬礼

紧急会议,决定由外交部部长佩雷斯任代总理,宣布全国哀悼。

11月6日,全世界最隆重的葬礼在耶路撒冷的赫茨尔国家公墓举行。来自全球80多个国家的元首、特别代表以及以色列各界人士5000多人参加了葬礼。约旦国王侯赛因来了,44年前在距离拉宾墓地不足2公里处的阿克萨清真寺,16岁的侯赛因曾目睹了他的祖父阿卜杜拉国王被暗杀的惨状,从此耶路撒冷留给他的是十分苍凉的记忆;萨达特的继任者埃及总统穆巴拉克来了,拉宾生前曾多次邀请穆巴拉克访问耶路撒冷,他都谢绝了,几周之前在访问埃塞俄比亚的时候,他也遭遇了一次暗杀,可这一次他不想再错过为拉宾送行的机会。

佩雷斯在讲话中引用《圣经》的话来寄托哀思:

深情哀悼拉宾的以色列女性

雅卫告诉大家，不要失声呜咽，不要让泪水遮住视线，所做之工必有回报，未来充满希望……永别了，我的兄长、和平的英雄。从今天到未来，我们要像您生前所要求的那样、也要像您离去所托付的那样，继承起伟大的和平使命。

侯赛因国王泪流满面地说：

我从没有想到会面对这样的时刻——为失去一位兄长、一位同事、一位朋友、一位铮铮男儿、一位战士而沉痛地哀悼。……您作为和平的勇士而离去，我相信这一时刻来临了——我们所有的人公开呼唤并谈论和平的时刻，不仅在此时此地，而且要一如既往。

克林顿发言时引用了《圣经》中"以撒献祭"的著名典故：

  上帝要考验亚伯拉罕对上帝的忠诚，命亚伯拉罕把自己心爱的儿子杀掉。当全心全意信仰上帝的亚伯拉罕果真准备这样做的时候，上帝派人阻止了他。上帝让拉宾去了，他是在用更加严酷的方法考验我们。

拉宾的外孙女用她那天真无邪的童音与真情感动了在场的每一个人，她说：

  我今天不讲什么和平，只讲我的祖父。我愿您的灵魂在和平中安息……您从未抛弃别人，可今天别人却抛弃了您。我再也看不到您意味深长的微笑，它伴随着您的离去而凝固……我们永远永远爱着您。

最后发言的是拉宾生前的助手埃坦·哈博，他用颤抖的手拿出被拉宾的鲜血染红的歌词，"让太阳升起，让清晨充满光明……"只读了一句，哈博已经泣不成声。

拉宾死后，和平进程遭受了巨大的挑战，《奥斯陆协议》被迫搁浅。新上台的内塔尼亚胡政府执行强硬政策，反对建立巴勒斯坦国；反对分割耶路撒冷，坚持认为它是以色列统一不可分离的首都；反对难民回归以色列；坚持"以安全换和平"，反对"以土地换和平"。1999年，温和的工党领袖巴拉克走上总理宝座，上任后不久巴拉克便重启和平谈判。

2000年7月，克林顿撮合巴拉克、阿拉法特在戴维营展开会谈。

巴拉克最终表示，以色列撤出80%的西岸领土，12%的领土日后再谈，8%的领土归以色列。巴拉克冒着巨大的政治风险所做出的让步并没有得到阿拉法特的同意，阿拉法特要求以色列严格遵守联合国决议，从1967年战争占领的领土上撤回，将西岸完全归还巴勒斯坦，双方僵持不下。同时，在难民问题上，以色列只准许每年两万名巴勒斯坦难民回归巴勒斯坦，与阿拉法特分歧较大。最终，戴维营和谈不欢而散。巴拉克回国面临的是四分五裂的政府，而阿拉法特却受到成千上万人的夹道欢迎。

9月26日，巴以双方代表再次来到美国展开谈判。27日，巴拉克首次公开承认耶路撒冷是以、巴两国首都。正当和谈出现转机的时候，以色列国内右翼强硬派与巴拉克政府的矛盾公开化。28日，沙龙和部分右翼议员在数千名军警的护送下，强行"参观"耶路撒冷的伊斯兰教圣地阿克萨清真寺，向巴勒斯坦人进行挑衅。沙龙等人的行为引发了一系列冲突，两周之内双方有100多人丧生，数千人受伤。哈马斯要求阿拉法特立刻停止谈判，黎巴嫩真主党也对以色列发动了袭击，边境战火再起。10月31日，沙龙宣布要尽一切努力推翻现任政府。12月19日，迫于多重压力，巴拉克宣布辞职。2001年2月6日，沙龙当选总理，右翼政党上台，巴以和平前景蒙上了阴影。

阿以冲突是20世纪历史上矛盾最复杂、持续时间最长久的冲突之一。旷日持久的冲突给双方人民带来了巨大的伤害，许多仁人志士将阿以和平视为奋斗目标。在人类进入新的世纪后，许多人期盼巴以关系也能拥有一个新的开端，出现新的转机，早日实现梦寐以求的和平。令人遗憾的是，伴随着强硬派的上台，巴以矛盾却在一次次的人体炸弹、定点清除等流血冲突中不断走向升级。

困惑与动荡依旧

新的世纪、新的千年、新的起点，但持续了近一个世纪的阿以冲突并没有出现新的缓解的迹象，中东依旧是诱发冲突的火药库，世界局势的晴雨表。在复杂多变的地缘政治与国际环境面前，以色列承受着巨大的压力，背负着沉重的"战争债""道德债"，在对待历史与发展、和平与安全、宗教与世俗、族群融合与内在冲突等问题上表现出严重的分歧，困惑与焦虑充斥于以色列社会之中。

时至今日，宗教与世俗之争仍是以色列社会的矛盾焦点。在现代思想的冲击下，宗教与世俗力量向着不同的方向演进，正统派越发坚定其信仰体系，刻意要走向传统深处，世俗人士更加自由化，注重个体的价值与自我体验，这两种背道而驰的态度充分反映出以色列社会价值体系的张力。

出于对民族传统的热爱与维护，宗教人士坚定对上帝和律法的信仰，反对犹太人脱离传统，认为世俗化是犹太民族最大的挑战。世俗主义者认为宗教已经不适合现代社会，他们虽然愿意接受民族传统文化，但却不信仰上帝和遵守律法，更愿意将犹太教视作是一种文化体系、一种身份认同。

很多人认为，目前犹太民族所面临的最大的挑战来自其内部，即过度地西方化。受流行于欧美的个人主义、消费主义的影响，许多以色列人尤其是年轻人热烈地追求西方的生活方式，尤其是对美国文化热情追捧，更注重物质、功利和个人享受，这在世俗犹太人身上体现得最为明显，这些现象让传统人士倍感担忧。

作为一个移民国家，不同族群间的融合依然是以色列社会面临的又一大难题。尽管同属一个种族，但由于地域上的分散性，来自世界各地的移民间的差异较大,尽管建国后以色列用了几十年时间,花费了巨大精力来促进东方犹太人与西方犹太人之间的融合,但时至今日双方之间的裂痕依旧未能完全消除。1991年苏联解体后,约有100万苏联犹太人移民以色列,占据以色列人口的比例较大,为了维护自身权益,他们组建了代表苏联犹太人利益的政党,其中最著名的是"以色列我们的家园党",该党执行右翼路线,是目前以色列最具影响力的政党之一。以色列政党的多样性与分散性也是社会族群矛盾的主要体现。

在犹太族群内部矛盾之外,以色列犹太人与阿拉伯人之间的矛盾更加让人焦虑。以色列阿拉伯人身处民族认同与国家认同的狭缝之中,以色列与周围阿拉伯国家间的战争与冲突加重了他们在身份认同上的艰难性。更让他们伤心的是以色列犹太人对他们的防范心态,有些人甚至将他们视为是阿拉伯人的内奸,声称要把他们赶出以色列。面对他们世代生存的家园,以色列阿拉伯人找不到归属感,看不到自己的未来。

安全问题是长期以来以色列民众以及全世界犹太人极为关注的问题,在历经磨难的犹太人心目中,特别是在经历大屠杀这样的民族浩劫之后,安全被视为是犹太人的第一要务。以色列建国后,身处阿拉伯国家的包围与仇视中,几次中东战争及接连不断的小规模冲突更刺激了以色列的安全意识,以色列宣称保护每一个犹太人,同时以色列国民也形成了扭曲的国家安全观念,以自我为中心,为了自身安全而不惜伤害他人的安全权益。可以说,在国际社会眼中,以色列犹太人的角色似乎已经由受害者变成了施害者,正是在此背景下,以色列国内兴起了强烈的反战运动,主张以和平解决争端,反对采用蛮横的暴力方式。很多人开始对犹太复国主义进行反思，认为犹太人的安全不能建立在伤害巴勒斯坦人的基础之上，以色列必须要去除霸权主义、种族主义思想。以色列要建立一个民主、开放、宽容、平等的国家就必须要对以往蛮横的价值理念进行修正。这些对犹太复国主义进行批评和改进的运动被称为"后犹太复国主义"，该思潮兴起之后在以色列国内及国际上都有一定的影响力，代表了以色列国内反战的、理性的价值观。

尽管反战运动、和平组织以及后犹太复国主义在当今以色列社会日趋活跃，但是以色列现实的安全环境以及此起彼伏的流血冲突一次次挤压了和平组织的生存空间，很多人坚信只有强大的以色列才能保护其国民，只有以牙还牙的以色列才能威慑外部敌对势力，以色列的和平只有在战争中才能获得。

在历次的中东战争中，以色列兼并了大量的领土，进一步压缩了巴勒斯坦人的生存空间，以色列右翼政党积极鼓吹向西岸和加沙建立定居点，以图形成实际占有之势。以色列的行为遭到了巴勒斯坦人的强烈反对，巴勒斯坦人选择用石块、木棍甚至是恐怖袭击的方式来与以色列展开抗争，以军以暴制暴的方式导致巴以局势逐渐紧张。21世纪初的几年间，此起彼伏的流血冲突让长期坚定执行右翼路线的沙龙都感到吃力，对抗解决不了巴以问题，决定实施"单边脱离计划"，即以色列逐步撤离在加沙和约旦河西岸的定居点，建立一条更加容易防范的安全线。

力排众议的沙龙于2005年8月开始组织人员撤离加沙的定居点。在得到撤离通知后，很多定居点的居民不愿离去，他们挖壕沟、立障碍，想尽各种办法与清理他们的军警做抗争，一名妇女甚至通过自焚的方式来表达对撤离的不满，很多人威胁要杀死沙龙。经过积极努力，以色列完成了加沙撤离计划，加沙时隔多年再次回到巴

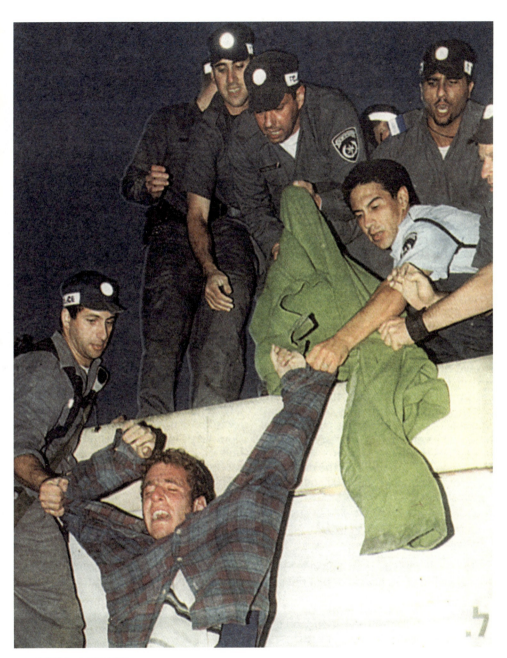
不愿离去的加沙定点居民

勒斯坦人手中。正当沙龙着手准备更加困难的约旦河西岸撤离计划时，突然患上的中风让他倒在了病榻上。副总理奥尔默特接任沙龙的总理职位后，积极推行撤离计划。但事与愿违的是以色列从加沙撤离后，加沙的权力真空却让哈马斯钻了空子，单边脱离计划不仅没有让以色列远离加沙的威胁，反而要面对更复杂的安全局势。

巴勒斯坦主要有两大党派，法塔赫和哈马斯，法塔赫奉行温和政策，主张有条件的和谈，而哈马斯坚持激进路线，反对以色列国家的存在，两派政见不一，很难形成统一的主张。以色列撤离加沙后，哈马斯在那里积极发展势力，于2007年从法塔赫手中夺得了控制权。从此，哈马斯控制着加沙，法塔赫控制着约旦河西岸，双方划片而治。奉行激进政策的哈马斯时常对以色列进行恐怖袭击，以色列政府因此加大了对加沙的封锁力度。

为了防止哈马斯建造工事、制造武器以进行恐怖袭击，以色列在加沙周边修建了高大的水泥墙，严格限制物品和人员出入。加沙面积约365平方公里左右，但生活着约150万阿拉伯人（2012），处于封闭之中的加沙经济停滞不前，举步维艰，大部分居民生活在贫困线以下，基本靠联合国的人道援助为生，因此加沙也被形容为"世界上最大的监狱"。以色列企图通过封锁加沙打击哈马斯，哈马斯又希望通过暴力袭击来打破以色列对加沙的封锁，双方互相攻击，相持不下，这也为日后以色列与加沙的战争冲突埋下了隐患。短短几年时间，奥尔默特和内塔尼亚胡两位以色列总理分别向加沙发动了"铸铅行动"和"防务支柱行动"，在对哈马斯进行打击的同时也造成了大量无辜平民伤亡，这让以色列受到了国际社会的强烈谴责。

持续不断的冲突，使巴以和平遥遥无期，然而，一波未平一波

加沙地带流离失所、贫困交加的巴勒斯坦难民

又起。2010年以来,中东地区出现了政治上的蝴蝶效应,突如其来的"阿拉伯之春"*把以色列带入了严寒的冬季。"阿拉伯之春"让国际社会再次对中东予以极大的关注,很多人担心动乱将使激进组织上台,对中东和平产生威胁。就连一味偏袒以色列的美国也感觉到是时候调整中东政策了。2011年5月19日,美国总统奥巴马发表了中东政策演讲,他指出,过去两年以来,以色列在有争议的土地上继续扩建定居点以及巴勒斯坦拒绝进行谈判的错误做法阻碍了

---

* 关于这场运动,有人称之为革命,有人称之为动乱,西方媒体则普遍称之为"阿拉伯之春"。

无言的控诉——在冲突中无家可归的巴勒斯坦难民

巴以和平进程。中东变革使巴以问题变得更加紧迫,同时也为和平解决争端创造了契机。奥巴马重申,以色列和巴勒斯坦的边界应以1967年战争前的边界线为基础。奥巴马在特殊时期的表态引起了舆论的广泛关注。

  2011年11月的二十国集团峰会期间,奥巴马和法国总统萨科奇谈话时忘了关掉麦克风,导致部分谈话内容被现场的记者们听到。在谈到内塔尼亚胡时,萨科奇说道:"我不想再见他了,他是个骗子。"奥巴马说:"你也许对他感到反胃,但我还得跟他打交道。"媒体纷纷猜测,二人如此评价内塔尼亚胡,是因为以色列在巴以问题上刚愎自用,一意孤行。当世界媒体曝出两人的对话内容之后,萨科奇与奥巴马纷纷向内塔尼亚胡示好,以修复关系,而以色列方面则一直保持了沉默。

在未来的日子里,以色列会有什么样的举措?巴勒斯坦国将何去何从?中东政治舞台又会出现怎样的变局?这一系列问题都在挑战人性的底线,考量人类的智慧,也在呼唤着更多的政治家能释放出更多的正能量,以更为理性的选择为中东人民造福祉,为地球村谋和平。

2012年的全球畅销书排行榜上不仅有《乔布斯传》《大数据时代》,还有西蒙·塞巴格·蒙蒂菲奥里的《耶路撒冷三千年》,与其说是作者让耶路撒冷这个古老话题再次焕发出新的感染力,倒不如说是这方圣土从未淡出于现代人的视野。蒙蒂菲奥里的杀青之笔描述了今日耶路撒冷凌晨四点半的情景:

> 岩石圆顶清真寺打开了,穆斯林正在祈祷;
> 西墙一直是开放的,犹太人正在祈祷;
> 圣墓大教堂打开了,基督徒正用多种语言祈祷。
> 阳光普洒耶路撒冷,照耀了西墙上光亮的希律石,照耀了辉煌的岩石圆顶清真寺,照耀了神圣的休憩广场……阳光落在耶路撒冷最优美且神秘的建筑上……但是金门还紧锁着,直到末日来临。

让我们怀着圣洁与博爱的情怀为这座具有"启示录"背景的圣城祈福,但愿她能永久保持神秘与尊严、辉煌与荣耀,不再成为"欲望的倾洒地""爬满蝎子的耀眼金杯";但愿她的安然与静谧不再被圣殿山下的亡灵所惊扰,不再被刀光剑影的恐怖所吞噬,愿通往和平的金门早日开启!

结语

不断追梦的务实民族

有些人喜欢犹太人,有些人不喜欢犹太人。但凡有思想的人都不会否认这样一个事实:犹太民族毫无疑问是世界上最强大、最卓越的民族。

——英国前首相温斯顿·丘吉尔

犹太民族在世界民族之林中是很小的一个分支，当今生活于世界各地的犹太人大约有1300多万，仅占全球总人口的2‰左右。在长达两千余年的漫长流散过程中，犹太人在离开故土、失去疆域的情况下，克服了被同化与消亡的种种危机、应对了反犹主义的重重压力，依然延续历史、建构历史，形成了自成体系的宗教观念与历史意识，并孕育出独树一帜的民族性格与文化品质。著名的美国犹太领袖杰克·罗森在《犹太人的大梦想——成功、繁荣和美国梦》一书中指出：

> 没有人比犹太人更像犹太人。在资本时代，他们是最富有创造力的企业家；在被隔离时代，他们是最有经验的流亡者；在专业时代，他们是最熟练的专业人员。犹太人的故事是一个把柠檬变成柠檬汁的过程——如何把被压缩的状态发挥到最佳。把劣势变成优势，这就是犹太奇迹的核心。

可以说，几千年的犹太历史留给我们最大的启迪也许正是：让梦想成为驱逐现实黑暗的灯塔、让梦想成为奔向美好未来的动力！远古时代，希伯来族长们辗转于阿拉伯半岛，立足于两河流域，又跋涉到尼罗河边，心中的梦想是寻找更丰饶的水草、更富庶的生存之地；当埃及的残酷现实粉碎了他们的梦想，为了摆脱法老的高压政策，他们逾越红海、跨过西奈，历尽艰辛重返迦南，此时心中的梦想是维护自由意志、不受外邦人的奴役，如今犹太民族这一实现梦想的经历已成为人类摆脱奴役、争取自由的象征而永存于西方的历史画卷之中；在巴勒斯坦遭受异国统治的非常时期，犹太人为反对大国强权的控制进行了可歌可泣的反抗，"宁可为自由而死，不为奴隶而生"不仅是"马萨达"将士们的最后遗言，也是犹太古典英雄主义的千古绝唱。

进入大流散时期，无论是基督教会的火刑柱、世俗统治者的审判法庭，还是一次又一次的驱逐与杀戮，都没有使犹太人放弃对于自身民族传统的坚守。当反犹主义被冠上"现代"标签，并与种族主义沆瀣一气，横行整个欧洲大陆时，犹太人依然没有屈服，因为他们始终坚信："只要我们的心中，还深藏着犹太人的灵魂；只要我们的眼睛，还眺望着东方的锡安山。两千多年的希望，就不会化为泡影！"当"最后解决"的梦魇摧毁着600万无辜者的生命，当焚尸炉的浓浓黑烟笼罩了集中营的上空，也窒息了犹太人最后的逃生希望时，幸存下来的人没有绝望，而是怀着更为强烈的回归故土之梦。在他们的心目中，上帝可以藏匿，甚至可以死亡，但做犹太人的愿望不能消泯！

1948年以色列的建国被称作是"从大屠杀的灰烬中锤炼而出的金凤凰"，犹太民族两千余年的复国梦终于实现，但保卫新国家、建设新家园的序幕才刚刚拉开。在自然条件十分恶劣、地缘环境与安全局势不断恶化的背景下，他们面对现实，鼓励创新，包容失败，立志以"质量取胜"，怀抱"使沙漠盛开鲜花"的梦想，经过半个多世纪的努力，以色列如今已成为中东地区现代化水平最高的国家。正如前总统哈伊姆·赫尔佐克在《亲历历史——一个以色列总统的

回忆》中所说的那样:

> 在我的一生中降临于犹太人民的悲剧堪称无可比拟。但我们的胜利与成就也超过了世代梦想。那就是为什么一个人可以有梦想,一个人应该有梦想,一个人必须有梦想。

值得强调的是,"犹太梦"并非虚无缥缈的空中楼阁,而是建基于实实在在的行动之上。犹太人不仅是言辞的强者,更是行动的巨人。犹太人不仅胸怀理想,更有持之以恒去实现理想的务实精神,这种精神得益于犹太传统的滋养与孕育。犹太文化是一种既注重理性思辨又强调实用性的文化。犹太教和任何宗教一样,都是为了给人以希望与信念。但它与其他宗教的不同之处在于,信仰的终极目的——"千年王国"不是在遥远的未来,而是在现世。犹太教认为,虽然在现实生活中有不可避免的灾难与痛苦,在来世的幸福中可以得到补偿(即不否认来世),但不要仅把希望寄托于未来,而是要关注今世的生活。犹太教也没有把神圣与世俗截然分开,而是试图追求一种既合乎宗教精神,又不违背人性特点的信仰方式,《希伯来圣经》不仅教导人们如何遵从神的旨意,成为仁爱之民、律法之民、道德之民、智慧之民,而且教导人们如何生产,如何劳作,如何管理上帝所造的一切。可见,作为"伦理一神教"的犹太教,在处理伦理道德与现实生活的关系时,表现出了更多的务实性倾向,从而使犹太教不仅是一种虚幻的宗教理想,而且是一种实实在在的生活伦理,体现了"信仰与务实的交融"。

在中世纪,犹太人牢记其祖先的遗训:"在家是犹太人,在外是当地人",要遵守并服从所在地的法律与权威。无论是生活在穆斯林社会还是基督教的欧洲,他们都小心翼翼地生存,尽量减少与外界社会的摩擦,以求实的心态面对生活。不管从事哪一种职业,他们往往表现出一种比其他人更为强烈的成功欲,因为对他们来说,物质上的成功不只是为了保障生活,而且还与生存权、居住权联系在一起。哈斯卡拉兴起之后,启蒙思想家们为了使犹太民族成为"一个永恒的民族",力倡变革,极力使犹太人投入到现代化的洪流之中,使犹太文化成为"一种可塑性的、始终适应环境的、有机的民族文化",从而弘扬了一种求实、求变的民族精神,在这样的氛围中,犹太思想获得了更大的发展空间。

犹太复国主义的兴起尤其是以色列建国后的历史再次证明了犹太民族脚踏实地的优秀品质。美国学者丹·塞诺和以色列学者索尔·辛格在他们合著的《创业的国度:以色列经济奇迹的启示》一书中指出:"尽管媒体广泛报道以色列,但是还有一个故事被忽视,那就是主要的经济指标表明,以色列是当今世界最能体现创新和创业精神的国家,""2008年,以色列的人均创业投资是美国的2.5倍,欧洲的30倍,中国的80倍,印度的350倍。"以色列国的发展奇迹说明只有将梦想转化为行动,才有创新的活力、才有国家的腾飞与民族的复兴。

如果说富有理想并崇尚实干是犹太民族取得成功的法宝,那么个人可以改变世界的理念就是对犹太精神的最好注解。犹太传统教导人们:这个世界是因我而创造的,每个人生下来都注定要走上一个舞台,要去实现自己的人生目标,而在自我实现的过程中,如果立足于眼前,由近及远地去有所作为,整个世界就会因为个体的努力而发生改变。19世纪欧洲著名的犹太拉比斯兰特在威斯敏斯特教堂里留下这样一段脍炙人口的碑文:

当我年轻的时候，我想改变世界，但是，世界并没有因为我而改变。因此我试着去改变我的国家，当我发现国家也没有因为我而改变的时候，我开始想着要改变我居住的小镇，但我也没能改变小镇。年纪大了，我尝试改变我的家人。现在，我已然是一位老人，我突然意识到我所能改变的应该是我自己，如果很久之前就改变自己，我就可以影响到我的家人，我的家人和我就可以影响我的镇子，进而影响到国家，那样的话，我就真正改变了世界。

事实上，自亚伯拉罕以来近四千年的犹太历史也多次证明：胸怀梦想而又脚踏实地的犹太人不仅能够改变自己，而且能够改变世界！

不可否认，在当今世界，无论是生活在以色列的犹太人，还是居住在美国、欧洲以及其他国家和地区的犹太社团，都面临着这样或那样的困难与问题，宗教与世俗的矛盾、传统与现代性的冲突、身份认同与族群认同上的尴尬境地以及前所未有的其他宗教和文明的冲击等确实使犹太社会面临着极大的挑战。但是，人们有足够的理由相信，不管未来面临怎样的困境，犹太人仍将继续追逐独特的民族梦想，他们仍会坚持创造崭新的历史奇迹，在不断追梦、不断创造的过程中，实现民族的复兴、开创美好的未来。

主要参考书目

中文书目

《圣经》和合本,中国基督教协会1996年版。
《阿伯特:犹太智慧书》,阿丁·施坦泽兹诠释,张平译,中国社会科学出版社1996年版。
阿巴·埃班:《犹太史》,阎瑞松译,中国社会科学出版社1986年版。
艾哈迈德·爱敏:《阿拉伯—伊斯兰文化史》,朱凯译,商务印书馆1997年版。
埃利·巴尔纳维:《世界犹太人历史:从〈创世记〉到二十一世纪》,刘精忠等译,中国人民大学出版社2007年版。
查姆·伯曼特:《犹太人》,冯玮译,上海三联书店1995年版。
摩西·达扬:《沙漠中的和平》,张存节译,上海译文出版社1986年版。
克劳斯·费舍尔:《德国反犹史》,钱坤译,江苏人民出版社2007年版。
西格蒙德·弗洛伊德:《摩西与一神教》,李展开译,生活·读书·新知三联书店1989年版。
欧文·豪:《父辈的世界》,王海良、赵立行译,上海三联书店1995年版。
哈里·霍维茨:《贝京与以色列国》,肖宪译,云南大学出版社1993年版。
哈伊姆·赫尔佐克:《勇敢的犹太人》,范雨臣、范世蕾译,中国社会科学出版社1995年版。
金宜久主编:《伊斯兰教史》,中国社会科学出版社1990年版。
金耀基:《从传统到现代》,中国人民大学出版社1999年版。
马丁·吉尔伯特:《五千年犹太文明史》,蔡永良、袁冰洁译,上海三联书店2010年版。
杰拉尔德·克雷夫茨:《犹太人和钱》,顾骏译,上海三联书店1991年版。
亚伯拉罕·柯恩:《大众塔木德》,盖逊译,山东大学出版社2004年版。
戈登·A.克雷格:《德国人》,杨立义、钱松英译,上海译文出版社1998年版。
杰克·罗森:《犹太成功的秘密》,徐新等译,南京出版社2008年版。
埃马纽埃尔·勒维纳斯:《塔木德四讲》,关宝艳译,商务印书馆2002年版。
沃尔特·拉克:《犹太复国主义史》,徐方、阎瑞松译,上海三联书店1994年版。
塞西尔·罗斯:《简明犹太民族史》,黄福武、王屏丽译,山东大学出版社2004年版。
劳伦斯·迈耶:《今日以色列》,钱乃复等译,新华出版社1987年版。
诺曼·所罗门:《当代学术入门:犹太教》,赵晓燕译,辽宁教育出版社1998年版。

罗伯特·M.塞尔茨：《犹太的思想》，赵立行、冯玮译，上海三联书店1994年版。

丹·塞诺、索尔·辛格：《创业的国度：以色列经济奇迹的启示》，王跃红、韩君宜译，中信出版社2010年版。

徐向群、余崇健：《第三圣殿——以色列的崛起》，上海远东出版社1994年版。

徐新：《反犹主义解析》，上海三联书店1996年版。

希提：《阿拉伯通史》，马坚译，商务印书馆1979年版。

殷罡主编：《阿以冲突——问题与出路》，国际文化出版公司2002年版。

约瑟福斯：《犹太战争》，王丽丽等译，山东大学出版社2007年版。

杨曼苏：《以色列——谜一样的国家》，世界知识出版社1992年版。

英文书目

Encyclopaedia Judaica, Jerusalem: Keter Publishing House Ltd., 1971.

Avishai, Bernard. *The Tragedy of Zionism: Revolution and Democracy in the Land of Israel*, New York: Farrar Straus Giroux, 1985.

Bar-On, Dan. *Fear and Hope: Three Generations of the Holocaust*, Cambridge: Harvard University Press, 1995.

Bauer, Yehuda. *Rethinking the Holocaust*, New Haven: Yale University Press, 2001.

Benbassa, Esther. *The Jews of France: A History from Antiquity to the Present*, New Jersey: Princeton University Press, 1999.

Berenbaum, Michael. & Abraham J. Peck, *The Holocaust and History*, Bloomington: Indiana University Press, 1998.

Berkovitz, Jay R. *The Shaping of Jewish Identity in Nineteenth-century France*, Detroit: Wayne State University, 1989.

Bishop, Peter. & Michael Darton, *The Encyclopedia of World Faith*, New York: Facts on File Publications, 1988.

Bregman, Ahron. *A History of Israel*, New York: Palgrave Macmillan, 2003.

Bregman, Ahron. & Jihan El-Tahri, *The Fifty Years War: Israel and the Arabs*, London: Penguin Books, 1998.

Breuer, Mordechai. *Modernity Within Tradition—The Social History of Orthodox Jewry in Imperial Germany*, New York: Columbia University Press, 1992.

Bukiet, Melvin Jules. *Nothing Makes You Free: Writings by Descendants of Jewish Holocaust Survivors*, New York: W. W. Norton & Company, 2002.

Castel, Francois. *The History of Israel and Judah,* New York: Paulist Press, 1985.

Cohen, Michael J. *Palestine and the Great Powers, 1944-1948*, New Jersey: Princeton University Press, 1982.

Cohen, Michael J. *Churchill and the Jews*, London: Frank Cass, 1985.

Comay, Joan. *Who's Who in Jewish History—after the Period of the Old Testament*, London: Weidenfeld and Nicolson, 1974.

Efron, Benjamin, ed. *Currents and Trends in Contemporary Jewish Thoughts*, New York: Ktav Publishing House, Inc., 1965.

Edelheit, Abraham J. & Hershel Edelheit, *History of Zionism*, Colorado: Westview Press, 2000.

Fishman, Priscilla, ed. *The Jews of the United States*, New York: New York Times Book Co., 1973.

Flanzbaum, Hilene. *The Americanization of the Holocaust*, Baltimore & London: The

Johns Hopkins University Press, 1999.

Fried, Hedi. *The Road to Auschwitz: Fragments of a Life*, Lincoln & London: University of Nebraska Press, 1990.

Friedman, Isaiah. *The Question of Palestine: British-Jewish-Arab Relations, 1914-1918*, New Brunswick: Transaction Publishers, 1992.

Gilbert, Martin. *Israel: A History*, London: Black Swan, 1999.

Glatzer, Michael, ed. *Exile 1492: The Expulsion of the Jews from Spain*, Jerusalem: Ben-Zvi Institute, 1991.

Grant, Michael. *The Jews in the Roman World*, New York: Dorset Press, 1984.

Grayzel, Solomon. *A History of the Jews*, Nebraska: University of Nebraska Press, 1968.

Guttmann, Julius. *Philosophies of Judaism: The History of Jewish Philosophy from Biblical Times to Franz Rosenzweig*, New York: Holt Rinehart & Winston, 1964.

Hass, Aaron. *In the Shadow of the Holocaust: The Second Generation*, Cambridge: Cambridge University Press, 1996.

Hertzberg, Arthur. *Being Jewish in America: The Modern Experience*, New York: Schocken Books, 1979.

Herzl, Theodor. *The Jewish State: An Attempt at a Modern Solution of Jewish Question*, London: H. Pordes, 1967.

Herzl, Theodor. *The Complete Diaries of Theodor Herzl*, New York: The Herzl Press, 1960.

Hilberg, Raul. *The Destruction of the European Jews*, New York: Holmes & Meier, 1985.

Kaplan, Mordecal M. *The Greater Judaism in the Making—A Study of the Modern Evolution of Judaism*, New York: The Reconstructionist Press, 1960.

Kedourie, Elie, ed. *The Jewish World: Revelation, Prophecy and History*, New York: Thames &Hudson, 2003.

Keller, Werner. *Diaspora: The Post-biblical History of the Jews*, New York: Harcourt, Brace & World, 1969.

Kornberg, Jacques. *Theodor Herzl: From Assimilation to Zionism*, Bloomington: Indiana University Press, 1993.

Laqueur, Walter. & Barry Rubin, eds. *The Israel-Arab Reader: A Documentary History of the Middle East Conflict*, New York: Penguin Books, 2001.

Lederhendler, Eli. & Jonathan D. Sarna, eds. *America and Zion,* Detroit: Wayne State University Press, 2002.

Litvinoff, Barnet, ed. *The Letters and Papers of Chaim Weizmann*, Jerusalem: Israel University Press, 1983.

Lucas, Noah. *The Modern History of Israel*, London: Weidenfeld & Nicolson Ltd., 1974.

Marcus, Jacob Reder. *United States Jewry, 1776-1989*, Detroit: Wayne State University Press, 1993.

Mendes-Flohr, Paul. & Jehuda Reinharz, eds. *The Jew in the Modern World: A Documentary History*, New York: Oxford University Press, 1980.

Niewyk, Donald L. ed. *The Holocaust: Problems and Perspectives of Interpretation*, Boston: Houghton Mifflin Company, 2003.

Patai, Raphael. *Tents of Jacob: The Diaspora, Yesterday and Today*, Englewood Cliffs, New Jersey: Prentice Hall, 1971.

Peters, F. E. *Children of Abraham: Judaism, Christianity and Islam*, Princeton: Princeton University Press, 1984.

Plesur, Milton. *Jewish Life in Twentieth-Century America—Challenge and Accommodation*,

Chicago: Nelson-Hall Inc., 1982.

Raison, Gacob S. *The Haskalah Movement in Russia*, Philadelphia: Jewish Publication Society of America, 1913.

Rowley, H. H. *Prophecy and Religion in Ancient China and Israel*, New York: Harper & Brothers Publication, 1956.

Rudavsky, David. *Modern Jewish Religious Movements: A History of Emancipation and Adjustment*, New York: Behrman House, Inc., 1967.

Sachar, Howard M. *A History of Israel: From the Rise of Zionism to our Time*, New York : Alfred A. Knopf, 1991.

Ben-Sasson, H. H. ed. *A History of the Jewish People*, Cambridge: Harvard University Press, 1976.

Schacter, Jacob. J. *Judaism's Encounter with Other Cultures: Rejection or Integration?* New Jersey: Jason Aronson, Inc., 1997.

Shanks, Hershel, ed. *Ancient Israel: From Abraham to the Roman Destruction of the Temple*, New Jersey: Prentice Hall, 1999.

Shimoni, Gideon. *The Zionist Ideology,* Hanover & London: Brandeis University Press, 1995.

Soumerai, Eve Nussbaum. & Carol D. Schulz, *Daily Life During the Holocaust*, Westport : Greenwood Press, 1998.

Stein, Leslie. *The Hope Fulfilled: The Rise of Modern Israel*, London: Praeger Publishers, 2003.

Wardi, Dina. *Memorial Candles: Children of the Holocaust*, London & New York: Routledge, 1992.

Wiesel, Elie. *A Jew Today*, New York: Random House, 1978.

Wigoder, Geoffrey. *Dictionary of Jewish Biography*, New York: Macmillan Library Reference, 1991.

Wistrich, Robert S. *Hitler and the Holocaust*, London: Weidenfeld & Nicolson, 2001.

Wistrich, Robert S. *Anti-Semitism: The Longest Hatred,* London : Thames Mandarin, 1992.

Wyman, David S. *The Abandonment of the Jews: America and the Holocaust, 1941- 1945*, New York: Pantheon Books, 1984.

后记

著名哲学家卡尔·雅斯贝尔斯曾提出，公元前800年至公元前200年是人类历史上的"轴心时代"，这一时期人类文明在精神层面实现了重大突破，在希腊、中国、印度、巴勒斯坦等地都涌现出了伟大的思想家，他们的理念与思想塑造了不同的文化传统，并一直延续至今。作为轴心文明的代表之一，犹太文明虽历经磨难但却从未中断，并通过与其他文明的交往互动成功地实现了文化适应与转型更新，至今仍保持着旺盛的活力，为犹太民族的生存发展与创造精神提供了持续的内在驱动力。因此，探寻犹太民族起源、发展、流散以及回归故土的历史，不仅为思考人类文明的传承与创新提供了一个独特的视角，而且对于探讨现代民族国家的发展、理解现实的中东世界以及当今中国的文化建设都有一定的借鉴意义。

近年来国内学术界关于犹太人的历史已有很多的著作出版，目前呈现在读者面前的这本小书，其特点是以大众化的语言、轻松明快的风格展现犹太人漫长而曲折的历史。非常感谢我的老师钱乘旦先生长期以来所给予的关心、信任与鼓励；感谢北京大学出版社闵艳芸老师的大力支持与合作，他们所提出的宝贵意见已在书稿中充分吸纳。在写作的过程中除了署名作者外，还有其他几位博士生、硕士生付出了自己的时间与精力，艾仁贵承担了大量的文字修改工作，贾森、邓燕平、刘丽娟、张瑞等人对书稿进行了认真的校对。此外，我们犹太—以色列研究团队的其他成员尤其是河南大学犹太—以色列研究中心的老师和同学们也为本书资料和图片的搜集提供了许多帮助。

本书引用的图片资料主要参考了以下著作及网站：

埃利·巴尔纳维：《世界犹太人历史：从〈创世记〉到二十一世纪》，刘精忠等译，中国人民大学出版社2007年版。
马丁·吉尔伯特：《犹太史图录》，徐新、孔德芳译，上海人民出版社2000年版。
Beinart, Haim. *Atlas of Medieval Jewish History,* New York: Simon & Schuster, 1992.
Berenbaum, Michael. *The World Must Know: The History of the Holocaust as Told in the United States Holocaust Memorial Museum,* New York: Little Brown and Company, 1993.
The Illustrated History of the Jewish People, Ontario: Key Porter Books Limited, 1997.
Gilbert, Martin. *The Routledge Atlas of Jewish History,* London: Taylor & Francis Ltd., 2010.
http://www.imj.org.il/en/.
http://www.jewishvirtuallibrary.org.
http://www.leumi.com/.
http://www.yadvashem.org/.
https://en.wikipedia.org.
http://www.timesofisrael.com.
http://m.jpost.com/#channel=5012.

另外，由于普及性读物的体例所限，书中有些内容借鉴了他人的成果，未能在行文中一一注明，敬请谅解，在此一并谨致谢忱！

张倩红

2015年12月12日